Char Prieto

CUATRO DÉCADAS, CUATRO AUTORAS

**La forja de la novela femenina española
en los albores
del nuevo milenio**

University Press of the South
New Orleans

Copyright 2003 by Char Prieto.

All rights reserved. No part of this publication may be reproduced, stored in a retrieval system, or transmitted, in any form or by any means, electronic, mechanical, photocopying, recording or otherwise, without the prior written permission of the publisher.

Published in the United States by:
    University Press of the South, Inc.
    5500 Prytania Street, PMB 421
    New Orleans, LA 70115 USA
E-mail: unprsouth@aol.com   Fax: (504) 866-2750   Phone: (504) 866-2791
Visit our award-winning web page:
                        http://www.unprsouth.com
Visit our partner's web page: http://ww.punmonde.com
Acid-free paper.

Char Prieto.
Cuatro décadas, cuatro autoras. La forja de la novela femenina española en los albores del nuevo milenio.
First Edition. Iberian Studies, 57. Catalan Studies, 6. Women's Studies, 11.
V + 190 p. cm.
Includes bibliography and index.

1. Spanish Literature. 2. Women Writers. 3. Catalan Literature. 4. Dolores Medio. 5. Carmen Laforet. 6. Ana María Moix. 7. Carmen Martín Gaite. 8. *Julia*. 9. Novel. 10. *El cuarto de atrás*.

ISBN: 1-931948-18-6 (pbk.).
Library of Congress Catalog Card Number: 2003111628.

A toda mi familia

Para mis padres, Alfonso y Josefina, mis hermanos

Para Dale, Raquel y Eric con inmenso cariño

INDICE GENERAL

LISTA DE TABLAS Y FIGURAS viii

PROLOGO ix

INTRODUCCION: La novela de autoras. Ayer y hoy....................1

CAPITULO 1

I- Las autoras y sus novelas..13

II- Medio, Laforet, Moix y Martin Gaite 15

III- *Nosotros los Rivero*, *Nada*, *Julia* y *El cuarto de atrás* 23

CAPITULO 2

I- Mijail Bajtín y su teoría..29

II- El concepto del cronotopo o las coordenadas de tiempo y

    espacio 39

III- El concepto polifónico 47

IV- La heteroglosia o discurso de doble voz................................63

V- La novela de desarrollo 81

CAPITULO 3

I- La novela autobiográfica femenina durante el franquismo.

   Historia y antecedentes...97

II- Phillipe Lejeune y el pacto autobiográfico...........................107

III- Antecedentes y modalidades de la autobiografía ficticia......113

CAPITULO 4

I- (Novelas de) autobiografías ficticias....................................121

II- *Nosotros los Rivero*: Lena y Dolores Medio........................127

III- *Nada*: Andrea y Carmen Laforet......................................131

IV- *Julia*: Julita y Ana María Moix..137

V- *El cuarto de atrás*: C. y Carmen Martín Gaite....................143

EPILOGO..149

ENTREVISTA CON ANA MARIA MOIX..............................153

BIBLIOGRAFIA...173

INDICE DE AUTORES Y MATERIAS...................................181

LISTA DE TABLAS Y FIGURAS

Tablas

Tabla I: Conceptos teóricos de Bajtín... 37

Figuras

Figura 1: Intersecciones entre fantasía, mundo exterior y mundo interior. 93

PROLOGO

El propósito de este libro es investigar y estudiar cuatro obras escritas por cuatro autoras españolas y resaltar cómo y por qué podrían ser consideradas como la forja de novela española femenina del nuevo milenio. Primeramente se estudiará a Dolores Medio y su obra *Nosotros los Rivero*, escrita en el año 1953, aunque la trama se centra en los años treinta. La segunda autora es Carmen Laforet y su libro *Nada*, escrito en 1944. Le sigue Ana María Moix y su novela *Julia* publicada en el año 1968. Por último se analizará a Carmen Martín Gaite y su libro *El cuarto de atrás*, de 1978.

Las tramas de los trabajos mencionados hacen referencia a cuatro décadas vividas durante la dictadura franquista en España, los años desde 1936 a 1975. Sus escritoras, provenientes de regiones, antecedentes y pasados distintos, se pueden considerar como la forja de la novela de autora en los albores del nuevo milenio ya que sus libros abrieron el camino de la literatura femenina escrita a finales del siglo XX. La novelística española de autoras en los años ochenta y noventa es conocida por mujeres que escriben casi sin miedo a la censura, que expresan su propias ideas, voces y opiniones y que son capaces de autodeterminación, féminas libres que actuan a su manera y que usan temas radicales, perspectivas y técnicas innovadoras.

En el presente trabajo se va a demostrar que dicha literatura ha sido influenciada por Medio, Laforet, Moix y Martín Gaite ya que, mediante sus novelas respectivas, las escritoras rompieron el modelo impuesto por un régimen patriarcal y totalitario, no sólo ya por el hecho de ser mujeres escritoras, sino también por poner en evidencia la condición femenina en una sociedad represiva y asimismo por rechazar el canon franquista establecido. Las cuatro novelas se pueden considerar como una novedad en el contexto sociohistórico de la época porque todas ellas rechazan la subyugación de la mujer y subvierten el tradicional discurso patriarcal establecido. Son obras que insisten en presentar un personaje femenino como protagonista que a la vez expresa, representa y expone los problemas de su país mediante una voz de mujer. El contexto de crítica sociopolítica expresado por las cuatro novelistas, junto con un discurso crítico, les da cierta condición y las hace atípicas en la cultura de sus épocas. Por este motivo se puede hacer un reclamo de que las escritoras y sus novelas representan el origen, la piedra angular de la literatura española de autoras del año dos mil.

En el plan teórico, este proyecto hace hincapié a los trabajos filosóficos y teóricos del escritor ruso Mijail Bajtín. Se van a estudiar con detalle sus conceptos literarios del cronotopo, la polifonía, la heteroglosia y la novela de desarrollo. Asimismo, las ideas bajtinianas se conectarán con las novelas de Medio, Laforet, Moix y Martín Gaite. También se va a presentar la noción de la autobiografía y de la autobiografía ficticia estudiando los trabajos de Philippe Lejeune y asociándolos a *Nosotros los Rivero*, *Nada*, *Julia* y *El cuarto de atrás*.

En el primer capítulo se hace un estudio de las autoras y sus obras para que el lector pueda familiarizarse con ellas y sus trabajos respectivos. En esta parte, se ponen en evidencia los orígenes, el desarrollo y el estado de las vidas y obras de las novelistas para así reflejar la manera en que ese fenómeno condiciona la producción literaria de las escritoras y los libros de cada una de ellas. Asimismo se resalta el hecho de que todas las autoras, a pesar de haber vivido en una región y época diferente, tienen muchas características en común y sus cuatro novelas giran en torno a temas similares y que en cierto modo se corresponden.

En el segundo capítulo se estudian las teorías de Mijail Bajtín y se aplican a los libros de Medio, Laforet, Moix y Martín Gaite. *Nosotros los Rivero* se conecta con la idea bajtiniana del cronotopo o las coordenadas de tiempo y espacio. El autor ruso define el fenómeno como un condicionamiento a la época, o tiempo cronotópico y asimismo al lugar, o espacio, en que vive el literato y es por este motivo que el fenómeno genera las acciones y actividades de la producción literaria de cada escritor. *Nada* se asocia con el concepto polifónico. La idea expuesta por Bajtín sobre el tema de la polifonía es definida como una pluralidad de voces y conciencias distintas e independientes y que forman la unión de elementos heterogéneos e incompatibles. En otras palabras, el fenómeno polifónico se puede considerar como varias narraciones que concuerdan, pero que se contrastan en una contraposición dialógica. *Julia* está relacionado con la heteroglosia o discurso de doble voz. Esta teoría bajtiniana sugiere que dentro de toda obra hay una coexistencia de elementos temáticos, biográficos y sociales y es este fenómeno el que da lugar a una multiplicidad de reflexiones en la narrativa literaria. Dicha hipótesis mantiene que el discurso tiene dos motivos: mostrar las ideas del personaje que habla y la intención refractada del autor de la obra. Finalmente, en el último libro, *El cuarto de atrás* se estudia la novela de desarrollo. Esta obra, que se puede considerar como una de transición, nos muestra el paso del franquismo a la democracia y el proceso político e histórico de transformación en una época de renovación sociopolítica de España.

El tercer capítulo está dedicado a la novela autobiográfica femenina y asimismo a la autobiografía ficticia. Se estudian los componentes de este género literario y también la historia, los antecedentes y las modalidades de dicha clase de literatura. En esta sección primeramente se analizan los trabajos teóricos de Phillipe Lejeune dedicados al pacto autobiográfico y se aplican a las obras de las autoras mencionadas anteriormente. En segundo lugar se estudian los antecedentes y las modalidades de la autobiografía ficticia en relación con los trabajos de Liliana Soto-Fernández sobre el análisis de la autobiografía de ficción.

En el cuarto, y último capítulo, se presentan las novelas de Medio, Laforet, Moix y Martín Gaite como ejemplos de trabajos de autobiografías ficticias y se asocia a cada una de las protagonistas de las obras con la autora de sus libros respectivos. Debido a las concidencias entre autora y personaje principal, a Dolores Medio se le va a relacionar con Lena Rivero, la heroína de *Nosotros los Rivero*. En *Nada*, se pueden apreciar claramente las alusiones que se corresponden entre la vida real de Carmen Laforet y las hazañas de ficción de la joven Andrea. Si analizamos a fondo las escenas del libro de Ana María Moix, *Julia*, podemos apreciar que las viñetas y sucesos vividos por su protagonista, Julita, muchas veces concuerdan con la vida de su creadora. Por último, en *El cuarto de atrás*, de Carmen Martín Gaite, también se puede notar una correspondencia entre la autora de la novela y su protagonista principal C.

En la conclusión se hace notar la imparable ascensión de la novelista española en las últimas décadas del siglo XX y a la vera del nuevo milenio y cómo las obras estudiadas han sido una especie de piedra angular para la nueva literatura de autoras del siglo XXI en España. Dolores Medio, Carmen Laforet, Ana María Moix y Carmen Martín Gaite con sus protagonistas, Lena, Andrea, Julita y C, luchan contra la cultura patriarcal establecida y poco a poco, van estableciéndose en el lugar que les corresponde, desplegando así una pauta en la novela de autoras.

Como toque final, he querido añadir a este libro, y a la vez compartir con mis lectores, una entrevista que yo misma hice a una de las novelistas, precisamente a la más joven, Ana María Moix, en su residencia barcelonesa, en julio del año 2002. En esta conversación hablamos de temas literarios, de su vida, de la situación actual de la literatura de autoras en España, y especialmente en Cataluña, pero por supuesto de su obra maestra, *Julia*, de su protagonista Julita y de la trama, la simbología del libro y de lo que representó para ella escribir y publicar su primera novela.

TABULA GRATULATORIA

Quisiera expresar mi gratitud a una serie de personas sin las cuales este proyecto nunca podría haberse hecho realidad. La elaboración de este libro se ha llevado a cabo debido a la ayuda y paciencia de mi familia, mi esposo, Dale Mattson y mis hijos, Raquel y Eric. Quiero reiterar y expresar mi agradecimiento por el apoyo y las ideas de los profesores David Flory, Howard Mancing, María Cooks y Carlos Jérez Farrán, quienes con su guía, acertados consejos, comentarios y correcciones me han ayudado tanto. Sus muchas sugerencias críticas han contribuido a mejorar el libro y han hecho que haya sido posible la realización de este trabajo. Mi más sincero agradecimiento a mis compañeros y amigos Kevin Barry y Chris Clark por ayudarme con su sabiduría computadoril y por apoyarme siempre. Mil gracias a mi hemana, Mara Prieto, por su generosísima ayuda y su trabajo formateando este libro. Mi agradecimiento también a María Teresa Seoane Brown por sus consejos y por compartir su sabiduría literaria conmigo, a Angel Delgado y a Luis Martínez por su apoyo para que la entrevista de Ana María Moix en Barcelona se hiciera posible, a Carol Goss, Steven Graham y a Suzanna Tudor por su ayuda computadoril. A esta lista quiero añadir, y al mismo tiempo expresar mi gratitud, a la escritora Ana María Moix por concederme la entrevista que incluyo al final del libro y también por agasajarme y regalarme la oportunidad de hablar de literatura en una expléndida mañana barcelonesa. Por último, quiero dar las gracias a la universidad de Valparaiso University, en Indiana, EEUU, por su apoyo y ayuda y asimismo por concederme la beca de Ziegler Endowment for Faculty Research Grant.

INTRODUCCION

LA NOVELA DE AUTORAS

AYER Y HOY

¿Por qué, vanos legisladores
del mundo, atáis nuestras manos
para las venganzas, imposibilitando
nuestras fuerzas con vuestras
falsas opiniones, pues nos negáis
letras y armas?
(Zayas 241)

Si se echa una ojeada a cualquier obra literaria de España podríamos apreciar esas "falsas opiniones" a las que bien se refiere María de Zayas (1590-1661?) en el epígrafe ya que, efectivamente, durante siglos, la mujer literata ha sido casi ignorada o relegada a una posición subordinada. A través de los años, el espacio de la escritora queda acotado por la doble prohibición de esas "letras y armas" aludidas con anterioridad. Pero irónicamente, los textos literarios nos muestran algunas escritoras como Zayas que, a pesar de las muchas prohibiciones, toman posesión del mundo mediante un arma, la literatura, herramienta que les ayuda a combatir las vedas impuestas por la sociedad en que vive y así alcanzar una autoridad social y personal. Si se analiza la historia oficial de la literatura de la Península Ibérica durante los novecientos años de su existencia, bien se pueden ver los enormes vacíos en en la bibliografía respecto a las escritoras españolas ya que no se le concederle un papel frecuente e importamte. A través de estos nueve siglos, desde los primeros escritores hasta nuestros días, apenas podemos encontrar un puñado de mujeres literatas, de las cuales, la mayor parte de ellas pertenecen al siglo XX. Por supuesto es necesario destacar a la mencionada María de Zayas, la primera novelista española y escritora pionera

> in her ideas about equality of education, about the abolition of the double standard, and about the need for women to take pride in their own sex and in her denunciation of the common social pitfalls for women. (Fox-Lockert 3)

Tampoco hay que olvidar a eminentes escritoras del siglo XIX como Carolina Coronado, Gertrudis Gómez de Avellaneda, Rosalía de Castro o Emilia Pardo Bazán, que con sus obras marcaron un hito en la literatura de autoras españolas.

La segunda mitad del siglo XX representa una reivindicación de silencios anteriores. Joan L. Brown, en su trabajo sobre la historia de las escritoras en España, hace una división de los tres grupos siguientes:

> Before Franco (1100-1936), during the Franco era (1936-75), and after Franco (1975 to the present). The first period, lasting eight centuries, had the fewest women writers, while the most recent, a fifteen-year period, has yielded the most. (14)

Respecto al mismo tema, Stephen Hart agrupa el desarrollo cronológico de las escritoras españolas en cinco apartados:

> 1400-1530: Era of Fragments
> 1550-1700: The Dawn
> 1835-1905: The Stunted Flowering
> 1906-1935: The Era of Decanonization
> 1936-1975: Low Renaissance
> 1976-Present Day: High Renaissance. (3)

Es necesario destacar que el autor pone énfasis en situar a dos de las cuatro novelistas que vamos a estudiar como iconos de la literatura de autoras. En efecto, Hart coloca a Carmen Laforet en la era del bajo renacimiento con su novela *Nada*, en el apartado desde el 1936 hasta 1975 y a Carmen Martín Gaite con *El cuarto de atrás* en el último período, o sea, el del alto renacimiento de las letras femeninas. Mediante las investigaciones de Brown y Hart nos podemos dar cuenta de que las últimas décadas del siglo XX son un período que, por su gran actividad y variedad, marcan un hito en el mundo de las letras de autoras. Dicha idea se puede asimismo confirmar por el hecho de que la literatura femenina de hoy día está de moda, no solamente en Europa, sino también en América, lo cual significa que estamos presenciando el alzamiento y la recuperación de la palabra de las mujeres.

Mediante las afirmaciones anteriores se podría decir que, aunque la literatura de autoras haya sido escasa, por fin, parece que la escritora de hoy día ha adquirido importancia como tema de estudio en numerosas disciplinas preocupadas por indagar la esencia de la escritura de mujeres y como parte integrante de las letras españolas. Según Falcón y Siurana, desde siempre, la literatura femenina ha sido considerada como una narrativa sin mucha importancia y bajo la denominación de una temática cursi y de estilo blando, preocupada únicamente de los temas sentimentales y domésticos. Las mismas escritoras nos dicen que con la muerte del franquismo y el triunfo de la democracia en España, los escritos de mujeres y "lo femenino deja de ser sinónimo de blandura" (10). Efectivamente, la democracia ha repercutido notoriamente en el género novelístico que comenzó a finales de los setenta y, en particular, en la década de los ochenta y noventa. Elizabeth Scarlett nos dice al respecto que:

> The 1980s 'boomlet' narrative of Spain is in fact characterized by its critical and popular appeal and contains prismatic reflections of a society in rapid transformation. (170)

La novela española en tiempos de la democracia refleja, en el atrevimiento de su temática, el estado de una sociedad en proceso de transformación. Ana María Fagundo añade que la literatura moderna "tiene un aspecto altamente esperanzador y libertador: la presencia de la mujer creadora en todos los géneros literarios" (155). De aquí que el presente trabajo trate aspectos de obras que pueden ser vistas como la forja de la narrativa femenina de los últimos años del siglo XX y del comienzo del nuevo milenio.

Se podría considerar que *Nosotros los Rivero* (1953), de Dolores Medio; *Nada* (1944), de Carmen Laforet; *Julia* (1968), de Ana María Moix y *El cuarto de atrás* (1978), de Carmen Martín Gaite, han determinado una mutación dentro de la novela de autoras en los años que preceden al período de la instauración de la democracia y asimismo del 'boom' de la literatura femenina en España a la vera del siglo XXI. Dichas novelistas preparan el terreno para las escritoras de las décadas de los ochenta y noventa, quienes desarrollan sus temas con más libertad y profundidad. Así Medio,

Laforet, Moix y Martín Gaite aparecen como un hito en el proceso histórico y literario de la península. Por este motivo podrían considerarse como madres de una lucha por los derechos de las novelistas, como piedras angulares de una nueva generación literaria pues los ecos de sus libros resuenan en las generaciones de escritoras posteriores. En efecto, la novelista contemporánea finalmente ha logrado "en las últimas décadas, una presencia normalizada, aceptada y valiosa en el panorama literario y cultural del país" (Fagundo 155). Ya en los últimos décadas del siglo XX y cerca de los inicios del XXI, las autoras españolas escriben realmente lo que piensan y nos muestran temas nuevos y técnicas innovadoras mediante el apasionamiento de las heroínas y la exaltación de la sociedad cambiante. Joanne Frye nos dice al respecto que la autora actual es una mujer que tiene su propia voz y que habla de sus experiencias, una escritora que "is a subject rather than an object, and capable of self-definition and autonomous action" (143). La ola del auge del movimiento de la escritura de autoras, que comienza con la muerte de Franco y preludia al advenimiento del nuevo milenio, confirma la idea de Hélène Cixous "de borrar una paternidad represora y reencontrar la voz" (López y Pastor 16).

La necesidad de llegar a un conocimiento más profundo en la obra de la autora de la posguerra se debe al hecho de que durante la época posterior a la dictadura se ha producido un cambio en la actitud hacia los escritos de mujeres, los cuales habían ocupado un lugar secundario y hasta cierto punto vedado durante el gobierno de Franco. En efecto, la subversión del silencio impuesto a la mujer por la cultura patriarcal franquista puso un gran énfasis en el callamiento femenino, ensalzando a las féminas que seguían el modelo de la Virgen María o de la Mona Lisa. Por esta actitud "la mujer a lo largo de la historia ha sido considerada inferior al hombre en inteligencia" (López y Pastor 28). Este fenómeno bien nos lo muestra Pilar Primo de Rivera, delegada nacional de La Sección Femenina al decirnos que:

> Las mujeres nunca descubren nada; les falta, desde luego, el talento creador, reservado por Dios para inteligencias varoniles; nosotras no podemos hacer nada más que interpretar, mejor o peor, lo que los hombres nos han hecho. (Otero 15)

Dicha idea ha relegado a la mujer, y a la escritora, a un papel inferior, pero en este marco histórico y sociológico, hubo personas que se revelaron contra el estereotipo y con su pluma dieron testimonio de un potencial femenino hasta cierto punto vedado e ignorado. Así, y según las ideas de López y Pastor

> cuando una mujer escribe se convierte en una Judith armada de pluma y la pluma puede ser un arma tan peligrosa como una espada. (29)

Si tenemos en cuenta las declaraciones anteriores, se puede afirmar que con su narrativa, la novelista española ha conseguido por fin un "control retrospectivo escribiendo sobre los acontecimientos que no podía controlar en su vida real" (Ciplijauskaité 14).

Asimismo se podría decir que las ideas expuestas en *Nosotros los Rivero, Nada, Julia* y *El cuarto de atrás* están conectadas a la filosofía del escritor ruso Mijail Bajtín, y, debido a la gran censura imperante impuesta por el franquismo, a la narrativa autobiográfica ficticia. Según las declaraciones de Janet Pérez

> Censorship and political structures in the postwar period complicate the already difficult task facing women wishing to write in Spain, yet they rise to the challenge in unprecedented numbers. (*Contemporary* 199)

Esta declaración nos muestra el propósito fundamental para articular la teoría de la auto escritura como un modo de denuncia y resistencia al poder y al régimen en que el escritor vive, en nuestro caso concreto, a la España de Franco. Los libros mencionados bien ilustran la perspectiva que adquiere la novela de autoras de los cinco decenios que sucedieron al cese del conflicto bélico en España. Dentro de este período, que se extiende desde la posguerra hasta las postrimerías franquistas, se va a analizar el proceso evolutivo de la narrativa femenina. También se recoge la visión de conjunto de cuatro figuras en la novela de esas décadas tan vitales de la sombra postrera de la guerra civil, del advenimiento fascista, de la terminación del régimen y de sus consecuencias sociales, políticas y económicas para España y para los españoles.

Aunque las escritoras que vamos a estudiar difieren entre sí por su edad y porque describen unas coordenadas geográficas, temporales y ambientales diferentes, sus novelas poseen cierta similitud en cuanto a la utilización de técnicas y recursos y porque todas sus obras surgen de una ideología muy similar, de un desacuerdo respecto a la situación sociopolítica determinada. Todos los libros se pueden considerar como una especie de *Bildungsroman* ya que se concentran en el desarrollo de una protagonista desde la niñez hasta la edad adulta con una progresión y transformación gradual. Asimismo, nuestras heroínas tienen carácteres diferentes y a pesar de vivir en un régimen fascista, están dotadas de un gran espíritu de independencia siendo capaces de revelarse contra las limitaciones que la sociedad les ha impuesto. Todas observan la realidad circundante y, como narradoras testigo, hacen una crítica social y son a la vez bastante inconformistas respecto a los esquemas convencionales implantados para la educación femenina de aquellos tiempos.

El paradigma de la mujer que pone en cuestión su subordinada situación se puede apreciar repetidamente en *Nosotros los Rivero*, *Nada*, *Julia* y *El cuarto de atrás* pues con sus textos, las cuatro autoras rompen con la imagen arquetípica del hombre como principal personaje y desafían los valores patriarcales de la España de Franco al retratar a unas mujeres protagonistas que además se resisten a la subordinación a un patriarca supremo. Las novelas citadas hacen que la representación de la mujer como personalidad femenina no sea una figura secundaria, sino el personaje principal, ya que en ninguno de los libros existe el discurso tradicional masculino que habla por la mujer sino que ahora es ella quien habla por sí misma. Las novelistas rompen con el estereotipo expuesto en la obra de Joanne Frye cuando definen el predicamento de las heroínas del modo siguiente:

> What a heroine can do? Very little, apart from falling in love or dying-and occasionally going mad. (1)

Nuestras cuatro autoras ignoran este patrón y todas sus protagonistas ascienden a un papel primario en la novela usando "their feminine protagonists as a mouthpieces for their hopes and frustrations" (Fox-Lockert 1). Las heroínas de las cuatro novelas que se van a comentar, Lena, Andrea, Julia y C. son personajes principales, representados por una mujer que crece y se forma en contra de las expectativas culturales franquistas y que se halla en el proceso de formar su autonomía en una sociedad donde impera el dominio masculino. Así, Medio, Laforet, Moix y Martín Gaite subvierten la inevitable represión del discurso patriarcal hegemónico, al insistir en que el personaje principal sea una mujer y que la problemática de su país sea representada por medio de una protagonista femenina. En otras palabras, y como nos dice Frye, en diferente contexto, nuestras novelistas siguen la idea de que:

> In giving their protagonists the right to speak in their own voices, women writers thus give them not only the capacity to tell their own stories; they give them also the interpretive power over their own reality and self-definition. (76)

Con este fenómeno, todas las escritoras mencionadas hacen hincapié en el problema fundamental de la mujer en la sociedad franquista y en el proceso de construcción de su identidad durante ese tan largo período de represión y censura. Las protagonistas de las novelas estudiadas, a pesar de ser de generaciones diferentes, tienen mucho en común, pues comparten la soledad, la enajenación y la preferencia por el recuerdo. Estas notas revelan el hecho de que todas estas mujeres tienen las mismas preocupaciones sociales y políticas, de reforma y de protesta, ante la injusticia de la sociedad en que viven. Sus novelas se interiorizan y el enfoque literario se concentra en el personaje principal, representado por una mujer, en sus problemas particulares y en su perspectiva del mundo en que se encuentra, con una atención a las cuestiones personales y al estudio detenido de la personalidad femenina. El género de memoria o narrativa usado por cada una de las escritoras afirma esta idea y el énfasis auto analítico lleva implícita otra característica en las cuatro novelas mencionadas: la importancia del pasado en el presente. Mediante las indagaciones en el carácter de cada protagonista, las autoras recurren invariablemente al tiempo pretérito para la explicación de sus vidas actuales, pero no encuentran más que represión o el sueño de ser libres, lo cual representa un cuestionamiento evidente de la España oficial. Así surge cierta actitud en las obras que se podría considerar como un cambio, un paso, dando a entender que los problemas por los que pasan las heroínas son causados directa o indirectamente por los eventos que han circulado en sus vidas y que el presente es una consecuencia del pasado. Este fenómeno se puede apreciar en cada una de las novelas que vamos a estudiar y, aunque en *Julia*, el desenlace no sugiere una vida nueva y de cambio, como en *Nosotros los Rivero*, en *Nada* o en *El cuarto de atrás*, hay en la novela de Moix las mismas alusiones a la mutación de un estado—el que va de la adolescencia al de la vida adulta—creándose así una transición en la personalidad de la heroína.

Se podría decir también que los libros tienen en común el hecho de que mediante numerosas vías—ya sea a través del viaje, del recuerdo, la memoria o de los sueños—la protagonista hace un recuento de su vida y asimismo de la de la misma autora, si es que se toma en cuenta el componente autobiográfico de estas obras ficticias. Asimismo, todas las escritoras presentan un análisis de la época en que habitan y mediante un *Leitmotiv* diferente, cada una de las novelistas expone y da cuenta de la situación política y social del momento. Esto nos lleva a la conclusión de que las novelas son un instrumento muy útil para poner en evidencia la situación personal, social, política e histórica de la España de la posguerra en que viven dichas protagonistas y en consecuencia, las mismas escritoras.

El análisis de las novelas mencionadas se va a centrar en la teoría de Mijail Bajtín que se interesa por la literatura como fenómeno humano y sociológico. El escritor ruso declara que el texto literario tiene estrecha relación con el contexto social e histórico en que el autor se halla. En efecto, para Bajtín "the novel is the great book of life" (Clark and Holquist 294). Los escritos bajtinianos exponen que la vida del novelista está influida por la historia y la situación sociopolítica de la época en que vive y su obra literaria es la mimesis de la realidad. Por este motivo la literatura tiene una relación directa con la vida del autor y con las actividades y sucesos que le rodean, siendo el papel de la escritura una herramienta de denuncia y evidencia de la sociedad. Dicha filosofía concuerda con los trabajos de Medio, Laforet, Moix y Martín Gaite pues las referencias y alusiones históricas en sus respectivas obras tienen, aparte de un perfil autobiográfico, un halo de denuncia sociopolítica al mundo actual en que ellas mismas viven. Este fenómeno político-social también muestra una crítica del pueblo español durante la época de la dictadura y nos da un buen ejemplo para articular la teoría de la novela autobiográfica ficticia como un instrumento que ayuda a las escritoras, no solamente a autoanalizarse, sino también a hacer un recuento y una crítica de la vida de su país durante el dicho régimen fascista.

Por las afirmaciones anteriores, se puede asimismo deducir que existe una estrecha relación entre las obras de nuestras autoras y las teorías de Mijail Bajtín. Las similitudes son significantes y se hacen visibles en cuanto a que, tanto el escritor ruso como las novelistas, fueron víctimas de un régimen totalitario en el que la libertad de expresión estaba totalmente prohibida. Incluso en el nivel de experiencias personales, existen afinidades entre las novelistas y el autor soviético pues según Clark y Holquist:

> Bakhtin was a marginal figure in the Russian intellectual scene, employed by no institute or university and known only to a small group of friends and admirers. (vii)

Efectivamente, en el año 1930, Bajtín fue exiliado a Kazakhstan, cerca de Siberia, y privado por la rigurosa censura soviética de sus ocupaciones intelectuales y educativas. Como el autor soviético, asimismo nuestras autoras fueron figuras marginales en la sociedad franquista. Margaret Jones nos dice al respecto que:

> Miss Medio is jailed for one month for being present at a women's demonstration, although she did not take part. (*Dolores* 11)

Aparte de haber sido encarcelada, a Dolores Medio también le fue prohibida la enseñanza y según las declaraciones de Margaret Jones:

> She was not allowed to take the public examinations necessary for promotion, to hold any supervisory position, or to continue with her studies. (*Dolores* 25)

Si se tienen en cuenta las declaraciones anteriores, se podría decir que dichas afirmaciones crean, hasta cierto punto, una línea paralela entre nuestras autoras y el escritor ruso ya que tanto Medio, como Laforet, Moix y Martín Gaite también sufrieron las consecuencias de un régimen totalitario y represivo.

La revolución rusa y la guerra civil española—con el triunfo del franquismo—son un punto de partida que marca el umbral en el mapa de la historia europea del siglo XX y ciertamente en la historia de la novela española escrita por mujeres. Cada evento creó en ambos países, tanto en Rusia como en España, una toma de conciencia, una urgencia de cambio radical en el curso del tiempo. La historia, como la novela, es para Bajtín "a grid that provides different reference points from which to chart a history of consciousness" (Clark and Holquist 277). Es por este motivo que nuestro análisis se va a basar en el período franquista, pues el fenómeno histórico en la literatura crea una condición favorable para el estudio de la teoría bajtiniana en la cual el mismo autor soviético concibe la novela

> As a special use of language, which permits readers to see things that are obscured by the restraints on expression in other applications of language. (Clark and Holquist 243)

Como cumplimiento a nuestra tesis, y siguiendo las declaraciones de Bajtín, se puede añadir una metáfora en cuanto a las décadas que siguen a los treinta, tanto en Rusia como en España, en la cual se nos dice que es un período que se puede comparar como un "theater without footlights" (Clark and Holquist 296).

Por estas similitudes y concordancias, el presente estudio estará basado en la teoría de Bajtín y centrado en la escritura autobiográfica de autoras que vivieron durante el largo túnel franquista hasta el fin de la dictadura y que narran conscientemente como mujeres. En este sentido nos hallamos con dos tandas claramente diferentes—y a la vez similares—por el enorme impacto producido en las novelistas y en su formación espiritual debido a la gran crisis política. El primer grupo es el de la autora madura y consagrada que vivió durante la república, que pasó y presenció la guerra civil y la posguerra, que asistió a su acontecer y que escribe sobre el conflicto bélico y sus consecuencias, como es el caso de Dolores Medio y Carmen Laforet. Ana María Moix y Carmen Martín Gaite pertenecen a la segunda tanda, que es la de las escritoras cuya obra no fue escrita durante la guerra y posguerra, sino en los años de intenso franquismo y hacia el final del mismo. Efectivamente, se pueden notar semejanzas y afinidades—de forma narrativa, de ubicación, de movimiento temático, de tono y de estructura—entre las cuatro novelistas mencionadas ya que todas ellas han vivido varios momentos de la misma época histórica en España, que incluye la guerra civil, la posguerra y el franquismo, hasta llegar a la muerte del dictador. A los efectos de analizar la posibilidad de dicha hipótesis, este estudio se ha concentrado en cuatro escritoras cuya producción, tanto por su calidad novelística como por su importancia dentro del desarrollo de la novela de la España contemporánea escrita por mujeres, las hace figuras de verdadero relieve en la literatura española en los albores del nuevo milenio.

CAPITULO 1

LAS AUTORAS Y SUS NOVELAS

El propósito de introducir a nuestras novelistas y sus obras no es sino dar una idea general de sus trabajos respectivos y así familiarizarse con los orígenes, el desarrollo y el estado de su literatura, ya que según Ruíz Arias

> los datos biográficos de un autor son necesarios en tanto en cuanto se reflejan de alguna manera en la obra o condicionan la producción literaria. (11)

La aplicación de la ginocrítica en los capítulos posteriores nos permitirá dar una visión de conjunto sobre las cuatro escritoras y el papel que sus libros desempeñaron en la literatura española del momento, así como su influencia en las letras de hoy día. Se debe aclarar que el eufemismo es normalmente empleado para referirse a un discurso aplicado a textos de mujeres o a una crítica también llamada "feminista por el hecho de que aspira a cambiar la situación de la mujer, no sólo a analizarla" (Nichols, *Des/cifrar* 1). En efecto, Medio, Laforet, Moix y Martín Gaite aspiran a realizar un cambio, "a romper ese silencio cuyo fin es la mistificación y perpetuación de un 'status quo' que no las ha convencido" (Nichols, *Des/cifrar* 1). Ese estereotipo femenino bien se puede apreciar en la literatura de mujeres en España. Margaret Jones nos dice al respecto que:

> No ha faltado nunca una presencia femenina en la novela española, pero, con pocas excepciones, hasta muy recientemente, la mujer de ficción era producto de la mentalidad masculina (*La Celestina, La lozana andaluza, Pepita Jiménez, Fortunata y Jacinta*, etc.). ("Del compromiso" 125)

Se podría decir que nuestras novelistas rompen con dicho estereotipo—ese producto femenino creado e impuesto por el hombre—y que todas ellas siguen los pasos de Virginia Wolf, la primera escritora en inaugurar el género ginocrítico, con su obra *A*

Room of One's Own. En efecto el libro, publicado en el año 1928, "sopesa los muchos obstáculos que la sociedad ha interpuesto entre la mujer y la creatividad" (Nichols, *Des/cifrar* 2). La obra de Wolf, junto con *Le deuxième sexe* (1949), de Simone de Beauvior, se puede relacionar con la vida y la obra de cada una de nuestras escritoras, pues expone y critica el estado de dependencia de la mujer, por lo cual no tiene oportunidad de

> disponer de su tiempo ni de su propio espacio: no puede tener siquiera una habitación para ella sola, donde dedicarse a algo suyo propio, como escribir. (Nichols, *Des/cifrar* 2)

Nuestras novelistas rompen con dicho esquema y, como autoras consagradas, propagan una crítica a un sistema que no es equitativo. Este fenómeno nos lleva a trazar una línea paralela entre las novelas de Medio, Laforet, Moix y Martín Gaite y las declaraciones de Levine, las cuales bien podrían estar asociadas con el asunto del presente estudio. La autora confirma nuestra tesis al decirnos que "Spanish women writers have not been silenced or silent" ("The Censored"104).

MEDIO, LAFORET, MOIX Y MARTIN GAITE

Se puede decir que la forma más eficaz de presentar la vida de una persona es mediante la novela pues este género literario se debe considerar como otra manera de narrar la existencia y la historia del individuo. Un ejemplo de este fenómeno nos lo muestran Dolores Medio, Carmen Laforet, Ana María Moix y Carmen Martín Gaite, pues sus libros rescatan una memoria colectiva de España y reflejan en gran medida la vida política del momento en que viven. Sus escritos no solamente narran y transmiten un pedazo de la historia de su país, sino que también son historia. Si se tiene en cuenta el fenómeno histórico y su influencia en la obra literaria, es imperativo presentar una sinopsis cronológica de la historia de la España del siglo XX. El siguiente esquema nos dará una idea de los eventos políticos que marcaron las vidas, y por consiguiente, las novelas de nuestras autoras.

CRONOLOGIA DE LA HISTORIA DE ESPAÑA-1931-1990

1931 - Proclamación de la Segunda República.
       Concesión del voto a las mujeres.
       La Constitución
1933 - Elecciones. Votan las mujeres por primera vez
1934 - Huelga general de campesinos. Revolución de octubre
1936 - Elecciones de febrero. Triunfo del Frente Popular
       Sublevación y guerra. España dividida
1938 - Primer gobierno de Franco
1939 - Fin de la guerra. Triunfo franquista
1945 - Año del hambre. Ruina del campo. Exodo rural
1956 - Huelgas mineras y primeros conflictos estudiantiles en la Universidad
1967 - Nombramiento del Príncipe Juan Carlos como sucesor
1970 - Ley que permite a las mujeres continuar con el puesto de trabajo al casarse
1973 - Muerte en atentado de Carrero Blanco. Crisis económica y política. Lucha por las libertades democráticas
1975 - Muerte de Franco
1976 - Referéndum: Sí a la reforma política
1977 - Elecciones y primer gobierno democrático

1978 - Se aprueba la Constitución. Se pone en marcha el Estado de las Autonomías
1982 - El PSOE gana las elecciones; promete cambio
1985 - España firma el tratado de adhesión a la CEE
1986 - Referéndum sobre la OTAN
1990 - Se viven con intensidad los acontecimientos del mundo (García-Nieto París 117).

Teniendo en cuenta el desarrollo político del esquema anterior, se puede declarar que la producción historiográfica

> está hecha desde el Poder. Presenta y analiza el proceso histórico a través de las actuaciones de gobernantes, políticos e instituciones. (García-Nieto París 9)

La narración literaria asimismo está influida por los sucesos sociohistóricos que rodean al literato. Esto se va a poner en evidencia mediante las obras de nuestras escritoras, ya que los eventos que circulan por las vidas de Medio, Laforet, Moix y Martín Gaite influyen en su actividad creadora y en sus protagonistas. La guerra civil y los años de posguerra se evidencian en su literatura, pues dicha contienda es, según Ferreras, "un tajo, un cercén, un aventamiento que desemboca, por lo tanto en el vacío" (11).

La cita anterior da paso al estudio de la novela durante el período de la preguerra y la guerra, que centra la atención de Dolores Medio, dedicada al análisis de la narrativa de esta época. Según Margaret Jones, la teoría de Medio es que "the novel should be used for instructional purposes" ("Dolores" 62). En efecto, el primer libro de la autora, *Nosotros los Rivero*, nos presenta una literatura testimonial, de recuerdo y evocación de las experiencias de dicha guerra civil. Mediante su protagonista, Lena, la autora nos muestra la contienda y asimismo lo que significa ser mujer en aquellos tiempos y a la vez intenta describir "the rebellion of women against social stereotypes" (Fox-Lockert 9). La novela bien expone la vida de la mujer en el período de la guerra y la posguerra presentándonos

> the emergence of a new, liberated woman who is not dependent on family or a husband to fulfill her life. (Jones, "Dolores" 63)

Efectivamente, según Ruíz Arias, el libro de Medio insiste en "una autoría femenina" (141) durante un período anterior y posterior a la guerra civil, pues aunque Medio escribió su obra en el año 1953, a juzgar por la misma Ruíz Arias, "el momento en que se desarrolla la novela es entre 1924 y 1935" (218). Por este motivo se puede decir que la narrativa de la escritora asturiana se orienta hacia la toma de conciencia de la realidad sociopolítica del momento siendo sus temas principales la etapa de la niñez, la guerra civil y la vida española de la década de los treinta.

De Carmen Laforet se pueden incluir las declaraciones de Roberta Johnson quien comenta al respecto que la escritora "opened the doors to Spanish women writers" (13). De su primer libro, *Nada*, podemos añadir el comentario de Elizabeth Ordóñez quien dice que la novela es la piedra angular de la narrativa femenina después de la guerra y

> the first significant postwar Spanish novel of female adolescence—indeed as the first significant postwar novel by a woman—and stands as such a formidable model of the ontological and creative challenges facing the young woman writer in the years immediately following the Spanish Civil War. (*Voices* 34)

En efecto, la literatura de Laforet nos presenta el impacto de la guerra civil española siguiendo el género del tremendismo y la influencia de la novela existencial ya que

> lo que transcenderá al final de la novela es el cuadro de una sociedad en descomposición, la atroz persistencia de la posguerra. (Domingo 50)

Debido a dicho predominio literario, el libro de Laforet está lleno de críticas de carácter social. *Nada* refleja el fracaso, la frustración, la muerte y la soledad del individuo en una sociedad en crisis y "nos entrega a una temática estrictamente vinculada con la guerra civil" (Godoy Gallardo 161). La obra de Carmen Laforet representa la consideración de la narrativa como denuncia sociopolítica y la sordidez y la miseria de los personajes de su novela se convierten en un paradigma de la literatura de los años cuarenta. En efecto, el libro es un "símbolo caótico de la posguerra" (Jones, "Del compromiso" 126), y por mediación de Andrea, nos muestra esa tan difícil década y las consecuencias que conlleva dicha situación púnica.

Pero más que nada, la novela de Laforet, según Margaret Jones, es significativa porque "parece haber abierto las puertas al influjo femenino" ya que a partir de la fecha de su publicación y mediante la concesión del Premio Nadal

> un creciente número de escritoras han producido obras en todos los géneros, han recibido cantidad de premios y, a la vez, han elaborado una idea propia de la mujer española. (Jones, "Del compromiso" 125)

El libro ha tenido una fuerte influencia en novelistas contemporáneas como Carme Riera, Marta Portal, Susana March o Rosa Romá. Esta última declara en una entrevista:

> Me identifiqué con Andrea, testigo de unas vidas, unos sucesos que reflejaban bien aquellos años en los que yo todavía era una niña. (Ordóñez, *Voices* 35)

Portal continúa diciendo al respecto que leyó la obra "como incipiente escritora y me quedó muy grabado el clima de la novela" (35). Asimismo Riera "acknowledges the profound influence on her own work of *Nada*'s theme" (35). Además de estas declaraciones, también se deben tener en cuenta los comentarios de Esther Tusquets cuando dice que "es un libro que marcó un hito en la novelística española de la posguerra" (35). Mediante el testimonio personal de las escritoras contemporáneas anteriormente mencionadas se puede decir que la función de la novela de Laforet es como un "prototype to its presence as encouragement to other women writers" (Ordóñez, *Voices* 35).

Ana María Moix, la tercera y la más joven de las novelistas—nacida dos décadas después que Laforet y tres más tarde que Medio—atrajo la atención al público literario en el año 1970 al ser incluida en la antología de José María Castellet *Nueve novísimos poetas españoles*. Andrew Bush al hablar de Moix nos dice que:

> at the age of twenty-one she was among the youngest, and the only woman, to be published in *Nueve novísimos*, and by twenty-six she was already the author of three books of verse, a book of stories, two novels, and a collection of interviews with writers and artists. (136)

La literatura de la autora catalana está influenciada por la Generación de Medio Siglo cuyas obras representan la consideración de la narrativa como denuncia sociopolítica y exposición crítica de la vida franquista durante los años cincuenta y sesenta. En efecto, en *Julia*, bien "se pueden percibir las causas de la enfermedad nacional y los síntomas de la enfermedad del individuo" (Thomas 111). En el período que ve la luz la novela, se había ampliado el afán renovador de la narrativa de lengua española debido a la publicación de *Tiempo de silencio* y al predominio de las preponderancias extranjeras. Según Martínez Cachero, la influencia de Luis Martín Santos se puede notar en la obra de Ana María Moix, en cuanto que es

> una novela de cambio y, también, de cierre y apertura. No hay protagonismo colectivo, sino un bien marcado protagonista individual. (250)

En efecto, Julia es una víctima de la política del país donde vive y sujeto y objeto de una sociedad represora y reprimida.

Finalmente, en los últimos años del franquismo, la incorporación de una literatura experimental aporta al género novelístico expectativas nuevas pues se renovó por completo la novela española de la posguerra. Esta manifestación se muestra en *El cuarto de atrás*, obra de la última de las escritoras estudiadas, Carmen Martín Gaite. Según la opinión de Joan L. Brown, la autora es la más estudiada de todas las escritoras españolas contemporáneas. Brown añade respecto a la importancia de Martín Gaite en el mundo literario que la novelista

> became the first Spanish woman to be elected an honorary fellow of the Modern Language Association, joining an elite group of contemporary authors who are considered by scholars to be the most significant. ("Carmen" 72)

Del libro que vamos a estudiar, *El cuarto de atrás*, la misma Joan Brown nos dice que "[it] is by far the most studied novel by Martín Gaite" (86) y una "observation of Spanish society" ("Carmen" 87). Como lo hizo Ana María Moix en *Julia*, la escritora nos presenta la historia de una protagonista en una noche de insomnio. De la narrativa de Martín Gaite se puede sacar la obvia conclusión de que

> el mal surge de la incomunicación, del silencio, del hablar sin decir nada, de los lenguajes impersonales, desposeídos y alienantes que circundan al hombre. (Alemany Bay 36)

Dicho aspecto se convierte en la tragedia de la colectividad, concepto asimismo expresado en las novelas de Medio, Laforet y Moix. Por sus temas, se puede apreciar que la literatura de Martín Gaite expone el problema de la incomunicación y abre paso a una narrativa novedosa y hasta cierto punto sin fronteras que indica el final de la era franquista y el comienzo de un período de transición para la historia de la literatura escrita por mujeres en el siglo XX y en los albores del nuevo milenio.

Como hemos visto anteriormente, las novelistas que pertenecen a este trabajo poseen, en cierto modo, un gran grado de similitud por el simple hecho de que todas ellas son mujeres, han nacido y vivido en una época histórica semejante y comparten actitudes artísticas y profesionales afines, como bien se puede ver en sus biografías correspondientes. Dolores Medio nació en Oviedo en 1911. Huérfana desde muy pequeña, tuvo que trabajar intensamente para costear su carrera. Estudió magisterio y ejerció la profesión durante algún tiempo. Fue institutriz en una familia de la aristocracia. En el año 1945 ganó el premio de cuentos Concha Espina y en 1952 el Premio Nadal por su novela *Nosotros los Rivero*. También ha colaborado en numerosos periódicos y revistas y ha escrito varios ensayos. Carmen Laforet nació en Barcelona en el año 1921 pero a los dos años de edad su familia se trasladó a las Islas Canarias. A los dieciocho años se fue a estudiar a la Facultad de Filosofía y Letras de Barcelona. Como Medio, Laforet es ganadora del Premio Eugenio Nadal, que le fue concedido en 1944 por su novela *Nada*. Carmen Martín Gaite nació en 1925 y es oriunda de Salamanca. Conocida como autora del realismo social español o la llamada Generación de Medio Siglo, en el año 1954 ganó el Premio Café Gijón, en el 1957 el Premio Nadal, en el 1979 el Premio Nacional de Literatura, en el 1988 el Premio de los Libreros y en el 1989 el Premio Príncipe de Asturias. Tiene un doctorado en Filosofía y Letras de la Universidad de Madrid y ha colaborado en numerosas revistas y periódicos españoles y en crítica literaria contemporánea. La más joven de nuestras escritoras, Ana María Moix, nació en Barcelona en el año 1947 y pertenece a una familia de la burguesía barcelonesa

1947 y pertenece a una familia de la burguesía barcelonesa conservadora. Hermana del también autor Terenci Moix, desde hace tiempo ha venido a formar parte de un grupo de escritores que se reúnen en torno al editor y poeta Carlos Barral. En los años setenta Moix formó parte de la revista "Vindicación Feminista", editada y dirigida por Lidia Falcón. También ha colaborado en la revista "Actual" y en numerosos periódicos de Barcelona. Sus primeros libros nos muestran el ambiente tradicional de derechas y la vida de la burguesía catalana. Su obra a veces tiene un tono feminista bastante marcado.

Aunque hayamos visto que todas las novelistas han pasado por circunstancias sociohistóricas muy similares, también existen características distantes entre ellas. Geográficamente pertenecen a regiones y a posiciones sociales diferentes y sus antecedentes biográficos son, en cierto modo, distintos. Carmen Martín Gaite y Carmen Laforet desde siempre se han mantenido en el ambiente literario. Aparte de que se han dedicado a la escritura y a la lectura, han estado casadas con escritores, la primera con el conocido autor Rafael Sánchez Ferlosio y la segunda con el periodista Manuel Cerezales. Algunas de las novelistas han tenido hijos, otras no, pero a pesar de estos factores personales tan diferentes, su obra colectiva revela las semejanzas que pueden considerarse como la base del presente trabajo. Si echamos una ojeada a las narrativas de las autoras, nos daremos cuenta de que todas ellas presentan el concepto que Hélène Cixous nos muestra en su ensayo "The Laugh of the Medusa." Dicha noción expone el encerramiento como una verdadera indicativa de la condición femenina e indaga la posición social de la mujer en el patriarcado, donde el hombre posee "toda autoridad y control de la palabra" (Nichols, *Des/cifrar* 7). Como contrapartida, las autoras rompen con esta estereotipia y siguen las ideas de Cixous quien añade que la mujer

> must write her self: must write about women and bring women to writing, from which they have been driven away violently.
> (Cixous 245)

Asimismo todas las escritoras tienen en común la tendencia a la autobiografía trasladada a la experiencia novelística que se presenta como un ejemplo de autobiografía ficticia debido a la censura imperante del momento. Además, las cuatro heroínas de las novelas dan la impresión de estar cortadas por un patrón bastante similar: los libros mencionados nos muestran a unas protagonistas adolescentes en un estado de soledad, todas jóvenes, solitarias, separadas de sus familias física o espiritualmente, dentro de un espacio que transciende lo personal, ya sea nacional o social. Sus vidas no tienen una dirección muy clara pero al revelarse contra las normas establecidas consiguen una actitud de desafío que cambia su existencia en una sociedad predominantemente autoritaria y represiva.

NOSOTROS LOS RIVERO, NADA, JULIA Y EL CUARTO DE ATRAS

Aparte de la relación existente entre nuestras escritoras, también se van a destacar las similitudes que existen entre sus obras respectivas. Aunque cada una de las novelas tiene un estilo muy personal, se corresponden en el sentido de que las cuatro manifiestan una gran preocupación por las libertades femeninas en una época de represión. Además, como mujeres, las heroínas rompen con el molde tradicional de sumisión que la sociedad les ha impuesto. Cada una de las novelas comentadas se ajusta a la teoría de Mijail Bajtín quien nos dice que cualquier obra literaria es el espejo de la vida del escritor y por consiguiente se podría decir que los libros de Medio, Laforet, Moix y Martín Gaite no son sino una recopilación de la situación política y socioeconómica en que cada una de ellas vive. La noción del rasgo bajtiniano, entre la relación de la vida del escritor y su obra, nos indica que dicha peculiaridad es un elemento primordial en nuestras novelistas. En efecto, a través de los discursos respectivos de las autoras, el fenómeno expuesto por Bajtín se acentúa en *Nosotros los Rivero, Nada, Julia* y *El cuarto de atrás*. Así, se puede decir que todos esos libros ponen en evidencia la vida femenina en una etapa de represión donde la mujer tiene escaso acceso a la estructura laboral, social y política.

La noción bajtiniana se aprecia en *Nosotros los Rivero* donde Dolores Medio nos muestra, a través del relato, un contrapunto entre el papel social que se le impone a la protagonista, y su vida en una pequeña ciudad de Asturias. El libro nos presenta la existencia de una escritora famosa que llega a su lugar natal y se sumerge en los recuerdos de los barrios donde había vivido. Allí nos habla de su familia y sus andanzas y mediante el recurso del recuerdo en un tiempo inscrito en el pasado, la autora relata la acción desde el punto de vista de una niña, Magdalena Rivero, que presencia la crisis de su familia y de la ciudad en que vive como consecuencia de la preguerra, guerra y posguerra. Escrita en tercera persona y por mediación de la memoria de Lena, la protagonista nos presenta una especie de diario y los recuerdos de su ya pasada infancia, el retrato de una familia y una sociedad en período de transformación. La trama se centra en tiempos de transición entre la monarquía, la república y la guerra civil, así que la obra es una alusión y un anticipo a la vida franquista que nos da un avance de la sociedad española en tiempos anteriores y posteriores al golpe de estado.

    Efectivamente, Dolores Medio nos muestra a unas gentes que han de adaptarse a un mundo nuevo que les ha sido impuesto por la fuerza ya que por razones ajenas a la familia—el ayuntamiento va a derrumbar la casa para construir un solar nuevo—se tienen que mudar a otra parte. El hogar de la calle de la Universidad, donde los Rivero residen al principio de la novela, es una especie de eje social pues se hace partícipe de centro de comunicación, con tertulias que se celebran diariamente y donde la puerta está permanentemente abierta a los visitantes. Pero los elementos de sociabilidad e independencia van a desaparecer y el cómodo seno familiar de la calle de la Universidad, donde la protagonista vive libremente, va a derribarse con la demolición del hogar y la quiebra del negocio del padre. Si se establece una comparación entre las dos casas mencionadas en las que sucesivamente vivía la familia de Lena, se pueden notar los elementos de contraste entre ambos hogares, especialmente en lo que se refiere al espacio abierto y libre de la primera casa y al cerrado y opresivo de la segunda, lo cual se puede identificar como referencia a antes y a después de la guerra civil española. El traslado de los Rivero da lugar a un radical cambio pasando de una casa alegre, soleada y siempre llena de gente, a un domicilio austero, deprimido y confinado que se puede interpretar como una analogía de la sociedad represiva de la posguerra en la que vivía la propia autora. Medio nos dice que la familia de Lena residía

> en una calle tan estrecha y tan silenciosa, sin otros horizontes que esa tapia, que parece la tapia de un cementerio. (227)

La misma autora añade, a propósito de la mudanza de la familia, que en la nueva casa no hay sol, pues, estaba orientada al norte, en una zona baja y llena de sombras. No es casualidad que Medio use esta analogía de la luz y las tinieblas para determinar el cambio de vida de la república al franquismo y poner en evidencia la situación en que se encuentra su propio país en esos difíciles momentos.

Los años de la posguerra española asimismo se ven enfocados en *Nada*. En *Novela española actual*, García Viñó, nos dice respecto al libro que es una obra que significa

> una interesante apertura de camino para su autora y aún para la novela española en su etapa de posguerra. (73)

A pesar de que hay numerosas novelistas que dedicaron sus escritos al tema, como Ana María Matute con su *Primera memoria*, Josefina Aldecoa con *Historia de una maestra* y Elena Quiroga con *La enferma*, por sólo citar a algunas, no hay muchas obras que se estructuran alrededor de esta misma propuesta. De todos modos, se puede decir que Laforet pertenece a esa primera generación de escritoras que tocaron dicho tema. Según Elizabeth Ordóñez, *Nada* inició

> un inapagable cuestionar de tramas y convenciones literarias que puedan encerrar el espíritu, la imaginación o la voz de la mujer como escritora. ("Multiplicidad" 228)

En efecto, el libro es un intento de explicar la génesis de la doble ruina por la que la protagonista pasó durante su adolescencia en un país marcado por el fascismo. *Nada* nos muestra, mediante su trama novelesca, la reacción de la autora frente al mundo de posguerra, una sociedad en deterioro social que refleja las condiciones degradantes, tanto económicas como morales, en un país destrozado por la guerra civil. La novela nos presenta a Andrea, una joven huérfana, muy idealista, recién salida de un colegio de monjas, que llega a Barcelona para estudiar en la universidad y que se encuentra con una ciudad y con una familia totalmente cambiada por la guerra. Durante un año, la protagonista vive en una casa bastante deteriorada y con unos parientes que están en pleno proceso degenerativo, presentando así la novela el simbolismo de la casa-familia-estado. Con el tiempo, Andrea se da cuenta del destrozo que ha ocasionado tal pelea y poco a poco pierde a sus amigos, su salud, sus ilusiones e incluso su inocencia. La antipatriótica carga con la que la escritora nos muestra la vida cotidiana de la joven es obviamente un testimonio sombrío del régimen que ocasionó los estragos de la guerra. Teniendo en cuenta las declaraciones de Randolph Pope, se apreciar que el texto es

> una rememoración de un pasado agobiante, inolvidable, que debe ser sometido al exorcismo de la escritura. (*Novela* 21)

El discurso que Carmen Laforet nos presenta en su obra es, sin lugar a dudas, portador de un mensaje condenatorio del franquismo y del estropicio causado por la guerra civil y sus consecuencias en el pueblo español.

La primera novela de Ana María Moix, *Julia*, escrita en 1968, está centrada en una sociedad que, debido a la imposición franquista, se rige por las normas de un régimen represivo y totalitario que se refleja en el microcosmos familiar en que vive el personaje principal del libro y donde la autoridad totalitaria está a la orden del día. La estructura de la obra se puede considerar hasta cierto punto similar a *Nosotros los Rivero* y a *Nada* pues las tres novelas nos muestran un vaivén propio del devaneo de los pensamientos de sus jóvenes protagonistas. La novelística de Moix también es un recuento de la vida de la heroína que nos narra la historia de la niñez y la adolescencia de Julita, una niña barcelonesa, las experiencias de su primer amor, de sus pasiones y de los descubrimientos de la joven, así como del complicado mundo de los adultos y de las leyes que lo rigen. Aunque a primera vista el libro parezca intranscendente, debido a su aparente inactividad y al hecho de que nunca pasa nada en particular, se puede considerar como una obra significativa en la novela social española de los años sesenta. Según Barry Jordan, *Julia*

> was the outcome of a process of interaction between novel writing and political opposition to the Franco regime. (*Writing* 29)

Además de poner en evidencia la vida franquista, Ana María Moix expone la represiva existencia de su protagonista principal y lo que significa ser mujer en aquel período. Si tenemos en cuenta las declaraciones de Linda Gould Levine, podremos apreciar que la novela

> continually satirizes the stereotyped view of women ardently defended by Julia's mother and grandmother. ("The Censored" 307)

En efecto, la escritora barcelonesa nos presenta a una protagonista que debido a su reprimida condición sexual continuamente está enajenada y tiene una personalidad desagradable. Este personaje, sin vida y sin esperanzas, es un producto de una sociedad hipócrita que rechaza y niega lo vital y el derecho a la libertad sexual. Es por este motivo, que la obra se podría clasificar como un ejemplo de la filosofía expuesta por Bajtín pues mediante su protagonista, la escritora pone en evidencia una crítica constructiva de su misma existencia siendo la familia de Julia un microcosmos de la vida española. Ana María Moix, representada por su protagonista, adopta una actitud inconformista ante las condiciones en que se encuentra. Es en este aspecto donde ya se puede apreciar, no solamente la carga autobiográfica de la novela, sino también la crítica social al país donde vive la autora. El mundo de ficción se considera como un microcosmos de la España franquista pues el doloroso vivir de la colectividad, crisis, enajenación y opresión se muestran mediante la exposición de la existencia cotidiana de sus personajes. Por medio de la vida de Julita, la autora pone en evidencia una existencia represiva, de resignación y sin esperanzas, dándonos así un ejemplo, no solamente de la filosofía de Bajtín, sino también de la autobiografía ficticia.

Con Carmen Martín Gaite se cierra la antología de las escritoras de este trabajo. La novela pertenece al posfranquismo ya que el libro fue publicado tres años después de haber muerto el dictador, aunque Martín Gaite lo empezó a escribir en 1975, año de la muerte de Franco. *El cuarto de atrás* es, como las obras de Medio, Laforet y Moix, un recuento de la vida de la autora y una narración de la historia de su propio país a través de su heroína. Una noche de insomnio permite a la protagonista hacer un análisis de su misma existencia así como un estudio conciso de la sociedad española durante la guerra y la posguerra. La obra, considerada como "the most frequently examined novel by a contemporary Spanish woman author" (Hart 71), abre un nuevo camino a la novela española de denuncia social del siglo XX pues es una narrativa que presenta testimonios del vivir de la colectividad en un estado de conflicto como es el aislamiento y la soledad agrupada. En la novela social, Martín Gaite nos presenta el ser humano condicionado por su medio y nos da una muestra de la realidad social mediante una protagonista individual. Este tipo de escritura abre paso a una novela autobiográfica y de crítica a un país totalmente atrasado y aún guiado por normas que están fuera de la vida de otras naciones europeas. En la obra, España, sus políticos, su historia y su sociedad pasan al banquillo de los acusados mediante un escrutinio que hace la escritora en sus confesiones personales. La crítica de denuncia social al país expuesta por Martín Gaite mediante la revisión del comportamiento personal de su protagonista se une a la exploración de los problemas de la mujer española por medio de recuerdos, pensamientos y sueños del personaje y mostrándonos así una persona aislada, que intenta encontrar su propia personalidad y su identidad, mediante el estudio de los tabúes y las trabas que la sociedad le ha impuesto. *El cuarto de atrás* es un documento de especial interés para observar que la revelación y el concepto del 'yo' adoptan una importancia inmensa en el momento histórico, creando así una interacción entre la escritura y la historia para presentar la definición de la identidad española.

CAPITULO 2

MIJAIL BAJTIN Y SU TEORIA

El trabajo intelectual de Mijail M. Bajtín, (1895-1975), es tan extenso que se podría decir que se despliega desde los estudios sobre la evaluación del cuerpo, con un marco epistemológico de las ciencias humanas a través de la historia, hasta la filosofía y teoría de la literatura. Clark y Holquist nos dicen al respecto que

> his writings encompass linguistics, psychoanalysis, theology, social theory, historical poetics, axiology and philosophy of the person. (vii)

Aparte de esto, no podemos ignorar sus divulgados trabajos sobre la teoría del carnaval y el ritual de inversión jerárquica. El presente estudio se va a enfocar simplemente en sus escritos dialógicos del lenguaje y la actividad verbal o el análisis socio-ideológico en la novela, en las diversas formas de la lengua literaria y en la actividad lingüística. El motivo de este enfoque es que para Bajtín

> literature is the place where language most reveals itself and where we creatures of language most encounter ourselves. (Patterson 3)

La filosofía de Bajtín se va a aplicar a las novelas *Nosotros los Rivero*, *Nada*, *Julia* y *El cuarto de atrás* por la similitud que existe, no solamente entre los libros y las ideas bajtinianas, sino por las semejanzas que se hallan entre la vida del autor soviético y Medio, Laforet, Moix y Martín Gaite. El autor ruso, como las escritoras, vive en un espacio totalitario y comprimido y toma la literatura como un arma, una herramienta que le sirve para denunciar esa sociedad represiva en que se encuentra.

Para mejor comprender el enfoque de las obras de nuestras autoras y su relación con la teoría bajtiniana es necesario estimar el ensayo de Bajtín titulado "Forms of Time and of the Chronotope in the Novel: Notes Toward a Historical Poetics" incluido en su libro

The Dialogic Imagination. En dicho trabajo, Mijail Bajtín nos dice que es necesario reevaluar el mundo, así como sus objetos, y asimismo nos explica la relación que tiene el ser humano con todo esto. Según las mismas palabras del autor ruso,

> It is necessary to destroy and rebuild the entire false picture of the world, to sunder the false hierarchical links between objects and ideas, to abolish the divisive ideational strata. (169)

Si tomamos en cuenta las declaraciones anteriores, se puede llegar a un acuerdo con Mary O'Connor cuando nos dice que Bajtín piensa que el mundo está organizado "into false relations of hierarchy, domination, repression, exclusion and silencing" (138). Dichas explicaciones nos llevan a la conclusión sobre la correspondencia existente entre Medio, Laforet, Moix y Martín Gaite, su vida, sus obras, los parámetros bajtinianos y la expresión de todos ellos en su forma literaria.

Para la comprensión de la estética de Bajtín es necesario entender los estudios que hizo sobre la correlación que existe entre el héroe y el autor de la actividad estética, es decir entre el escritor y el protagonista, en su producción y la relación del período en que el autor vive. Boguslaw Zylko comulga con las afirmaciones de Bajtín cuando declara que

> A work of art has a bi-polar structure, created by the intensive interrelation between the author and the hero. (72)

Las aserciones anteriores provienen del principio bajtiniano y nos abren camino para explorar los parámetros referentes a la relación entre el escritor y su héroe literario. Si se consideran las ideas del autor ruso, bien se podría decir que la novela femenina durante los años del franquismo está plenamente ligada al concepto expuesto por Bajtín y por lo tanto a la historia, pues a la vez que nos presenta la vida de los personajes, también existe un correlato entre la narración y las circunstancias de la época en que la autora escribe, lo cual responde a ciertos ideales propios de su clase social y de su tiempo. Dicha idea bien se puede asociar a la teoría de Mijail M. Bajtín, el cual declara que la obra literaria está influida por las circunstancias sociopolíticas en que vive el autor. El escritor ruso defiende que la literatura es una herramienta política con un poder ilimitado y que sirve como recurso para combatir la opresión en que el escritor se encuentra. El mismo Bajtín añade que el escribir es asimismo un medio de subversión y liberación del mundo que rodea al novelista. Es por este fenómeno que, para el escritor ruso, la novela, o la vida de ficción, y la realidad "remain indissolubly tied up with each other and find themselves in continual mutual interaction" (Booker and Juraga 159).

Si consideramos las afirmaciones anteriores, se podría llegar a la conclusión que este es el motivo que lleva al escritor a crear un héroe que según Bajtín tiene "un carácter fundamentalmente productivo y constructivo" (*Estética* 14). Dicha reacción, de productividad y constructivismo frente al personaje principal, nos lleva a pensar que, de acuerdo con las mismas ideas bajtinianas, el autor es:

> la única energía formativa que no se da en una conciencia psicológicamente concebida sino un producto cultural significante y estable, y su reacción aparece en la estructura de una visión activa del personaje como totalidad determinada por la reacción misma, en la estructura de su representación, en el ritmo de su manifestación, en su estructura entonacional y en la selección de los momentos de sentido. (*Estética* 16)

Si seguimos de cerca las declaraciones expuestas anteriormente, se podría notar que el autor crea su personaje como una reacción a la existencia del mismo escritor estableciendo así un lazo de unión y una interacción mutua entre la vida real y la vida de ficción. Si se tienen en cuenta las explicaciones anteriores, se podría afirmar que el novelista se encuentra inmerso en su héroe ya que según Boguslaw Zylko

> the author does not invent or contrive his or her hero, but finds or discovers him or her in reality. (72)

Es precisamente por esta especie de comunión entre el protagonista y el escritor, que la filosofía del crítico ruso se va a aplicar a las novelas de Medio, Laforet, Moix y Martín Gaite en el cuerpo teórico del presente trabajo.

No se puede ignorar que los escritos bajtinianos hacen eco en la narrativa de la España franquista, especialmente en lo que concierne a la insistencia de la dimensión sociopolítica y en las estrategias literarias y artísticas de nuestras escritoras. Los conceptos que se van a elaborar en este estudio estarán basados principalmente en tres obras de Mihail Bajtín, *Estética de la creación verbal*, *Problemas de la poética de Dostoiesvski* y *The Dialogic Imagination*. En estos libros, dicho autor mantiene sus teorías respecto a la relación entre el escritor y su obra y la manera en que el literato está influenciado por la época y las condiciones políticas y sociales en que vive. Los temas expuestos por Bajtín se estudiarán en consideración a las novelas de las cuatro autoras que cubren el presente trabajo. El estudio del libro de Dolores Medio, *Nosotros los Rivero*, se va a centrar en las ideas bajtinianas sobre la noción cronotópica o el concepto del espacio y tiempo. *Nada*, de Carmen Laforet, sigue el patrón de polifonía, concepto en el que las diversas voces de los personajes se oponen, creando así un conjunto de manifestaciones diferentes. En la novela de Ana María Moix, *Julia*, se puede ver un ejemplo de la heteroglosia y el discurso de doble voz. El último de nuestros libros, cronológicamente hablando, es *El cuarto de atrás* de Carmen Martín Gaite y con él se va a destacar la idea expuesta por Bajtín sobre la novela de desarrollo en un período de transición.

Aunque contemporáneo de los formalistas rusos, el mismo Bajtín fue un antiformalista declarado, pues sentía la necesidad de expresar un análisis socio-ideológico en la novela y además creía fervientemente en la relación entre la literatura y el contexto histórico y social. Es por este motivo que él mismo ve la producción literaria como una manifestación de la actividad lingüística que debe ser enfocada desde el punto de vista sociológico. Según Bajtín, para llevar a cabo el relato, el escritor crea un narrador o narradora que expresa la visión del mundo que él mismo ha tenido en el transcurso de sus años de vida, formándose así una especie de autobiografía de ficción. Bajtín nos dice al respecto que:

> cada momento de una obra se nos presenta como reacción del autor, que abarca tanto el objeto mismo como la reacción del personaje frente al objeto (reacción a la reacción); en este

sentido, el autor es el que da el tono a todo detalle de su personaje. (*Estética* 13)

Mediante dichas declaraciones podemos deducir que es el escritor quien da personalidad y vida a su protagonista y que es el novelista la única persona que tiene control de los actos de su héroe. El mismo Bajtín añade al respecto que:

> el autor convierte a su personaje en el portavoz inmediato de sus propias ideas, según su importancia teórica o ética (política, social), para convencer de su veracidad o difundirlas. (*Estética* 17)

Mediante este fenómeno se forma la típica situación novelesca: narrador, personaje y acción creando así un documento autobiográfico ficticio. Se puede además encontrar en esta característica la tensión del drama de la novela, ya que el narrador y el personaje se refieren a la misma persona histórica que a través de la narrativa literaria examina y confronta la vida propia del autor. Por este motivo se debe resaltar la gran contribución que ha hecho la teoría de Bajtín en cuanto al género autobiográfico y al estudio de la historia en la literatura. El concepto bajtiniano puede servir de referencia para un mundo que aparentemente aparece ficticio pero que no lo es, y a la vez nos guía por un camino interior mediante un personaje que nos muestra la historia de su existencia, otorgándonos a la vez datos históricos, sociopolíticos y personales de la vida del escritor o escritora de la novela.

Siguiendo las ideas de Bajtín, se podría notar que los libros de Medio, Laforet, Moix y Martín Gaite brotaron de una necesidad de expresión auténtica e intensa, así como de una gran resistencia al poder franquista. Por este motivo se puede observar que todas estas obras han colaborado, no sólo a la investigación de la vida sociopolítica durante la dictadura, sino también al descubrimiento de la personalidad de la mujer española y a la vez han abierto las puertas a la novela femenina moderna de la España posfranquista. Teniendo en cuenta las consideraciones bajtinianas de que la vida del escritor está influida por la historia, se podría declarar que la novela posee "the ability to grow and evolve in time, responding to and participating in the process of history" (Booker and Juraga XI). Es posible percibir en las obras de Medio, Laforet, Moix y Martín Gaite un reflejo de algunas de las ideas de Bajtín sobre el concepto de que la novela es la mimesis de la realidad y de que la vida y la obra del escritor están influidas por la historia y la política de la nación en que vive. Numerosos críticos confirman dicha teoría y un ejemplo es la novela de Dolores Medio, *Nosotros los Rivero,* donde, según Ruíz Arias, se notan las referencias históricas, especialmente en lo que concierne a

> la huelga de 1929, la revolución de octubre de 1934 y, en años posteriores a los novelados, la guerra civil de 1936. (278)

De la obra de Carmen Laforet, *Nada,* se pueden citar las declaraciones de Roberta Johnson al decirnos que incluso el mismo título "suggests the residue of despair and devastation left in Spain after the Civil War" (46). Asimismo, en el libro de Ana María Moix, *Julia,* se notan numerosas alusiones a la represión y falta de libertad que imperaba durante el régimen de Franco y la intención de la autora no es sino mostrarnos confusión, miedo, desorientation, enajenamiento, fatiga y aburrimiento en la vida de su joven protagonista. Al hablar de *El cuarto de atrás* muchos de los críticos coinciden en que la idea de Carmen Martín Gaite al escribir la novela "was to write a social history of the postwar era" (Brown 150).

Todas las escritoras mencionadas están influidas e interesadas en el elemento sociopolítico de su país y conciben el tema de la representación de España como un dolor y una preocupación y a la vez como un problema por el cual ellas mismas se ven afectadas. Su actitud no es alabar ni defender a su patria, sino simplemente mostrarnos una exposición de su existencia en un período de represión mediante sus protagonistas respectivas. Claro que siempre existe en cada una de las obras un ataque implícito, más o menos duro, contra las imperfecciones de la vida nacional. El proceso de las cuatro novelistas es en general muy similar, por no decir idéntico: todas ellas contemplan la trágica situación del presente de su nación y mediante una heroína nos exponen la triste condición de desánimo y dolor que rige la vida de su país. Esta actitud de pesimismo es al mismo tiempo contrarrestada por la sensación de libertad y cambio que se va a manifestar en el mundo de la protagonista en el futuro. Unas veces tenemos la impresión de que se produce esa variación (concretamente en *Nosotros los Rivero* en *Nada* y en *El cuarto de atrás)*; otras no, como se puede ver en el caso de *Julia*, debido a que la trama de la novela se presenta en pleno régimen franquista y como una alucinación de la protagonista.

Por consiguiente, en las páginas que siguen, veremos que estas novelas se ajustan a la teoría bajtiniana en cuanto a la relación entre la obra literaria y la misma vida del escritor y también que todos los libros siguen, de un modo u otro, algunas de las modalidades expuestas por el autor ruso en sus estudios críticos y teóricos. Asimismo se va a presentar el fenómeno de descontento y desacuerdo de las protagonistas con el régimen y que las mismas acciones de las heroínas fueron, en cierto modo, atípicas para las jóvenes de aquella época. Este rompimiento, más la influencia innovadora de los temas y técnicas de las obras, da lugar a la consideración del reclamo de estas novelas como la forja de la literatura escrita por mujeres a la vera del nuevo milenio.

La novela de Medio nos muestra a una heroína que al fin tiene la oportunidad de irse de la agotadora e irrespirable ciudad donde habita después de haber vivido las penurias de la preguerra y de perder su casa y parte de su familia. Años más tarde, Magdalena Rivero vuelve a Oviedo tras una larga ausencia para desempolvar su misma historia y la de sus antepasados. Ya hecha una mujer se nos muestra a una protagonista con un nombre, a una escritora famosa, a una mujer liberada, con una buena carrera y un gran porvenir delante de ella.

Como la Lena de *Nosotros los Rivero*, la Andrea de *Nada* al final de la novela también se va de su ciudad, Barcelona, al recibir una carta de su amiga Ena en la que le hace una oferta de trabajo en el negocio de su padre en Madrid. Es al concluir el libro cuando la protagonista de Laforet intenta enterrar con su marcha todas las memorias, el año de penurias pasado en la calle de Aribau. En estas dos novelas se puede apreciar el halo de esperanza, de cambio que se produce al final de la obra, ese traslado tan deseado que nunca se produce hasta la muerte del dictador, como bien vemos en el caso de la novela de Martín Gaite, *El cuarto de atrás*.

En *Julia* todavía no vemos el esperado cambio, ya que no existe esa marcha de la protagonista que la podría liberar del yugo al que se encuentra sometida. Es por este motivo que la novela de Moix nos muestra esos años de intenso franquismo en los que nada cambia, un tiempo en el que todo sigue igual y en el que no existe el mínimo signo de esperanza, ni un sólo rayo que ilumine el futuro tan lleno de aburrimiento, represión e incertidumbre de la protagonista. Ana María Moix así nos lo muestra al final del libro cuando aún nos presenta a una Julia que no ha cambiado nada desde el principio, a una joven que según la misma escritora está "agotada, vencida, atada con mil correas" (187). *Julia* trata de un trauma que no ha sido superado al cabo de los años y que tiene su origen en la niñez, pero es también una clara alusión a la situación de la España eternamente subyugada al régimen y aún dominada por la represión y la falta de libertad. Es una crítica social al pueblo español mediante una heroína que está sometida a la misma rutina diaria, a una vida monótona y aburrida de la cual nadie puede rescatarla.

Dicho rescate sí se produce en la obra de Carmen Martín Gaite, ya que *El cuarto de atrás* es una novela que nos muestra la trama en plena decadencia franquista, pues el dictador ya ha muerto, después de treinta y seis años de regir con mano dura el país. A pesar de esta circunstancia, la autora a veces da muestras de poner en duda este hecho, pues la novela está escrita a la sombra del franquismo y no es sino un ir y venir de sueños y pesadillas en el que casi no se sabe qué es lo soñado y qué es lo real. De todas formas, se nos presenta a una protagonista ya muy diferente de la Julia de Moix pues Carmen es una mujer autosuficiente y liberada, aunque a veces se ve perseguida por ese fantasma que ocupó gran parte de su vida y que ahora no es sino un sueño, una sombra.

Según las declaraciones anteriores, se podría señalar que los elementos más dispares de las obras de las autoras mencionadas se distribuyen entre diversos aspectos del pensamiento bajtiniano los cuales se van a resaltar en cada una de las novelas. Pero el rasgo principal de cada libro se podría considerar como un compendio del trabajo de la teoría expuesta por Mijail Bajtín, primordialmente en lo que concierne a la exposición de la idea del cronotopo, el concepto de polifonía, la noción de la heteroglosia, o el discurso de doble voz, y finalmente, su juicio sobre la novela de desarrollo. Las ideas expuestas con anterioridad se van a explicar detenidamente más adelante, pero el estudio de cada una de las obras se puede resumir en el diagrama expuesto a continuación el cual nos muestra la relación entre las diferentes novelas de nuestras escritoras y los trabajos bajtinianos:

Tabla I: Conceptos teóricos de Bajtín

	Autora y obra	Estilo	Concepto
Período I Los años 30	Dolores Medio *Nosotros los Rivero*	Crítica al cambio	Cronotopo (Tiempo y espacio)
Período II Los 40 y 50	Carmen Laforet *Nada*	Exposición sociopolítica	Polifonía (Voces opuestas)
Período III Los años 60	Ana María Moix *Julia*	Exposición sociopolítica	Heteroglosia (Discurso de doble voz)
Período IV Los años 70	Carmen Martín Gaite *El cuarto de atrás*	Crítica Y cambio	Novela de desarrollo (Transición política y social)

 Al estudiar el diagrama anterior, es necesario recordar las declaraciones expuestas en el capítulo 1 respecto a la novela de Dolores Medio. Ruíz Arias, está de acuerdo con muchos otros estudiosos de la obra al decirnos que *Nosotros los Rivero* fue escrita en 1953, pero la trama se desarrolla entre los años treinta, concretamente entre 1934 y 1935.

 Los conceptos bajtinianos explicados con anterioridad en el gráfico nos dan una idea sobre el análisis que se va a exponer en las páginas que siguen. Teniendo en cuenta dichas definiciones, se podría formar una metáfora entre las teorías del escritor soviético propuestas y las tan famosas muñecas rusas. Por las mismas palabras de Maroussia Hajdukowski-Ahmed se puede deducir que:

> Bakhtin, Mikhail's ideas are like matriochkas (Russian dolls). They fit into one another, they are all contained in the mother, they are the same shape and are colored with the same motifs, but they are all different. (157)

EL CONCEPTO DEL CRONOTOPO

O LAS COORDENADAS DE TIEMPO Y ESPACIO

En su obra crítica, Bajtín nos dice que la literatura está condicionada al tiempo en que el autor vive y también al espacio en que se halla, creándose así un concepto que él mismo denomina el cronotopo. Al hablar de dicho concepto literario Booker y Juraga declaran al respecto que "for Baktin, one of the most crucial indicators of a genre is its chronotope, or attitude toward space and time" (158). Si se tienen en cuenta las afirmaciones anteriores, se puede deducir que toda narrativa está marcada por un parámetro espacio-temporal ya que estas dos coordenadas de espacio y tiempo son las que generan las acciones y actividades de la producción literaria y asimismo lo que motiva al escritor a exponer sus temas. Mediante dichas declaraciones se puede inferir que

> the chronotope is the time/space continuum that gives shape to a novel, directing and in some ways even generating its existence. The chronotope functions, we might say, as a form of setting for the novel. But more than merely a device to locate the plot within a specific time and place, the chronotope actively works to shape and create the plot itself, becoming, in the end, a formal, as well as thematic, feature of the plot. (Shumway 157)

La noción cronotópica o "the relation of people and events to time and space" (Morson and Emerson 366) es un concepto muy apto para aplicarlo a la novela ya que según las declaraciones de Morson y Emerson el cronotopo no es sino

> the intrinsic connectedness of temporal and spatial relationships that are artistically expressed in literature. (367)

Para Bajtín, los comentarios directos del proceso histórico-literario en cualquier obra ocurren de acuerdo a su teoría sobre el cronotopo en la relación del ser humano con su mundo por lo cual se puede afirmar que "all contexts are shaped fundamentally by the kind of time and space that operate within them" (Morson and Emerson 367). Según el mismo Bajtín, la idea cronotópica se puede definir literalmente como el sentido del tiempo y espacio y su conexión con la literatura o "el tiempo y el espacio como coordenadas principales de la representación artística del mundo" (*Estética* 10).

Si se tienen en cuenta dichas declaraciones se puede apreciar que en el cronotopo literario,

> time and space are not separate but rather intrinsically interconnected; each chronotope specifies a 'fused' sense of time and space. (Morson and Emerson 367)

La definición de Mijail Bajtín sobre dicho concepto expone que el discurso literario es un espejo de la vida del escritor, o el tiempo, y que su obra es un reflejo de la situación política y social en que el autor se halla, o el espacio. Por eso se puede decir que dicha noción asimila "real historical time and space and actual historical persons in such a time and space" (Morson and Emerson 372). La mencionada idea se puede considerar asimismo como una herramienta

> for understanding the ways in which spatiotemporal structures in the novel evoke the existence of a life-world independent of the text and its representations. (Stam 11)

Según la teoría bajtiniana, el fenómeno cronotópico da lugar a un condicionamiento a la época, o tiempo cronológico, y al lugar, o espacio, en que vive el literato y es también lo que genera las acciones y actividades de la producción literaria o en otras palabras, el eje que guía al escritor a desarrollar sus temas novelísticos. Es por este motivo que el cronotopo "constitutes a part of a particular society's contribution to understanding actions and events" (Morson and Emerson 371).

Mediante dichas declaraciones podemos ver que la idea cronotópica constituye una herramienta valiosa en la manifestación literaria. Estudiando los escritos de Booker y Juraga, vemos que el concepto del cronotopo "is not merely a formal literary device but a reflection of deep-seated attitudes in the society at large" (21). Los autores anteriormente mencionados agregan que, según Bajtín, el rasgo crucial de la sociedad is the way it thinks about space and time, and its characteristic is inevitably reflected in one way or another in that society's literature. (21)

Es por este motivo que el cronotopo es tan importante en la estructura narrativa de la novela durante el régimen franquista, especialmente en la novela de Dolores Medio, *Nosotros los Rivero*. Randolph Pope nos dice en cuanto al período en que se desarrolla la trama de la obra, que aquella década estaba constituida

> en gran parte por las consecuencias de la guerra civil. Vencedores y vencidos, arruinados y enriquecidos, todos remontaban su situación a la reciente experiencia colectiva que los había detenido y arrojado a la historia con una señal difícil de ocultar y borrar. (*Novela* 16)

Si se tienen en cuenta las declaraciones expuestas, se podría afirmar que la obra de Medio parte del concepto expresado por Pope con anterioridad y asimismo de la definición bajtiniana sobre el cronotopo. Dicho juicio ilumina la actitud hacia el tiempo cronológico y hacia la historia, idea tan importante en la novela durante el franquismo. En efecto, *Nosotros los Rivero* coincide con las opiniones de Bajtín y nos permite plantear y asociar la novela con la noción del cronotopo. Según las deliberaciones bajtinianas sobre la asimilación del tiempo y espacio en la literatura, en la obra bien se puede apreciar el carácter cronotópico, ya que la novelista sitúa la acción en Asturias, en un hiato entre dos momentos de tiempo histórico, en el Oviedo de los años 20 y 30. En efecto se puede apreciar que uno de los eventos más importantes en la novela fue la preguerra,

> the 1934 uprising in Asturias, fomented by Socialist groups, which occasioned particularly extreme repressive measures. (Jones, "Dolores" 59)

La misma Medio fue testigo de dichos eventos políticos y sociales. Es por este motivo que en *Nosotros los Rivero* la autora concede una importancia vital al tiempo y al espacio. En el libro bien se nota el desorden social y la crisis por la que pasa el país, ya que, en efecto, a través de sus capítulos, la escritora nos narra los conflictos políticos que hubo en España durante la preguerra y la guerra. Ya en las primeras páginas, Medio pone énfasis y hace notar que la historia de la ciudad está marcada por

> una guerra civil, desgarrando su carne, cubriendo su epidermis de cicatrices, obligándola a restaurar sus miembros amputados. (10)

Todas estas metáforas nos indican el dolor y sufrimiento de un país que ha pasado por una situación púnica y que intenta curarse de las heridas de las luchas pasadas como por ejemplo fueron los eventos de

> la huelga de 1929, la revolución de octubre de 1934 y, en años posteriores a los novelados, la guerra civil de 1936. (Ruíz Arias 278)

Las declaraciones anteriores ya nos dan el indicio de un período de conflicto, de una nación que sufre los estragos de una guerra en un tiempo y lugar concreto.

No es solamente en lo que se refiere a Oviedo, la ciudad donde se desarrolla la novela, donde ya se pueden notar la crisis y el desorden que pueblan el libro, sino en la familia Rivero y también en la misma protagonista, en sus acciones y en cuanto a su personalidad se refiere. Ya desde el principio de la obra se nos muestra a Lena, una niña que es el hilo conductor de la trama argumental y que, a través de cuyos ojos la autora nos presenta a los personajes secundarios y el ambiente en que se mueven en la novela. Medio dibuja a una protagonista destinada a sufrir y que está condicionada por la coyuntura sociohistórica en que vive, a una joven que no puede liberarse de sus miedos, ni de sus mariposas negras. La autora usa como técnica el mundo sombrío en que vive Magdalena, representado por el mismo carácter de la niña y mediante las negras mariposas que constantemente vuelan alrededor de su cabeza. Este fenómeno lo emplea Medio para mostrarnos que la trama de su narrativa está marcada por el terror, el miedo y la incertidumbre. Según el *Diccionario de símbolos*, la mariposa es un "emblema del alma y de la atracción inconsciente hacia lo luminoso" (Cirlot 298). Pero la autora asturiana nos muestra unas mariposas negras, como una alegoría de las tinieblas y de la defunción, como una referencia hacia lo negativo y lo malo. El interés que tiene la novelista en este concepto nos da una pista para que nos demos cuenta de la situación tétrica en que se desarrolla la trama de la novela. No es mera coincidencia que las mariposas negras que vuelan en torno a Lena se mencionen continuamente y sean un *Leitmotiv* constante en la obra. En efecto, hay numerosas alusiones: dieciocho veces se mencionan las mariposas en la novela. Dichas referencias no son una coincidencia, sino que están planeadas por Medio para darnos un aviso, para poner al lector en guardia de una situación hostil y desagradable y para mostrar el problema colectivo por el que atraviesa España mediante la metáfora de la familia de Lena. Smoot confirma esta idea al decirnos que *Nosotros los Rivero* "explora la influencia de la guerra civil en la familia Rivero, símbolo de todas las familias de España" (101). En efecto, Dolores Medio nos relata una vida llena de incertidumbre y angustia y nos da un avance del franquismo mediante el relato de la existencia de unas gentes que viven en una ciudad que "va a convertirse más tarde en su jaula" (Ruíz Arias 151). Mediante esta metáfora se puede ver que la obra hace eco de la teoría de Bajtín y que existe una correlación entre el tema del espacio histórico y la trama de *Nosotros los Rivero*.

La ciudad de Oviedo tampoco es una naturaleza abstracta que pertenece a un mundo indefinido e irreal, sino que forma parte de la unidad histórica y geográfica del universo verdadero de la autora, acentuando así la percepción del espacio bajtiniano y creando una imagen profundamente cronotópica. El ambiente marcado por las ideas fascistas en que la misma escritora vive, o el concepto cronotópico del espacio, se nos muestra concretamente en la nueva casa familiar de los Rivero, en la calle de San José y la calle de la Iglesia, las cuales son una alusión de la sociedad regida por las ideas religiosas, conservadoras y a la vez represivas del general Franco. Así que se podría decir que la novela de Medio es un intento de presentar los estratos de un país abocado a la desesperanza en un espacio fascista. De la calle Universidad, donde ya el nombre alude a un ambiente intelectual, innovador y hasta cierto punto libertario—que bien se podría asociar con los tiempos anteriores al franquismo, durante la segunda república—y donde se podía observar el bullicio del mundo alegre y moderno, la familia se ve obligada a mudarse a un hogar mucho más austero que incluso tiene un nombre conservador y religioso. La nueva casa de Lena Rivero, en la calle de San José, supone un cambio radical en su vida, el aislamiento de la familia de todo ambiente moderno e intelectual al mundo represivo y cerrado del franquismo. El espacio libre y verde de "las cuatro alfombras de hierba" se convierte en un sitio de piedra y con una "escalera de mármol". Asimismo, se nota obviamente una restricción y una total incomunicación, no sólo para la madre de Lena, quien no volverá a salir de su casa ni a relacionarse con la gente, a causa de un impedimento físico derivado de una caída que sufrió durante la mudanza, sino también para el resto de la familia. El elemento de aislamiento es visible por el alejamiento y retiro de la vivienda y por las escaleras que separan la casa de la calle, lo cual dificulta la movilidad. Aparte de que en el hogar ya no se reciben visitas, las tertulias de la calle de la Universidad se anulan con la mudanza, así que el hogar de los Rivero se convierte en una estancia austera donde ya casi no hay vida y ni mucho menos se presencia la alegría de antes. Con este fenómeno de aislamiento se puede apreciar que el escenario de la familia de Lena, muy falto y limitado de relaciones sociales, es asimismo una alegoría al represivo régimen de la España franquista y al retraimiento en que el país estuvo respecto a otras naciones europeas. En otras palabras, se nos muestra la idea del espacio cronotópico, ya que hay en la novela una tendencia hacia una localización geográfica concreta, Asturias, y una época señalada en un tiempo histórico determinado, visible y comprobable, la república, la preguerra y la guerra civil española.

Los propósitos de Medio tienen un carácter profundamente cronotópico ya que el tiempo y el espacio se funden en la narración, creando así una unidad indisoluble en las imágenes de *Nosotros los Rivero*. El punto de partida de la obra no es un paisaje abstracto sino una localidad determinada y concreta—Asturias. Aparte del microcosmos de la casa de la familia Rivero, existe un macrocosmos representado por la capital, Oviedo, el cual es otro elemento que nos muestra la visión del espacio bajtiniano y una alegoría al régimen fascista mediante el aislamiento de la ciudad donde vive la familia de Lena. La muralla que rodea a Oviedo, donde viven los Rivero, no es una coincidencia sino un propósito premeditado de la autora para establecer la coordenada del tiempo y espacio o la vida durante la dictadura franquista. El estado de incomunicación y represión en que se halla el país y las ansias de libertad de la gente se muestran asimismo mediante los paseos y escapadas de Lena a hurtadillas y sin previo consentimiento de su madre. Estos son símbolos de la necesidad y ansias de liberación en que se encuentra la protagonista, falta de libertad hecha patente por el agobio que le produce su vivienda en la calle de San José. La ciudad que anteriormente había sido sede de su independencia, las calles por las que en su infancia correteaba libremente, se han convertido en una jaula, en una cárcel en la cual la misma joven es ahora una prisionera. La siguiente cita pone de manifiesto el carácter cronotópico del pensamiento y de la visión de Dolores Medio cuando la autora nos dice al hablar de la ciudad donde se desarrolla la trama que:

> Oviedo es una ciudad dormida. Por las calles, estrechas y empinadas, del Oviedo antiguo, envueltas, de ordinario en espesa niebla, corre un sueño de siglos. (9)

Esta sensación de estrechez, de ensueño y de tristeza es una personificación, una especie de humanización de la ciudad, una comparación y una acertada metáfora que reafirma la vida aislada y represiva de sus habitantes y, en un contexto más amplio, del pueblo español. Si se tienen en cuenta las mismas palabras de Bajtín, la autora bien sabe ver el tiempo dentro del espacio ya que en el mundo de Dolores Medio se ve el sello del tiempo mediante el "tiempo-espacio, el auténtico cronotopo" (*Estética* 235).

El estado casi aletargado de una ciudad que languidece y vegeta también se hace patente cuando se compara a Oviedo con un chico que se levanta de la cama después de convalecer de una larga enfermedad. Efectivamente, Dolores Medio señala en numerosas instancias los elementos que contribuyen a dar a la ciudad esa sensación de sueño, de lentitud y de falta de movimiento o cambio. Este doble plano que la escritora nos muestra tiene una significación de la vida política y social durante una época de represión. El retrato social de la situación ovetense a través de los ojos de Lena es un recurso que usa la autora para mostrarnos la sociedad española en crisis, la vida y espacio de una familia obligada a subyugarse a un régimen dictatorial y represivo.

Nosotros los Rivero reevalúa el pasado desde el presente ya que aparece en el año 1953, en el momento justo en que el país se recupera de las heridas ocasionadas por la guerra civil y después de ser establecidas unas normas y una forma de vida que para muchos de los españoles constituye un gran yugo. Esta misma represión, y también la falta de libertad de expresión en un espacio fascista, bien se puede notar en la novela. El libro está marcado por la violencia de la guerra del 36 ya que muchos de los impetuosos acontecimientos son vividos directamente por los personajes y también por la autora misma. La observación reiterada de los aspectos anteriormente expuestos en el libro, que son a la vez unos claros referentes a la dictadura franquista, es lo que nos lleva a afirmar que Dolores Medio esconde bajo su pluma no solamente una novela que se puede considerar como un modelo de cronotopia basado en la existencia de la misma autora, sino también un documento sociohistórico de la vida de la península durante algunos años del largo régimen de Franco. Esta afirmación da lugar a la aseveración de la teoría expuesta por Mijail Bajtín en la que declara que el discurso literario refleja la vida social y política en que el mismo autor vive.

EL CONCEPTO POLIFONICO

Además de los estudios sobre el concepto del cronotopo o las coordenadas de tiempo y espacio, otra representación clave de la teoría bajtiniana es la polifonía. La idea expuesta por Bajtín sobre dicho concepto no es una noción nueva en la novela ya que a través de los siglos el tema ya ha sido usado con anterioridad por numerosos autores españoles como Miguel de Cervantes y otros muchos escritores. *Don Quijote de la Mancha* se puede considerar como un texto polifónico por las muchas voces y tonos que en el libro aparecen. La teoría bajtiniana sobre la polifonía tiene asimismo cierta similitud con las ideas de Balzac, pues como bien decía el escritor francés, la tarea más grande del literato es descubrir las causas de los movimientos soterraños de la sociedad mediante voces diferentes. Bien se puede afirmar que su novela de género realista se ajusta a la definición de Bajtín, ya que el mismo autor siempre ponía énfasis en la vida de la colectividad. Se puede notar que la novelística durante el período franquista se adapta en cierto modo a esta norma, pues la narrativa de la época de Franco se destaca por su orientación hacia la indagación. En efecto, el escritor, no contentándose con exponer o narrar, intenta descubrir las motivaciones interiores del individuo y de los acontecimientos sociopolíticos que le rodean.

Mijail Bajtín define el concepto de polifonía como una "pluralidad de voces y conciencias independientes e inconfundibles" (*Problemas* 10). El autor añade que, en la novela, estas voces autónomas son las que forman "la unión de elementos heterogéneos e incompatibles" (31). Según estas conclusiones, el novelista plantea deliberadamente ciertos problemas vitales para la inclusión de esas voces diferentes en su obra. Por este motivo, el escritor nos presenta la psicología de los personajes como un elemento contradictorio y los componentes diversos del argumento están en mutua contradicción, siendo algunos de los hechos interpretados de maneras diferentes. El principio de la polifonía se puede considerar como varias narraciones que se encuentran, pero que se contrastan en un contrapunteo artístico, es decir una contraposición dialógica. Mediante estas declaraciones, se podría afirmar que la novela polifónica se caracteriza por

> a plurality of independent and unmerged voices and consciousnesses, a genuine polyphony of fully valid voices. (Morson and Emerson 240)

Robert Stam nos dice al respecto que la idea de la polifonía especialmente

> calls attention to the coexistence, in any textual or extratextual situation, of a plurality of voices that do not fuse into a single consciousness. (Stam 229)

Dicha pluralidad de voces bien se presenta en los protagonistas de *Nada*, los cuales no están callados ni son sordos, sino que continuamente se enfrentan y se entrecruzan, conviviendo e intercambiando sus chocantes ideas y valores. Todos discuten y nunca se ponen de acuerdo, sosteniendo diálogos y discusiones constantemente. Cada personaje posee su propio campo de visión y sus opiniones nunca coinciden con las del resto, expresando así la vida sociopolítica de la España de posguerra. En efecto, en el libro de Laforet, se nos muestra claramente un mundo desolado y en estado de descomposición. Roberta Johnson nos dice al respecto que *Nada* es "the residue of despair and devastation left in Spain after the Civil War" (47). La novela refleja una Barcelona devastada por la guerra y una España marcada por el desequilibrio político, el desorden social y la crisis de un país que se está recuperando de tal conflicto mediante la existencia de una familia que anteriormente había sido burguesa y rica pero que ahora está en la ruina y en total decadencia. Así se puede declarar que el libro, mediante la familia de Andrea, representa un microcosmos de la España de posguerra. Según las mismas palabras de Barry Jordan, la calle donde vive la familia está en un caos político y social. El autor nos dice que:

> Aribau is filled with an air of sour hatred, manifested in aimless violence. Family relations are in turmoil. (*Laforet* 108)

Nada evidentemente plantea los problemas y los temas que surgen en la literatura de autoras que vivieron y escribieron durante el franquismo. Según Ciplijauskaité, la obra representa el nacimiento de una protagonista adolescente que es el

> arquetipo literario prominente, símbolo de una generación de mujeres que están intentando encontrar su sitio en una España arrasada por la guerra y obsesionada con la tradición. (47)

Como hemos visto anteriormente con Lena Rivero y más tarde veremos con Julia y C., la protagonista de Laforet se debate en un mundo arrasado por las doctrinas conservadoras y patriarcales, lucha por llegar a ser ella misma y romper con ideas tradicionales impuestas por el régimen totalitario y patriarcal franquista. La escritora expone la vida de la protagonista durante los años de posguerra y la historia de esos difíciles tiempos de represión y de hambre por los que pasa Andrea y su familia. *Nada* bien se ajusta a la definición de Pablo Gil Casado de que la novela muestra

> la injusticia, la desigualdad, el anquilosamiento que existen en la sociedad y, con propósito de crítica muestra cómo se manifiesta en la realidad, en un sector o en la totalidad de la vida nacional. (19)

Este fenómeno se aprecia ya antes de empezar la obra, pues Laforet nos muestra dicha desigualdad e injusticia, así como el propósito de crítica constructiva del libro, en el encabezamiento, anticipándonos su dramático contenido. En las primeras páginas se nos presenta un fragmento de un poema, esa nota que los estructuralistas llaman conativa, que es el epígrafe, y cuya función es dar una idea al lector del mensaje que el autor desea comunicar. La realidad de la vida nacional del momento nos la muestra la novelista a través de los versos de Juan Ramón Jiménez, expuestos al comienzo del libro y que bien dan nombre a nuestra novela. El poema, dice así:

> A veces un gusto amargo
> Un olor malo, una rara
> Luz, un tono desacorde,
> Un contacto que desgana,
> Como realidades fijas
> Nuestros sentidos alcanzan
> Y nos parecen que son
> La verdad no sospechada...(9)

Mediante los versos del poema titulado "Nada", la autora critica diferentes aspectos de la sociedad española, como son las consecuencias de la guerra, la injusticia y la alienación que sufre la gente. El poema también nos da una pista de la trama de la novela pues sus versos ya implican imágenes dolorosas como representación de un país devastado por las pugnas entre hermanos. En numerosas instancias del libro, la guerra ha dejado escombros en las ciudades y en los seres humanos y asimismo ha provocado cambios degradantes. Esto se puede ver por las alusiones a la estrecha y difícil vida por la que pasan los personajes, los cuales se ven envueltos en un desorden que es causado por un estado de descomposición y que provoca la ruina de toda la familia de la calle de Aribau. La misma Andrea nos habla de "las épocas de gran penuria, cuando no había podido comer ni cenar" (234) y de los estragos que tiene que hacer para llevarse a la boca un mendrugo de pan duro.

El hambre se ve contrarestada por los sentimientos de pobreza, miedo, odio, rencor y locura. La decadencia de la vida familiar y social es puesta de manifiesto por las alusiones que la autora hace sobre las ratas que recorren y dominan la ciudad de Barcelona. Efectivamente, en *Nada*, se nos muestra el *Leitmotiv* de la novela mediante las "ratas grandes, con los ojos brillantes como gatos" (162) que hay en las calles de la ciudad y que incluso se pasean por la casa de Andrea. La misma Laforet pone en los labios del tío Román una alusión a la familia que es como "las ratas" (39). Estas prolíficas referencias a unos animales que no indican más que un sentido negativo, de podredumbre, suciedad y decadencia y, que según Cirlot "se hallan en relación con la enfermedad y la muerte" (382), se podrían considerar como una metáfora de una sociedad en pleno caos y en declive social debido a los cambios degradantes que la guerra ha provocado. Casi un año transcurre desde el comienzo hasta el fin de la novela y durante todo este tiempo no se nos presentan más que imágenes sórdidas y desagradables, un microcosmos familiar poblado de personas, animales y objetos en estado de descomposición, de gente extraña y mezquina rodeada de un ambiente macabro y enfermizo.

Este aspecto nos lo muestra Lucía Fox-Lockert cuando dice que en *Nada*

> Each of the characters passes through periods of indignation, passion, disillusion and vengeance or separation. (82)

Dichos sentimientos son los que llevan a los protagonistas a mantener, unos con otros, relaciones de odio y violencia que bien simbolizan y reflejan la España dividida de la época. Este tan peculiar ambiente familiar se puede considerar como una analogía, una denuncia a la dictadura, la cual es adusta y cruel. En este paralelismo se puede destacar que, a pesar de que Andrea vive con su abuela y tíos durante un largo período de tiempo, nunca se siente a su gusto en el seno familiar y la casa le es totalmente extraña e inhospitalaria. Es más, ni una vez en la novela la protagonista hace alusión a su hogar o casa sino que siempre se refiere a la residencia de la calle de Aribau, como muestra de distanciamiento. Esta curiosa referencia se puede considerar como parte del "mismo malestar de siempre" (Laforet 172) en que continuamente se encuentra Andrea y por consiguiente el pueblo español.

El malestar y la angustia que domina la existencia de la heroína durante toda la novela es debido a la situación no sólo física—de hambre, decadencia y suciedad—sino también psíquica en la que ella y todos los personajes de *Nada* se encuentran, pues viven en una casa que según las mismas palabras de Laforet es "como un barco que se hunde" (39). La descripción del hogar es desoladora, lo cual implica ruina, decadencia y al mismo tiempo nos remite a imágenes de dolor. Esto se nos muestra mediante descripciones nada agradables que se ponen en evidencia a través de la novela pues, como vemos, toda la gente que vive en la calle de Aribau padece de algún desarreglo psíquico y mental. La autora presenta a la abuela como un fantasma, una persona que nunca duerme, que es como "una mancha blanquinegra de una viejecita decrépita" (15) y que vive en un mundo totalmente desvaído. Los dos tíos de Andrea son personajes raros y dudosos. Juan se nos muestra como una calavera y es descarnado e ignorante, un machista, con una personalidad violenta y enfermiza y está casado con una mujer de no muy claros orígenes, que debe recurrir al juego de los barrios bajos barceloneses nocturnos para sustentar la casa. El matrimonio tiene un niño que encarna el futuro, que es el símbolo de una víctima, que está siempre sucio y gritando de miedo y de hambre.

El hermano de Juan, Román, es un ser sádico, degradado hasta el extremo y poseído de una violencia bestial—se debe recordar que fue él quien mordió la oreja de Trueno, su perro, y no viceversa—un tipo manipulador y cruel, un traficante con negocios en el mercado ilegal que controla y manipula a toda la familia, traiciona al país y que, al final, termina suicidándose. La tía Angustias es el arquetipo de la mujer dominante, solterona y frustrada, el prototipo de la mujer burguesa de su tiempo. Todos estos personajes de la casa donde vive Andrea, además de tener un carácter enfermizo y dudoso y de practicar el adulterio y el incesto entre ellos, no hacen más que herirse los unos a los otros mediante peleas, riñas y demás aspectos negativos. Este fenómeno heteroglósico—que se refiere a la multiplicidad o yuxtaposición de voces diferentes expresada por Bajtín—es una acertada metáfora que representa a España mediante el caos y la febril situación del microcosmos familiar de la calle de Aribau.

No solamente son los personajes los que se nos muestran desalmados y desolados, sino también los objetos participan asimismo en la ruina del hogar. Los espejos manchados, los cuadros macabros, los sillones destripados, los lavabos y los grifos deformados, nos hablan de una casa hasta cierto punto funeraria, habitada por elementos dolientes y nefastos. Los animales que viven en la calle de Aribau tampoco se salvan, pues la narradora los describe desoladamente: el loro que chilla de una manera espeluznante y como si estuviera medio loco, el gato que está casi moribundo y el perro que es cobarde, macabro y ruinoso. Como se puede apreciar, el conjunto de seres que pueblan la novela y que forman el mundo de la casa en que vive Andrea hiede con esa peste, ese 'olor malo' que ya se nos muestra en el epígrafe y que como bien dice Laforet, parece describir un "capricho de Goya" (264). El nexo entre ese cuadro, esa ruina de los objetos, los animales y las personas nos da una idea de la representación del fenómeno expresado por Bajtín en cuanto a la vida del escritor y la relación con su obra literaria. Efectivamente, la España en que vive la protagonista, y la misma autora de la novela, es expresada mediante el deterioro individual y social y asimismo por las condiciones morales y económicas pésimas de un país deshecho por una guerra civil.

La guerra está bien representada en *Nada* mediante las pugnas entre los hermanos lo cual se puede interpretar como el concepto de las dos Españas. Roberta Johnson nos dice al respecto que:

> the story of Cain and Abel, symbolizing the Spanish Civil War, is suggested in these two brothers. (49)

Las riñas entre Juan y Román forman parte del concepto polifónico expuesto por Bajtín. Respecto a estas peleas entre gente que cohabita en un mismo espacio y que expresa valores e ideas diversas, se puede hacer una relación a una cita sobre la teoría bajtiniana que nos dice que:

> Utterances are not indifferent to one another, and are not self-sufficient; they are aware of and mutually reflect one another. (Stam 231)

En efecto, Laforet nos presenta esa expresión y extremo, una heterogeneidad de voces que chocan y se cruzan constantemente y que se reflejan unas a otras. Este acercamiento nos lleva a la conclusión de que el discurso de *Nada* pone énfasis en el devenir social y en el cuestionamiento interior de los personajes que pueblan sus páginas. La obra asimismo nos da un testimonio de la injusticia que oprime a la colectividad española durante un período de crisis y represión o es, como bien nos dice Roberta Johnson, "a reflection of Spain's post-Civil War political and social values" (52).

Carmen Laforet, como sucede con muchos de los escritores de su generación, es de la opinión de que el novelista debe considerar una actitud de compromiso con las circunstancias sociopolíticas en que se encuentra su nación. Según Bajtín, esta postura, imperativa para el escritor, intenta denunciar los males de los cuales la autora es testigo. Es en efecto la novela de Laforet un fenómeno que nos muestra dicha tendencia testimonial ya que el país, en aquel tiempo, era

> una España triste y sórdida, con una economía destrozada por la guerra, con muchos lutos en los hogares y muy pocas calorías en los estómagos. (Díaz-Plaja 379)

Stephen Hart nos muestra esa devastación nacional en una época de posguerra cuando nos dice que:

> *Nada* faithfully describes the hunger which characterized the so-called 'noche negra' of the early Franco years. (13)

Es en esta época difícil cuando Laforet, una joven de apenas veintitrés años, escribió dicha novela, así que estaba aún cerca, cronológica y emocionalmente, de una infancia y una juventud sacudida por los sangrientos episodios de la guerra del 1936. Por este motivo, se podría decir que su mayor preocupación al escribir el libro es dar forma corpórea a todas esas preocupaciones que tiene en su mente, ya que su obra es el resultado de un largo proceso de análisis de la sociedad en que ella misma vive y que nos muestra personajes e ideas en oposición.

En *Problemas de la poética de Dostoevski*, el mismo Bajtín nos habla sobre el tema de la polifonía mostrando las diversas voces que se pueden entrecruzar y confrontar en el discurso literario. Este fenómeno aporta y proyecta un sentido y unas ideas totalmente opuestos a la novela. Para entender correctamente la idea bajtiniana respecto al tema polifónico y en relación con *Nada*, es importante tener en cuenta las palabras y referencias del mismo autor ruso, quien nos dice que en este tipo de discurso de varias voces

> se da el cruce o la alternancia de las réplicas del diálogo explícito con las reglas del diálogo interior de los personajes. (374)

Referente a los dispares tipos del diálogo, es obvia la comunión entre las ideas bajtinianas y las de Laforet si se añaden las siguientes declaraciones de Bajtín, las cuales nos dicen que en el tipo de novela polifónica

> aparece un determinado conjunto de ideas, pensamientos y discursos que atraviesa varias voces separadas, en cada una de las cuales suena de una manera diferente. (374)

Más aún, el autor ruso añade que la intención del escritor al crear una obra es precisamente presentarnos un tema mediante numerosas voces creando así una polifonía de principio.

Dicho concepto polifónico se puede apreciar en *Nada*, pues

la autora nos presenta el discurso mediante voces hermanas que están totalmente opuestas. En la novela todo es inesperado—discusiones, ataques de histeria—y todo está fuera de lugar, creando una situación incompatible en el curso normal de la vida corriente. La obra de Laforet más que nada nos impresiona por su gran variedad y multiplicidad de discursos que aparecen en su expresión más extremada. Aunque varios críticos hayan puesto en evidencia los silencios y las elipsis que se encuentran en la novela, también predominan ostensiblemente en el libro la polémica y las conversaciones. Además nos impresiona la constante alternancia de los más diversos tipos y transiciones inesperadas y bruscas, desde el diálogo confesional y oculto de Andrea, a las pláticas polémicas entre los dos hermanos, Juan y Román. La agitada superficie verbal está entretejida por el discurso informativo cuyo único fin es poner en evidencia las oscuras sombras por las que atraviesa la familia de la calle de Aribau. La pluralidad de voces en Laforet se nos muestra en las alternancias en la voz de Andrea en oposición de los otros personajes y se expresa desde el punto de vista expuesto por Bajtín en sus trabajos concernientes a la polifonía. La voz de Juan se contrarresta a la de su hermano Román en un tono inesperado, creando con esto la alternancia de diferentes réplicas fraternales. Esta disposición de los personajes se muestra también en los diálogos de las otras personas de la novela de Laforet en la que se topan y se discuten voces en oposición o réplicas implícitas de cada una de las personalidades expuestas. Según las palabras de Morson y Emerson se puede decir que la autora "creates a world in which many disparate points of view enter into dialogue" (239). La combinación de ideas o voces se observa en la excepcional fuerza de los diálogos de *Nada* en los que cada uno de ellos queda opuesto a la voz interior del otro, sobreponiéndose a las conversaciones de otras personas y reflejando así la idea mostrada por Bajtín en cuanto al concepto de la polifonía.

En la densa atmósfera de la casa de la calle de Aribau se nos presentan tipos ambivalentes en estado de crisis, individuos inconclusos, egocéntricos y llenos de posibilidades inesperadas. Esto no es pura casualidad sino que se puede considerar como un arma que Laforet usa para poner en evidencia la vida inestable de su país. La autora desafía la política española oficial, pues el libro es una indagación de lo que significa una guerra civil y las luchas entre hermanos que no se pueden reconciliar. En efecto, según Barry Jordan, *Nada*

> reinforces the fact of the shattering transformation that has overtaken Aribau since the Civil War. (*Writing* 38)

La novela es asimismo una crónica del surco indeleble que dichas pugnas dejan y sus páginas nos muestra de qué modo afectan a la gente que por ellas pasa. Esta indagación se concreta en la inclusión del mundo íntimo de Andrea quien se ve envuelta en una vida sombría y un tanto árida y en la expresión del dolor individual de la misma protagonista, la cual está afectada por una infancia y una adolescencia rota por la guerra. En *Nada*, aparte de aparecer unas gentes de opiniones diversas e irreconciliables, se nos muestran personajes en estado colectivo de infructuosidad laboral y de soledad agrupada, a una familia en un grado degenerativo. Estos seres vencidos y fracasados son personas en una actitud de odio, de indiferencia de los unos hacia los otros miembros de la misma familia. En todo ello vemos una evocación a la teoría de Bajtín en cuanto a que el escritor simplemente hace un recuento de su vida y de la situación política y social en su obra literaria. El libro es, en efecto una metáfora del estado en que la autora considera que se encuentran los españoles durante el tiempo posterior al conflicto bélico. Esta disposición de pugna se puede considerar como una alegoría al tiempo presente en que se ve envuelto el país y también al tema de las dos Españas.

Del concepto de intolerancia entre gente de diferentes ideas e ideales, parte asimismo la teoría bajtiniana sobre las diversas voces que se oponen en la novela. Debido a esta incomprensión entre los personajes surge la violencia, la cual adquiere un papel bastante importante y vital en *Nada*. Los impetuosos sucesos se muestran continuamente y corresponden al clímax de la obra de Laforet con el suicidio—o asesinato—de Román. A través del libro, la violencia sobreviene a menudo en los eventos de cada día de una forma inesperada y rápida, confiriéndole un dramatismo bastante efectivo que se mantiene en 'crescendo' hasta las últimas páginas de la novela. Los intensos actos y escenas surgen al principio del libro y ya no lo abandonan hasta el final. El papel de la dominación masculina como elemento estructural y temático no hace más que intensificar la concepción de angustia y pesimismo del mundo en que viven los españoles durante el franquismo. Según las mismas palabras de Laforet, los personajes de la novela se elevan sobre la violencia, son pesimistas, seres anormales, mitad locos, mitad cuerdos que

> con los sufrimientos de la guerra, que, aparentemente soportaban tan bien, han enloquecido. (96)

La autora prosigue que sus protagonistas, aupados por las circunstancias que rodean sus vidas se sienten víctimas de la mezquina realidad del país. Laforet sistemáticamente nos niega cualquier indicio de paz o de bienestar y en su universo novelístico nos presenta un mundo hostil y turbulento, una sociedad que fomenta la oposición y permite la explotación entre unos seres humanos que son hermanos, pero que no se entienden. Este recurso no es sino un interés de la autora para poner en evidencia las causas y efectos de una lucha innecesaria y absurda entre gente del mismo país, ahora separada entre dos irreconciliables mitades.

Nada nos muestra la incertidumbre del vivir cotidiano durante unos años donde la rutina y la angustia están a la orden del día, siendo estos los rasgos esenciales que pueblan la narrativa de Laforet. Dentro del ambiente frío y angustioso en que se encuentra la familia de Andrea, las alusiones a grandes disputas y constantes riñas proliferan desde el principio hasta el fin del relato mediante viñetas que muestran las palizas que se propinan en la casa. La misma autora nos presenta las discusiones entre la familia al decirnos que "Juan intentaba golpear con una silla la cabeza de Angustias" o que el gran deseo de la abuela siempre es que "se reconcilien esos hermanos" (68). Estas violentas e histéricas escenas, que tan a menudo proliferan en el libro, nos dan una pista para afirmar que la casa de la calle de Aribau está sumida en una confrontación fraternal. Debido a las diferentes opiniones e ideologías de los protagonistas, la guerra fratricida de España también queda aludida mediante dichas referencias que nos muestran las pugnas e ideas irreconciliables por las que pasó el pueblo español en los años cuarenta. Las voces de la novela son diversas: los conservadores, la gente que pertenece a la España tradicional, que sigue las ideas del estado falangista con el general Franco a la cabeza, y por otra parte los que quieren romper con dichas imposiciones, los liberales que desean seguir con el proyecto político de la república. A la primera tanda se pueden adherir la abuela, la tía Angustias y el tío Juan y a la segunda el tío Román, Gloria y la criada, Antonia.

La abuelita podría pertenecer al bando franquista pues con su mundo totalmente desvaído busca escape en los valores tradicionales y en la religión. Está desvinculada de la realidad y siempre difiende y favorece a los hijos varones enajenando por completo a sus hijas. Como buen ejemplo de su tendencia derechista, la viejecita muestra un control muy severo y represivo con las mujeres y siempre las culpa de todos los achaques que acechan a la familia prefiriendo a sus hijos varones, como bien se lo echa en cara numerosas veces su hija, Angustias.

Esta última representa el papel de la moral burguesa y religiosa de la época y es el prototipo de persona que:

> encapsulates the discourse of Francoist conformism; she represses her sexuality, accepts life as punishment, and wills retributions of the head of others. (Hart 15)

Es un ejemplo de la típica mujer que, como bien lo indica su nombre, vive angustiada por las ideas y los actos liberales de algunos de los miembros de la familia. Angustias intenta imponer en la casa de Aribau las costumbres represivas y los valores tradicionales burgueses de clase y honor. Asimismo es el arquetipo de la mujer hipócrita, solterona, frustrada y perdida durante el franquismo, que en los años que siguen a su juventud ajada decide meterse monja, pues no tiene ni trabajo ni aceptación de ningún hombre que la mantenga. Ella misma nos muestra esta idea en la novela cuando le dice a Andrea que "sólo hay dos caminos para la mujer. Dos únicos caminos honrosos" (94), casarse o el convento. Desde el primer momento que Andrea llega a la casa, la tía ya intenta dominarla tratando de imponerle los viejos valores hispanos y convencerla para que se ponga a su favor y que no sea amiga del 'otro bando'. Angustias es mujer ya madura, autoritaria, dominante, cruel y amargada cuya única salida a los problemas que acechan a la familia los intenta curar con la religión hasta tal punto que cuando ya no puede soportar la vida tan violenta de la calle de Aribau decide irse a un convento.

Su hermano Juan también podría pertenecer al mismo bando ya que encierra una serie de valores relacionados con la mística del varón hispano, siendo el prototipo del machista que no desea más que dominar y manipular a todas las mujeres de la casa. Pretende ejercer el control de su esposa, Gloria, propinándole palizas diariamente, así como a su madre, a su hermana y a su sobrina Andrea. Es necesario destacar que aunque toda la familia se ve envuelta por la ira y el agrio temperamento de Juan, nadie lo respeta sino todo lo contrario, se burlan de él viéndolo como un tipo mezquino y acartonado, un perdedor que está dominado por el odio y la rabia. El tío Juan es el ejemplo del personaje de la España de 'pandereta' de Franco pues se encuentra atrapado en un mundo totalmente caótico y devastado pero al mismo tiempo se niega a aceptar tal situación valorando con ardor la gloria del pasado con un aire quijotesco bastante acentuado. Juan está íntimamente vinculado a la filosofía franquista impuesta, pues no quiere cambiar y aceptar la fragilidad del presente, sino que se aferra al tiempo pretérito, idealizando los años en que él mismo fue un pintor famoso y tenía dinero y fama. Su propia mujer se siente obligada a hacerle creer que sus pinturas son muy apreciadas, cuando realmente ella misma se las vende al trapero por una suma ridículamente baja.

El hermano de Juan, Román, corresponde al bando opuesto pues claramente se nos dice en el libro que había pertenecido al lado republicano durante la guerra. Es un personaje misterioso y complicado que tiene varias facetas sumamente negativas. Nunca se sabe dónde va cuando numerosas veces desaparece y si es un guerrillero comprometido, con una ideología liberal, o un estraperlista de lo más vulgar. Desde un principio ya se nos muestra como alguien diferente pues no vive, como el resto de los familiares, en la casa, sino en un apartamento arriba. Ya al iniciar la novela se le muestra puliendo su rifle, actividad más que reveladora, que sugiere inmediatamente la mística que él personifica de guerrillero que no está de acuerdo con las ideas del régimen actual. Dispuesto a hacer la guerra, se nos presenta como un personaje armado y casi siempre con pistolas. Desde un principio, sus comunicaciones con los demás miembros de la familia nos dicen que Román está totalmente en desacuerdo y en conflicto con la sociedad en que vive, especialmente con su hermano con el que ni siquiera habla sino para atormentar sus frágiles defensas, para insultarlo y humillarlo. Lucía Fox-Lockert revela que Román no se suicidó sino que fue asesinado por Juan, debido a sus ideales irreconciliables. La autora nos dice al respecto que:

> No literary critic has concerned himself with Román's suicide/murder. I am convinced, however, that it was a crime. Juan killed Román before he could flee from the police. (79)

Este hecho, que bien nos muestra el triunfo final de Juan y el concepto de las dos Españas opuestas, domina toda la novela. Dicho aspecto se nota en que Román no vive en la misma casa que los otros familiares, sino en un dormitorio apartamento separado de los otros miembros, lejos del resto de la familia, reforzando con ello el papel del 'otro bando'. Nos podemos dar cuenta ya desde el principio del libro que la simple presencia de Román inicia disputas entre los otros personajes, especialmente cuando entre Juan y su mujer. Si Juan es el prototipo del personaje quijotesco, débil y violento, pero sin ningún resultado, Román es todo lo contrario, pues tiene un aire de seguridad sofisticada e inteligente a través de la pintura y de la música, reflejándose con dichas contradicciones la anteriormente mencionada metáfora de las dos Españas.

En cuanto a Antonia, la criada de la casa, se puede decir que es una aliada de Román. Es la única con la cual él se comunica mediante un teléfono interno y la sola persona que sabe sus paraderos intrigantes cuando éste desaparece durante semanas seguidas. Aparte de sus relaciones amorosas, Antonia y Román comparten el perro Trueno, el cual es como un hijo para ambos, pero ni siquiera tiene voz ni identidad propia. La criada es la que encuentra muerto a Román cuando se suicida—o lo matan—y ella misma abandona la casa tras la muerte de su señor llevándose al perro a escondidas para que no se entere la familia de su huida.

La última figura del hogar de la calle de Aribau que se puede considerar también de este bando es Gloria, la esposa de Juan. Personaje un tanto complejo, encarna a la mujer en proceso de liberación que tiene que luchar contra los impedimentos que se le presentan cada día debido a su condición femenina. Es la única de la casa que puede mantenerse sola; es más, ella es, en realidad, la que sustenta a la familia mediante sus noches de fuga para ganar dinero jugando a las cartas en casa de su hermana. Gloria también podría representar la ruptura con las normas impuestas mediante su empeño por la venta de los viejos muebles de la familia al 'drapaire'—o trapero—lo cual podría significar despojarse de lo viejo, tirar lo que pertenece al pasado, o una renovación y limpieza de las ideas establecidas por el franquismo.

    Pero entre toda esta serie de personajes tan diversos se cabe preguntar dónde figura Andrea. Ante este cuestionamiento se podría notar que la protagonista se encuentra entre los dos bandos y que no comulga con ninguno. Su apatía y falta de interés ante cualquier evento se asocia al hecho de que ella misma se halla en una época de conflicto y de hambre que le hace llevar una existencia sin ánimo y sin pretensión de ninguna clase. Si Juan y Román representan la destrucción de España mediante sus ideas opuestas, Andrea es la destruida porque se resigna, se adapta hasta cierto punto a su vida banal y se hunde en el mundo de los sometidos siendo una conformista que se deja conducir al inmovilismo. Laforet pone de relieve la determinación del individuo ante la sociedad, una imagen de la realidad en la que la protagonista se nos aparece como una víctima de la tiranía de otro grupo. Es evidente que Andrea se encuentra inmersa en un tiempo histórico frustrante y que las circunstancias que rodean su vida son totalmente adversas. La novela se ubica en aquellos años del hambre cuando las desigualdades sociales eran muy claras y la nación se caracterizaba no solamente por una gran crisis laboral, como nos lo muestra la inactividad de los dos hermanos y de los demás miembros de la familia, sino también por una superficialidad absoluta. Andrea está en un entorno paralizante, en muchas ocasiones reacio y violento, que no contribuye en nada a facilitarle sus aspiraciones y que le impide realizarse como persona instruida. Este ambiente de desorden se le impone y absorbe toda su vida adoptando la joven una actitud pasiva. Así, nuestra protagonista no actúa en consecuencia ante los ataques de su familia y pocas veces opone resistencia, apareciendo casi siempre como una adolescente sin energía y carente de determinación. La voluntad de sus dos tíos se inflige y nos encontramos ante una adolescente disociable e indecisa, atrapada por los mismos seres que limitan su libertad. Andrea bien nos recuerda al estoicismo de Séneca con que se ha caracterizado el tipo español, que se resigna ante una actitud crítica, en este caso mediante un silencio impuesto y representado por el régimen. La protagonista refleja la frustración, la impotencia y la soledad en una sociedad donde imperan unos valores obligados que son verdaderamente inauténticos.

Efectivamente, a Andrea se le podría definir como a una protagonista a quien le falta el espíritu de lucha y voluntad, características ambas que se explican por el espacio vital en que la joven se encuentra y que la lleva a un mundo de pasividad y de estancamiento. Pero ya hemos dicho que en *Nada*, como en *Nosotros los Rivero*, hay una progresión del personaje, por eso se puede notar que Andrea pasa de ese estado inactivo a otro totalmente diferente. Del sórdido microcosmos familiar poblado de gente mezquina y extraña, sólo va a quedarle el recuerdo, pues la protagonista se va de la casa. Como afirma Fox-Lockert:

> A year later she departs, leaving behind a murdered man, an uncle driven mad, a senile old woman, and a much confused young lady. (84)

En efecto, Andrea recibe una carta que va a cambiar su vida para siempre. Su amiga Ena le ofrece la posibilidad de marcharse de Barcelona alejándose de la casa de la calle de Aribau y proponiéndole la independencia económica cuando le promete un trabajo en Madrid. Finalmente, Andrea se libera, dejando Barcelona para vivir con su amiga en la capital de España y para hacerse económicamente independiente, una clave para su futuro.

LA HETEROGLOSIA O DISCURSO DE DOBLE VOZ

Como se ha expuesto en las páginas anteriores, ciertas ideas bajtinianas nos permiten sospechar que, efectivamente, hay una relación entre la vida del literato y sus obras. Esta teoría crítica también sugiere que en la literatura es muchas veces difícil separar el lenguaje de la ideología. Por este motivo, los relatos no son sino un pretexto para acceder a la denuncia política y social por medio de la ficción. Según estas afirmaciones, es necesario tener en cuenta las condiciones socioculturales y sociohistóricas de la época en que el novelista escribe para notar su influencia en la producción literaria, pues el discurso tiene vínculos muy estrechos con la cultura y la situación socioeconómica del país, así como el tiempo y el espacio en que vive el autor. El mismo Bajtín nos dice al respecto que el literato crea sus personajes para evaluar y denunciar la sociedad y a la vez mantiene que los temas de las novelas se inspiran en la vida del escritor. Es por eso que el héroe en la literatura tiene un carácter creativo, constructivo y productivo a la vez. La narrativa de Moix posee este tono de creatividad, productividad y constructivismo expuesto por Bajtín pues gira en torno a ese período turbulento por el que pasaron los españoles en los años sesenta. *Julia* es un ejemplo de este concepto ya que es un libro elaborado en torno a un discurso de rebelión en contra de las ideas y normas de la generación franquista y al mismo tiempo es un "inevitable product of the devaluation discourse in Franco's Spain" (Levine, "Behind" 100).

En efecto, los tiempos en que el libro se escribe es una época de manifestaciones laborales y estudiantiles, unos años de huelgas que ponen en evidencia el desacuerdo con la política gubernamental del momento. *Julia* nos hace notar la inestabilidad sociopolítica al presentarnos la universidad donde estudia su protagonista y una vida estudiantil llena de manifestaciones, aulas abarrotadas de enloquecidos estudiantes, ruidos amenazadores, griteríos ensordecedores, de numerosas confrontaciones entre policías y alumnos. En este contexto, no se puede ignorar el mensaje que la escritora nos da sobre el contenido sociopolítico de su propia existencia pues la novela se puede considerar como una alusión al país, un microcosmos de la vida franquista donde la represión, el miedo y la incertidumbre lo dominan todo. Levine nos dice al respecto que "the imposing specter of Franco haunts the pages of *Julia*" ("Behind" 100) y asimismo Schumm declara que la situación familiar de la protagonista del libro "is metaphoric of the individual's situation during Franco's dictatorship" (100). En efecto, la novela se puede considerar como una "metaphor for a Spain that is constricting, old, decadent, and intolerant" ya que representa "the existential alienation of modern man and women" y nos muestra "the social and spiritual desolation of contemporary Spanish society" (Schyfter 193).

Ya desde el comienzo de la obra, Moix nos muestra esta idea mediante una casa hostil donde "las palpitaciones alcanzaban demasiado aprisa los oídos para poder contenerlas" (9) y donde incluso el respirar a veces produce dolor. Las palabras de connotación negativa que ya al principio de la obra se nos presentan como llorar, miedo, noche, sollozos, pesadillas o gritar, por citar solamente algunas de ellas, ya ponen al lector en guardia para enfrentarse con un ambiente cerrado y represivo. La misma protagonista nos dice en varias ocasiones que en su casa "se sentía apresada, enjaulada, le faltaba el aire" (110) y como la Lena de Medio o la Andrea de Laforet, Julita también tiene el mismo vislumbre de estar dominada por el miedo y el terror de la sociedad que le rodea.

Este pavor da lugar al sentimiento de tipo existencial e inseguro en que se encuentra la heroína de *Julia* y a la ansiedad e incertidumbre que obviamente se presentan en el libro. La falta de seguridad y desarraigo se hace visible en la obra de Moix así como también en los otros libros de nuestras autoras. La ausencia total de la madre en Laforet y parcial en Martín Gaite, así como la presencia de una madre bella y elegante, pero fría, caprichosa y distante que nos muestran Medio y Moix, tal vez sea una de las huellas más profundas que deja en nuestras protagonistas. La idea sobre los mitos que giran alrededor de la madre se hace presente en las obras estudiadas ya que en cada una de ellas se puede apreciar el concepto jungiano de la difícil separación de la figura maternal y de los obstáculos que la madre impone para que su hijo madure. En *Nada* presenciamos una niña huérfana debido a los estragos de la guerra civil y *El cuarto de atrás* casi se escinde de la madre. Pero tanto en *Julia*, como en *Nosotros los Rivero* la imagen maternal que se nos muestra es una mujer distante, sin cariño hacia el hogar, que no se ocupa de sus hijos sino para reprimirlos y controlarlos.

La representación de la madre en nuestras novelas como un aspecto negativo en cuanto a la represión y el control que ésta ejerce sobre su familia puede considerarse como un ejemplo de la alusión a la madre patria. A través de las páginas de *Julia* se puede ver este fenómeno pues la madre de la protagonista tiene relaciones adúlteras, lo cual bien puede significar la prostitución del país durante la época franquista. La madre obviamente tiene una fría relación con sus hijos, especialmente con Julita. Levine declara al respecto que:

> Her mother is clearly a victim of the feminine mystique. Her daily activities consist of visits to the beauty parlor and a fixation with the radio melodramas. ("The Censored" 307)

Debido a esta indiferencia, se nota el odio que la niña siente por ella ya desde muy pequeña. La misma protagonista nos dice que "Luego la odió. La odió durante mucho tiempo con mezcla de rencor y devoción" (13). Este sentimiento negativo se debe a la actitud, hasta cierto punto déspota, que la madre adopta con su hija. Cuando Julita era una niña, y una vez adulta también, se puede ver que su madre adquiere una postura predominantemente autoritaria que no permite que su hija se desarrolle como persona. La misma Moix, por mediación de su protagonista, expone que a la joven

> La irritaba el control de Mamá. No soportaba las preguntas, que se entrometieran en sus cosas. (34)

Este control será contrarestado por el abandono y la desunión maternal que se produce cuando Julita se entera, por mediación de su padre, del adulterio de su madre. Michael Thomas expone una realidad acertada del estado de la protagonista al decirnos que la novela muestra

> una visión de Julia, de su miedo irracional a la oscuridad y de sus sentimientos contradictorios—entre amor y odio—hacia su madre. (104)

Estas emociones se dirigen hacia una madre que, según Moix, la había "abandonado en un universo inmóvil, sin tiempo, en cuyas sombras se debatiría siempre" (110) y que es además el cómplice de Victor. La convivencia de la madre de la joven con Victor, un muchacho que había sido el violador de Julita, da fe de la indiferencia de la relación maternal y al mismo tiempo nos lleva a tener en cuenta las declaraciones de Catherine Bellver quien nos dice al respecto que:

> *Julia* traces a young girl's love for her mother, her rejection by that mother, and the paralyzing anxiety caused by the conflict between her dependence on love and its absence. (33)

Debido a este trato maternal tan negativo, se podría decir que el evento más dramático de la vida de nuestra protagonista y la causa de su vital fracaso es la relación que ella misma tiene con su madre. Al contrario de Andrea, la heroína huérfana de *Nada*, Julia tiene madre, pero a pesar de eso, vive aún más agobiada y con más angustia que si no la tuviera.

Efectivamente, la falta de amor y la imposición de la autoridad maternal son dos de las coordenadas de la representación de la madre de nuestra protagonista. El fenómeno del papel autoritario que desempeña la madre, se puede interpretar como una metáfora reflejando la patria y representando al dictador Francisco Franco, que, como la madre de Julia, se impone por la fuerza ejerciendo control sobre el pueblo español. Se puede hacer una comparación entre la madre y el Generalísimo, como un Saturno devorador de sus propios hijos, ya que, en efecto, ella controla a todos los miembros familiares causando la ruina del hogar. El marido se tiene que ir de su propia casa, separándose del resto de la familia y los hijos acaban engañando a la madre, ocultando o mintiendo sus acciones para vivir una vida poco más o menos tranquila. Nichols nos dice al respecto que la madre de Julia, aunque es adúltera y no se sacrifica por sus hijos, prefigura la típica madre del franquismo que es un producto de la ideología sexual fascista que:

> vive (como Dios manda) en exclusiva función de su género, dedicándose a las tres "k" fascistas (kinder, Küche, Kirche): casa o niños, cocina e iglesia y que al mismo tiempo cae en el consabido pecado de las madres, prefiriendo a sus hijos varones y descuidando a su hija. (*Des/cifrar* 34)

Por esta actitud de control y represión que nos ofrece la madre de Julita, el hogar fracasa, como antes se había ido también a pique la casa de la familia Rivero y la de los parientes de Andrea.

Este tipo de relación, así como la discriminación sexual de los hijos, la debilidad, la mala administración y la falta de destreza de la madre, echa a perder el mundo familiar. La madre de Julita, como en muchas otras novelas del franquismo—recordemos por ejemplo la figura autoritaria y matriarcal de la abuela Práxedes de *Primera memoria*, de Matute—no es más que un símbolo de la autoridad fascista. Así que, como los españoles bajo Franco, los hijos en *Julia*, desheredados e impotentes, se encuentran en una problemática relación de familia, constituyendo este fenómeno un elemento de conflicto. Como resultado de esta actitud, nos damos cuenta de la ruina familiar que recae sobre el hogar: la abuela enferma; el marido abandona la casa y con esto presenciamos el fracaso de su industria textil; Ernesto, el hijo primogénito, es un homosexual reprimido, que no quiere admitir sus tendencias escondiéndolas a toda costa; el segundo, Rafael, se muere debido a una enfermedad y la tercera hija, Julia, mediante un lesbianismo reprimido, se convierte en una esquizofrénica dominada por sus fobias, por sus inseguridades y sus miedos.

Pero debemos cuestionar si Julia realmente sufre de esquizofrenia o simplemente es una víctima de la soledad y de la incomprensión en un mundo fascista. Numerosos críticos definen a la protagonista de Moix como una persona sola y aislada y con una personalidad esquizofrénica que "experiences aloneness and isolation" (Schumm 89). Es aquí, al presentar esta cuestión, donde cabe preguntarse cuáles son los motivos que llevaron a Julita a ese estado esquizofrénico en que se encuentra desde el principio hasta el final del libro. Ya desde muy niña, es una buena candidata para convertirse en una joven problemática y con una personalidad psicológicamente dudosa. Su existencia está marcada por una vida reprimida y totalitaria, habitando en un espacio cerrado, donde predominan el miedo, la incertidumbre, la monotonía y el aburrimiento. Está, además, aferrada a una condición "estática, donde no hay ningún cambio" (Thomas 110). Su hogar—como su país—es inhóspito, rodeado de una abuela beata y dominante hasta el extremo, un padre distante, una madre imperiosa que se complace en la debilidad de sus hijos y que controla a la familia mediante su autoridad y dominio. También la protagonista tiene dos hermanos crueles que se mofan de ella continuamente. La misma joven expone la idea de un hogar desapacible e inhumano en el libro cuando habla de la casa donde vive y nos describe su propia habitación con "frías baldosas" (70) y donde el "frío penetraba hasta los huesos" (82). Rodeada de este cuadro desabrigado donde el mal trato, la indiferencia y el miedo predominan, la actitud de Julita es simplemente la de una niña que no desea otra cosa sino morir.

La muerte para la protagonista es su única esperanza, algo que forma parte de su vida diaria. La misma Moix lo afirma al principio de la novela cuando nos dice que "Siempre presumía que no le importaría morir" (10). En efecto, el suicidio es una constante en la vida de la joven pues ella nos muestra el sentimiento de destrucción al recordar su niñez y decirnos que siempre se

> sentía como si mil dedos invisibles apretaran su garganta impidiéndole respirar con holgura. (67)

Es por este pesar, que su alienada vida le impone, que la protagonista decide quitarse la vida—un suicidio intentado pero no logrado—tomándose las píldoras que le ha robado a su madre para así acabar de una vez con su reprimida existencia para siempre. Ante este sentimiento de no querer seguir viviendo, y debido a su fracasado suicidio, la protagonista de *Julia* se ve forzada a llevar un vivir monótono y aburrido donde la sensación de estrechez y soledad se ve marcada por la de angustia e incertidumbre.

En efecto, Julita nunca sabe dónde va a estar o lo que su madre va a hacer con ella el día siguiente. Con el pretexto de una breve visita a casa de su abuelo, organizada por su madre, y para cubrir las apariencias de un matrimonio en crisis, la niña pasa cinco años con su tía, quien le proporciona el amor materno necesario y con su abuelo paterno, un anarquista en contra de Franco, exiliado en las montañas. Con esta convivencia, la vida de Julia cambia dando un paso hacia su independencia personal. Según Thomas:

> La primera persona en ayudarle a desarrollar su concepto de su ser adulto, de hacerse Julia, es don Julio. (107)

El abuelo ya desde el principio dice que la niña "no se llama Julita. Se llama Julia, como yo" (Moix 79). Más tarde, el viejo declara enérgicamente que "una de las cosas que voy a enseñar a mi nieta es demostrarle que puede vivir sin que nadie gobierne sus actos" (81). Aparte de su independencia, otra de las cosas que el abuelo enseña a su nieta es latín. Andrew Bush comenta al respecto que la enseñanza más importante que Julia recibe es:

> the Latin lessons that constitute part of the curriculum of study under her grandfather's tutelage during these years when she is out of school. (146)

Este hecho bien se puede considerar como una sinécdoque, una figura retórica que significa romper con el canon femenino impuesto. La subversión del estereotipo de la mujer mediante el osado refrán que dice: "mujer que sabe latín, no tiene marido ni tiene buen fin" es evidente y conlleva a una implícita crítica cuando el abuelo pone un especial énfasis en que la niña aprenda latín. Brooksbank Jones nos dice al respecto que:

> Don Julio is a patriarchal figure who, by teaching her Latin, gives Julia the power to speak with a measure of authority. (38)

Al mismo tiempo las lecciones de latín "es un buen ejercicio para desarrollar la inteligencia y leer a los clásicos" (Moix 89). Dicha enseñanza da a Julita conocimiento y autoridad y es a la vez un aspecto de subversión femenina. Su hermano Rafael recalca esta idea cuando presenta a Julita diciendo "Es muy lista, a los ocho años ya sabía latín" (119). El abuelo, aunque a veces le había vedado la independencia a su propia hija, se puede considerar como el portavoz del reclamo de los derechos de Julia y de la libertad negada a la mujer. Don Julio recalca esa idea de libertad, totalmente ignorada en el hogar de su nieta, al decir:

> Respira hondo, Julia...el aire de las montañas matará los microbios de esa peste que respiráis en Barcelona. (84)

El tiempo en las montañas tiene una influencia positiva para la niña y es, según Schumm, "a beneficial mirror for Julia" (102) pues a la vez que establece un vínculo espiritual con su abuelo, se siente libre de ataduras. Don Julio recalca su filosofía y la idea de libertad cuando le dice a su nieta que:

> Unicamente somos libres. En nombre de esa libertad, uno tiene el derecho, incluso la obligación, de matar si es preciso. (84)

Estas declaraciones, las cuales tienen un doble sentido y que indudablemente son una paralela al trabajo y crítica de Moix, quedan impresas en la mente de Julia, quien, desafortunadamente, se ve forzada a volver a su casa después de unos años de ausencia en las montañas.

De vuelta a Barcelona, se da cuenta de que el mundo familiar no ha mejorado y que el intento de reanudar los enlaces familiares es simplemente un encubrimiento para evitar el escándalo de la separación de sus padres, por consiguiente se repite la sensación de angustia y soledad experimentada años atrás por la protagonista. Esta sensación de aislamiento, no es sino un reflejo del tema presentado por Bajtín sobre la situación sociopolítica en que se encuentra el autor al escribir su novela. El pueblo español de la época franquista se nos muestra en la obra mediante expresiones que tienen una connotación represiva. El abundante uso que Ana María Moix hace de vocablos como miedo, morir, odio, control, monotonía, aburrimiento, autoridad, enjaulada, apresada, distante o sin aire, por citar algunas de las muchas metáforas que en numerosos casos usa la autora, no es circunstancial, sino premeditado. Esta técnica la emplea Moix para así mostrarnos el ambiente represivo en que se halla su protagonista y, considerando nuestra novela como autobiografía ficticia y además, teniendo en cuenta la filosofía bajtiniana, la autora misma.

La teoría de Bajtín sobre la heteroglosia sugiere que dentro de toda obra hay una coexistencia de elementos temáticos, biográficos y sociales y es este fenómeno lo que da lugar a una multiplicidad de discursos en la narrativa. Tanto la voz narrada del novelista, como los géneros intercalados, forman un conjunto que el escritor ruso llama heteroglosia o discurso de doble voz. Esta hipótesis mantiene que el propósito del discurso literario tiene dos motivos: el del personaje que habla y la intención refractada del autor. Del fenómeno de la heteroglosia surgen las alusiones político-históricas en la novela que permiten al escritor poner en evidencia la situación política del país en que habita. La heteroglosia se puede considerar como "a working hypothesis for comprehending and expressing reality" (Frye 22). Esto, como bien se puede apreciar en la novelística del franquismo, a veces da lugar a un discurso autobiográfico ficticio en el que el escritor, debido a que no tiene libertad de expresión y también por la fuerte censura imperante, a través de su protagonista, no solamente nos narra su existencia, sino que asimismo hace un recuento de los sucesos sociopolíticos que marcan su propia vida. No se debe olvidar que en la España franquista había una censura que impedía manifestar claramente cualquier opinión y por este motivo los escritores debían usar frases con doble sentido y situaciones con alusiones veladas. Por esta razón, el lector tenía que descubrir los mensajes político-sociales ocultos e implícitos en cualquier libro.

Si en la novela de Laforet estudiada en el apartado anterior hay ejemplos de polifonía, es también posible ver en el libro de Moix, ejemplos de la heteroglosia. En cuanto a los dos conceptos teóricos se puede notar que:

> polyphonic form is made up of heteroglosia—a stratification and opposition of discourses—in tension with the unitary language of style. (Patterson 41)

Según estas declaraciones, se puede decir que aunque los dos términos tienen ciertas semejanzas, son, evidentemente, entes totalmente separados. En cuanto al concepto heteroglósico, se deben tener en cuenta las declaraciones de Morson y Emerson quienes definen la idea como "the minute alterations and reevaluations of everyday life into new meanings and tones" (30). Estas alteraciones pueden suponer y representar variaciones diversas en el discurso, dando lugar a

> specific points of view on the world, forms for conceptualizing the world in words, specific world views, each characterized by its own objects, meanings and values. (Morson and Emerson 142)

El punto de vista y el interés por el mundo en que el autor vive, así como los valores sociopolíticos, es demostrado implícitamente por Ana María Moix en su novela, mostrándonos así un ejemplo de la heteroglosia en el discurso literario. El motivo de Moix es presentar un ejemplo de

> the 'double-voiced' discourse of women's fiction, a discourse which contains a 'dominant story' and a 'muted one'. (Levine, "Behind" 99)

La misma Linda Gould Levine declara al respecto que la creadora de *Julia*,

> by giving more importance to the 'dominant' than to the 'muted' voice, [...] is in essence revealing the subordination and silencing of women in the Spanish reality. (99)

Por este motivo, se podría decir que en el nivel textual, Ana María Moix nos presenta en su novela

> la segunda voz del discurso doble y transporta un contenido reprimido que proporciona la motivación oculta o poco perceptible del personaje. (Ridell 27)

La falta de libertad que caracteriza a la España de la década de los cincuenta y sesenta es efectivamente el tema central o dominante de *Julia* aunque, por supuesto, la autora alude a él en clave para evitar problemas de censura. Se puede notar que en el libro de Moix, el fenómeno de la escritura sociopolítica e histórica presentado es como una meditación y a la vez una búsqueda a las soluciones prácticas de carácter social y político de la época en que la escritora vive.

Al hablar de la heteroglosia, y teniendo en cuenta el contexto histórico-literario, es necesario añadir que no es un concepto nuevo en la historia de la literatura española. Los numerosos críticos que han estudiado el tema de España, como Ángel del Río, Pablo Gil Casado o Dolores Franco, concuerdan en que los antecedentes de esta narrativa se remontan a los siglos de los clásicos y que la influencia de esta tendencia en España comenzó en el momento en que la insuperable grandeza del país empezó a manifestar los primeros indicios de decadencia. Dicha inquietud bien se muestra en la narrativa cervantina o en los doloridos versos de Quevedo y de Góngora. Con el paso de los años, y a medida que el decaimiento político se fue agravando, el tema se hizo patente entre los escritores, especialmente en el siglo XVIII mediante las alarmadas voces de Moratín, Jovellanos y Cadalso. La cuestión de crítica se volvió más aguda en el siglo XIX por mediación de las opiniones literarias de autores españoles que tenían ideas irreconciliables. Larra y los escritores de la Generación del 98 promulgaron la imperiosa necesidad de cambio e influyeron enormemente en los literatos del siglo XX quienes siguieron esta línea crítica hasta el advenimiento de la guerra civil.

Como la literatura anteriormente mencionada, la novela social española de la posguerra nos presenta asimismo una tendencia por un juicio sociopolítico y un verdadero interés por encontrar soluciones para resolver la injusta situación de los seres más desfavorecidos de la sociedad, mientras que la novela durante los años de intenso franquismo, debido a la fuerte censura, se concentra en simplemente exponer la vida del país mediante una crítica implícita. Precisamente es esta la idea del discurso de doble voz expuesto por Bajtín. Al hablar del tema, el autor ruso afirma que el escritor usa dicha técnica "as a means for disrupting authority" (Shuman 169). Ana María Moix explora los parámetros bajtinianos del discurso de doble voz al mostrarnos el largo proceso histórico del pensamiento en torno a su país, aunque no se debe olvidar que en la novela, la reflexión de la autora acerca de la heroína se organiza en torno a una especie de autobiografía de ficción debido a la censura imperante. Así que, en la intención de Moix, Julita viene a ser la portadora de un dilema que no está carente de voz ya que la misma escritora concibe a su protagonista como si fuera ella misma.

Dicha manifestación literaria, bien expuesta en *Julia*, coincide con las ideas de Bajtín en cuanto al discurso de doble voz se refiere. El autor ruso nos dice que la heteroglosia es la causa de la presencia en el género de la novela de lo que él mismo llama discurso de doble voz. Mediante dicha hipótesis, Bajtín señala que este tipo de discurso

> serves two speakers at the same time and expresses simultaneously two different intentions: the direct intention of the character who is speaking and the refracted intention of the author. (*Dialogic* 324)

Esta doble intención se muestra claramente en el discurso de *Julia*, en el cual Moix nos expone la vida de una joven y su familia creando a la vez un subtexto que hace un examen de la reprimida sociedad española durante el período del franquismo.

La autora de *Julia* presenta una dura crítica a la sociedad en que vive y a la vez con su obra ella misma aspira a contribuir a la transformación del estado social y político de la España franquista. Ya han pasado algunas décadas desde el final de la guerra civil y Francisco Franco está instaurado y bien enraizado como Generalísimo de España por 'la gracia de Dios', como él mismo siempre solía decir. El tiempo y espacio de la posguerra de *Nosotros los Rivero* y las pugnas entre españoles de los dos bandos, de izquierdas y de derechas, expuesta en *Nada*, parece que ya se han sepultado y aparentemente todo está de vuelta a la normalidad. Pero se debe mencionar que a pesar del aire tranquilo y aperturista de la década de los sesenta, España aún se encuentra en un estado de luchas internas y de pugnas así como de retraso social y cultural en comparación a otras muchas naciones europeas. Esto se muestra especialmente en el aspecto socioeconómico español. El semidesarrollo de España respecto a otros países europeos es latente pues está aún al margen del Mercado Común de Europa y de la OTAN, aunque el franquismo haya abierto las fronteras al turismo europeo por razones económicas. En esta década, existen todavía muchos rasgos de un país arcaico, pues bajo una vida que se nos muestra sin dificultades se pueden apreciar los ecos de una dictadura: la incertidumbre, la falta de libertad, la represión—tanto política como social—y el desorden, factores latentes en la España de los años cincuenta y sesenta.

Tampoco debemos olvidar la situación europea en la década en que Moix escribe su novela. La Generación del 68 coincide con un grupo internacional de estudiantes que, según Christopher Soufas, se puede asociar a

> the post-World War II generation that was making its rebellious presence felt in most of the capitals of the Western World. (217)

Efectivamente, el mismo año en que Moix, a los veintiún años de edad, escribe *Julia*, el mundo occidental es testigo de una época turbulenta mediante las protestas estudiantiles de la Francia del presidente Charles De Gaulle, de la ofensiva vietnamita junto con las masivas manifestaciones en los Estados Unidos en contra de la guerra de Vietnam o de la invasión de la Unión Soviética en Checoslovaquia. Ana María Moix es consciente de esta situación de inquietud internacional mientras que España aún sigue con sus ideas ancestrales dando la falsa imagen de tranquilidad, paz y bienestar. Ramón Buckley bien nos dice al respecto que en el país "se había producido en 1968 un desliz del tiempo" y asimismo añade que:

> Europa vivía en plena era industrial, instalada ya en la modernidad, mientras que España estaba lejos de acceder a ella.
> (xi)

En *Julia*, nos damos cuenta de la influencia inconformista que caracteriza a la década de los cincuenta al mostrarnos Moix una España donde aún prevalecen los años de silencio y represión, especialmente para las mujeres. No debemos olvidar que asimismo en esos tiempos aún estaban en auge las ideas patriarcales establecidas y que la esposa se veía condicionada al hogar y a un papel secundario en la sociedad liberando "a la mujer casada de la oficina y de la fábrica" (Febo 128). García-Nieto París nos dice al respecto que hasta el 1970 no se pasó la "ley que permite a las mujeres continuar con el puesto de trabajo al casarse" (120). Estos elementos represivos y discriminatorios, tan vivos en la sociedad en que vive Moix, se pueden también identificar en la misma vida de la protagonista de *Julia*, ya que en la novela se aprecia muy bien una coyuntura del fatalismo y la angustia del mundo franquista, una sociedad sin cambio y sin ninguna alternativa posible.

Este fenómeno se ve bien representado en la novela de Moix mediante numerosas metáforas que confirman la relación entre el ente ficticio y la vida real de la escritora. La potencialidad simbólica del ancla, "que simboliza patentemente la fijación" (Nichols, "*Julia*" 117) y mencionada muy a menudo en la novela, es indudable. Se puede poner como ejemplo el valor que cobra dicho símbolo en el vestido de Julita como una metáfora de estancamiento y falta de movilidad que se refleja en este período en España. No es coincidencia que Moix escoja el ancla, símbolo de estancamiento, como *Leitmotiv* de la novela. Al igual que las mariposas negras que giraban en torno a la cabeza de la protagonista de *Nosotros los Rivero*, o las mencionadas ratas de *Nada*, el ancla bordada a la altura del pecho que Julita lleva en su jersey es un símbolo de la vida inactiva, privada de libertad y de estancamiento en que la niña se encuentra. Es necesario poner especial atención al uso del ancla en el vestido de la protagonista pues es una metáfora de lo que Julita siempre porta consigo ya desde su niñez. Si estudiamos el significado del emblema desde el punto de vista técnico podríamos asegurar que el ancla tiene un puesto especial en la novela ya que la autora hace alusión a dicho signo dieciocho veces, proliferando y haciéndose visible en numerosas páginas. Tradicionalmente, el emblema es "un símbolo de salvación y esperanza" (Cirlot 67), pero en la novela este grafismo está invertido. Dicho *Leitmotiv* adquiere un valor textual simbólico que se refiere a la falta de movilidad de la protagonista y a la situación represiva por la que pasa el país donde la misma Julia vive. Moix nos muestra este sentimiento de inmovilidad y estancamiento cuando nos habla de la existencia de su heroína y nos dice que "todos los días eran iguales, monótonos, aburridos, irritantes" (38) y que a Julita "los días se le hicieron largos y pesados" (110). El estudio de algunos de los fragmentos de la novela bien confirma la relación de los mismos con el elemento histórico-social de la vida real, tan llena de monotonía y aburrimiento y controlada por un sistema represivo y dictatorial.

    La experiencia que tiene Ana María Moix sobre esos años de represión y sobre la guerra civil es la de haber nacido en un período de posguerra, concretamente en el año 1947, etapa también de intenso franquismo. Estos acontecimientos pesan sobre la escritora catalana como un gran 'fatum' exterior, incomprensible e impenetrable y como un destino que, aunque no lo quiera, es suyo y forma parte de ella. Es por este motivo que la novela muestra la vida franquista y el pesimismo que se advierte en la sociedad española en correspondencia con el momento histórico, siendo por este motivo Julia la imagen y símbolo del estado en que se halla la sociedad en que vive la misma autora. El carácter general de ese espacio, comprensivo de España, se infiere desde el comienzo, pues la novela se inicia con una descripción trágica de la vida de la protagonista. Ya en las primeras páginas la autora nos muestra a una joven de veintiún años prisionera de sus propias fobias, insegura y miedosa, en soledad y aislamiento, sumida en un estado caótico y de terror, en una habitación inhóspita donde le falta aire, a punto de asfixiarse y "con un dolor insoportable en el pecho" (Moix 9).

    El dolor y las pesadillas e imágenes de terror que se repiten continuamente ante los ojos de Julia, son una metáfora de la muestra del miedo y el horror que domina a la reprimida sociedad franquista en los años cincuenta y sesenta. La unificación del cuarto hermético de Julita y del estado de pavor de la protagonista es una clara identificación con la existencia de la misma autora durante esos largos años de la dictadura. Con una gran fuerza expresiva, Moix, ya desde el principio de su novela, convierte el espacio en que se halla Julia en una analogía de la vida actual de ella misma. Este fenómeno indica que el fluir narrativo de la novela es una identificación con la existencia de la autora y el espacio en que la escritora se encuentra, ya que además la obra se centra en Barcelona, lugar de nacimiento y residencia de ambas, Julia y Moix. El estado caótico y de pavor en que se halla la protagonista de la novela nos lo muestra la novelista catalana al presentarnos unos personajes en estados anormales, marcados por lo que el mismo Bajtín llama la experimentación psicológico moral del personaje. Según las mismas palabras del escritor ruso, dicho fenómeno no es sino

> la representación de estados inhabituales, anormales, psíquico-morales del hombre, toda la clase de demencias (temática-maniacal), desdoblamiento de personalidad, ilusiones irrefrenables, sueños raros, pasiones que rayan en la locura, pasiones, suicidios, etc. (*Problemas* 164)

Todas estas situaciones, de índole genérico-formal expuestas por Bajtín, que representan un mundo onírico, de locura y visiones extrañas, nos muestran la integridad trágica del ser humano en un período represivo. Esta tragedia se expone en la obra de Moix mediante el destino de Julia y el cual bien pertenece a las afirmaciones anteriormente presentadas por el autor soviético ya que la joven protagonista es víctima de ese estado anormal de pesadillas, depresiones e intentos de suicidio expresados por Bajtín.

Según numerosos críticos, el lesbianismo de Julia, la sitúa un tanto al margen de las otras chicas de su edad y la angustia y el aislamiento de la joven se debe además al hecho de que se enamora de una mujer que es su profesora. Pero no se debe ignorar que el aislamiento en que está sumida Julita es, sobre todo, la expresión de una situación colectiva en un plano metafórico y simbólico que nos pone en guardia respecto a su significado. El encierro de la protagonista hay que analizarlo desde el punto de vista bajtiniano y entenderlo metafóricamente. Dicha traslación consiste en mostrarnos que la habitación de Julia es un microcosmos de la España franquista. Nos encontramos, pues, en este desarrollo de la imagen de la situación angustiosa de la protagonista de la novela con un tiempo histórico mediante el análisis de una generación marcada por la incertidumbre, una sociedad envuelta en un mundo fascista y represivo, que, como hemos mostrado anteriormente, corresponde a la existencia de la protagonista y asimismo de la escritora. El sentido histórico de *Julia*, al intentar expresar los datos que constituyen esa especie de incertidumbre, es uno de los factores que contribuyen más poderosamente a la consolidación de tan aludida circunstancia sociohistórica señalada por Bajtín cuando él mismo nos dice que la producción novelística es un espejo de la vida y del tiempo en que vive el mismo escritor. Y es en ese libro de Moix, obra de monótona andadura, llena de seres desvitalizados y tristes, de juventud inane, poco vital, aburrida y cansada, que la autora nos muestra la historia de España dando así fe del elemento bajtiniano de la heteroglosia en su novela.

En los años sesenta, y después de un largo período de letargo, se produce una transformación en la estructura económica del país debido a la industrialización de la nación fomentada por el Plan de Estabilización y también gracias a la explotación del turismo. Económicamente, el pueblo español empezó a vivir un poco mejor y a participar de una nueva economía que muy lentamente intentaba ponerse a tono con los demás países europeos industrializados. Por eso, a nivel económico, España comenzó a colocarse dentro de las coordenadas europeas pero sin dejarse llevar de la mano de un sistema aún conservador y diferente al resto de la Europa modernizada. Por lo tanto este cambio en la estructura del país no fue correspondido por el de la superestructura, así que la nación se mantuvo estancada en su falta de libertad intelectual, política, educativa e incluso religiosa, siendo los españoles todavía víctimas de un sistema interesado en perpetuar las viejas ideas y costumbres establecidas por el mismo régimen franquista. Es por este motivo que dichos cambios económicos ocurren sin la participación de los intelectuales. Sus deseos y proyectos están al margen de cualquier plan de modernización, así que un sentimiento de impotencia y frustración permanece aún debido a un sistema que no solamente no da libertad al individuo—o en nuestro caso concreto al escritor—sino que también limita su influencia en el ámbito intelectual. Por ello, algunos de los autores de la época toman conciencia de su papel de escritores y bajo su pluma y mediante la heteroglosia nos muestran la situación de estancamiento en que se encuentra su país, como bien lo hace Moix en su novela.

La misma autora analiza este tema central en *Julia* dentro de las circunstancias políticas y culturales de España y sus afirmaciones no dejan lugar a dudas, notándose en el discurso el tono sombrío y desesperado ante una nación impotente al cambio. Moix adopta una posición arriesgada practicando una crítica ante los valores que entorpecen la visión de un individuo libre mediante una protagonista que está privada de libertad. Pero el mensaje político y social de la escritora debe ser transmitido de manera indirecta, pues el régimen franquista aún estaba dotado de una fuerte censura que sólo se podía burlar a través de un mensaje literario implícito o escrito en clave. A pesar de esta represión, la autora adopta una posición de compromiso social con una actitud abierta ante el problema español mediante una crítica de raíz sociológica y política bien patente en su novela. En *Julia*, Moix retrata a una burguesía en decadencia conducida hacia el adecenamiento intelectual y que se desmorona a pasos agigantados, como también lo vimos anteriormente en *Nada*, de Laforet y *Nosotros los Rivero*, de Medio. Este fenómeno es un reflejo de una sociedad que está dedicada a la modernización del país pero no al mejoramiento del pueblo. Como se ha dicho anteriormente, la situación económica de los españoles durante los años sesenta da la impresión de mejorar pero la represión, falta de libertad y mudez forzados a la gente siguen siendo los mismos que en años anteriores. Esta represión se muestra en la región natal de la autora, Cataluña, que, junto con otras provincias de España, no se recupera de la represión cultural franquista, implantándose el castellano como lengua oficial. En efecto, el habla catalana se reprimió, como bien nos lo mostraban los carteles franquistas que proliferaban en Barcelona diciendo "Hablad la lengua del Imperio" (Buckley 139) reprimiendo el idioma y la cultura catalana.

En *Julia*, y especialmente en su final, se condensa el sentido represivo que intenta exponer la novela, pues hay que advertir ese terminar que es como el comienzo, sin cambio, esa misma vida de siempre en la que vive la protagonista y que es aún un ataque sistemático y total contra ese régimen que promueve la falta de libertad, la injusticia y la intolerancia. Este ejemplo se puede asimismo apreciar mediante el personaje del abuelo de Julita, quien es un enemigo del franquismo, un republicano intelectual que ahora tiene que vivir en las montañas, aislado del mundo y odiado por su familia. El abuelo, como nuestra heroína, representa la triste suerte del español que no está de acuerdo con la tradición franquista. Moix es consciente de dicha situación de atraso de su nación perpetuada por un sistema que se opone al cambio de España. Brooksbank Jones nos dice al respecto que:

> The manifestations of disorder and repression around which *Julia* is organized register something of the personal and wider social trauma associated with this period. (35)

Por este motivo no se puede considerar una casualidad el hecho de que Moix concluya el libro con una protagonista que evoca silencio y resignación pues "this implicit cry for silence may be viewed as that of Moix herself" (Levine "The Censored" 107).

LA NOVELA DE DESARROLLO

La sensación de inmovilidad y el estancamiento mencionados en la obra de Moix van a terminar en el año 1975 tras la muerte de Franco. Aunque los valores impuestos nunca mueren del todo, ya que pasan a formar parte de un substrato cultural y político que casi siempre está presente, con el dictador también se evaporan, en cierto modo, las viejas ideas establecias y por consiguiente se produce un cambio en España y los españoles poco a poco van cediendo a conceptos y costumbres ancestrales. En los años que siguen al término de la dictadura se nota una rápida evolución y modernización y uno de los grupos sociales que experimentó mayor cambio fue el de la mujer española actual quien ha logrado salir definitivamente del papel tradicional en el que se le había enmarcado. Este fenómeno bien se puede ver en *El cuarto de atrás* pues la heroína ya no es la típica mujer atada al seno familiar como hemos visto anteriormente con muchas otras de nuestras protagonistas como Lena, Andrea y Julia, sino que es una persona liberada que no depende de nadie y se mofa de las viejas ideas establecidas por el franquismo. Martín Gaite nos presenta la problemática de la mujer que vive en un período transitorio, que indaga en su pasado para poder descubrir las raíces de su identidad y que lucha contra un ambiente represivo que intenta desdeñar e ignorar mediante un mundo fantástico. Estas ansias de libertad y rompimiento constituyen un cuestionamiento evidente de la España oficial en la segunda mitad de los años setenta.

En dicho contexto se debe colocar *El cuarto de atrás* como una novela de transición, un paso del franquismo a la democracia y en la que la protagonista va en busca de la identidad y libertad femenina. La idea expuesta en la novela coincide con las declaraciones de Elizabeth Ordóñez cuando nos dice que:

> During the seventies, silence is broken with the sounds of voices speaking their orality into textuality. (*Voices* 77)

Esta estrategia narrativa es empleada por Martín Gaite a manera de diálogo quien libremente articula sus ideas—presentes y pasadas—en su discurso. Así que la novela es un devaneo entre el ahora y el pretérito, la realidad y la ficción. En un momento de su narrativa la autora nos dice al respecto que las virtudes más importantes de la mujer en tiempos del franquismo eran:

> la laboriosidad y la alegría, y ambas iban indisolublemente mezcladas en aquellos consejos prácticos, que tenían mucho de infalible receta casera. (94)

Este tono irónico no es sino una mofa de las ideas femeninas impuestas durante el régimen, ya que la autora, después de una retahíla de consejos sobre la retórica de la vida de la mujer durante ese período, añade con mucha ironía que aquello no era más que un machaconeo de una "propaganda ñoña y optimista de los años cuarenta" (96).

Aparte de la transgresión y la ruptura con las ideas franquistas y la reivindicación y defensa de los derechos de la mujer española, Martín Gaite nos presenta un recuento de la situación político-social en que se encuentra su país, una nación en período de desarrollo y transformación, después de un régimen totalitario ya que, en efecto la novela no es sino una historia social de la posguerra. Se cree necesario destacar que *El cuarto de atrás* se empezó "November 23, 1975, the day Franco was buried" (Brown 150) y se terminó en abril del 1978. Estas fechas son muy importantes para la historia de España del siglo XX pues marcan el término del franquismo y el comienzo de una nueva era, la democracia. La obra de Martín Gaite es una recopilación de esos largos años donde el bachillerato de la autora "se completó entre manifestaciones pro alemanas, desfiles, prensa y radio de un sólo factor frente al conflicto" y en donde la misma Martín Gaite hizo sus estudios en

> una universidad empobrecida, censurada, mutilada, sin otra experiencia de un país en guerra y posguerra. (Puente Samaniego 22)

Pero *El cuarto de atrás* es a la vez una crónica de esa nueva etapa posfranquista que va a comenzar, especialmente para la escritora española. Efectivamente, la autora, mediante su protagonista, hace una recopilación de la evolución de la vida durante el franquismo, de su experiencia vital para salvar poco a poco los obstáculos personales y profesionales que le han sido impuestos y conseguir ser ella misma y mediante su personaje principal tener una voz propia. Esta experiencia la comparte Martín Gaite en su libro, pues nos muestra el impacto que los problemas del vivir actual tienen en la vida de la mujer y en su existencia misma y la búsqueda de soluciones a dichos conflictos.

En sus primeras novelas, *El balneario*, escrita en 1954 y *Entre visillos* en 1957, Martín Gaite nos presenta el verdadero estilo de vida que debía llevar la mujer según el código franquista. En dichos libros, la autora dibuja a unas protagonistas cuyo objetivo principal es el matrimonio, pues su visión de la vida gira principalmente alrededor del hombre, y las cuales sienten el fracaso de sus vidas por permanecer solteras. Esta fijación en el casamiento era muy aceptada durante los años cincuenta en España, ya que la soltería se consideraba como algo vergonzoso, como un castigo o un trauma, pues la mujer había nacido para casarse o para meterse monja. Dicho concepto también se expresa mediante nuestras otras protagonistas como Angustias, la tía de Andrea en *Nada* o María, la hermana de Lena en *Nosotros los Rivero*. Pero durante los años sesenta la mujer española ya no acepta tan sumisamente el papel de esposa y madre que se le ha impuesto y comienza a tener conciencia de su injusta situación. Este sentimiento se muestra en la obra de Carmen Martín Gaite, *Ritmo lento*, pues hay en la novela una crítica abierta al conformismo paralizante de la mujer, aunque debido a la censura franquista, la autora lo hace mediante un protagonista masculino, David, que además es un paria apartado de la sociedad por sus problemas psicológicos y mentales. En 1974 se publica *Retahílas*, otra obra de Martín Gaite, que muestra la madurez mental de Eulalia, una mujer que rompe sus relaciones matrimoniales por limitar sus acciones y ahogar su libertad, aunque debido a que no ha sido educada para tener una vida independiente, se siente muy débil ante su libertad y desesperadamente busca su nueva identidad.

Aunque Martín Gaite nos presenta en su obra anterior este estereotipo femenino, el ideal de mujer planteado en *El cuarto de atrás* es el de una persona independiente, que puede conjugar lo maternal con lo intelectual y que puede ser madre y esposa sin tener que renunciar a su profesión. Esta propuesta se nota abiertamente en la novela pues la escritora desafía a la sociedad subvirtiendo el papel asignado a la mujer y creando una protagonista que no está subyugada al matrimonio y que es además culta, con una formación cultural notable, autónoma e independiente. C, la protagonista, es una escritora que practica su profesión periodística y que está dotada de una gran cultura. Es una mujer moderna, que no tiene prejuicios, como se puede notar por el hecho de que a las doce de la noche le abra la puerta a un desconocido y lo invite a su cuarto disponiéndose a entablar una conversación con él. Definitivamente no se podría haber concebido tal acción en *Nosotros los Rivero*, en *Nada* o en *Julia*, las otras novelas anteriormente estudiadas, ya que tan atrevido comportamiento habría sido totalmente condenado por la sociedad franquista. Pero es que *El cuarto de atrás* es ya un romper con las normas impuestas y entrar en un mundo totalmente fresco y nuevo. Las diferencias entre las generaciones de novelas de las autoras mencionadas están puestas de manifiesto, pues ya, a finales de los años setenta, tal entrevista con un desconocido en la casa de una mujer, es considerada con naturalidad y sin posibilidad de escándalo pues las viejas tradiciones y ataduras impuestas han muerto con el dictador.

De debe recordar que el 1975, año de la muerte de Franco, fue testigo de la abolición del permiso marital y la ley en la que se prohibía a la mujer realizar ninguna actividad que no fuera casera, sin el permiso de su esposo. Jessica Folkart comenta al respecto que antes del 75,

> Husbands have extensive control over their wives' dealings in society-they even had rights over the women's salaries and could deny permission for them to open bank accounts or make large purchases such a car. (18)

Tres años más tarde, en 1978, se anuló la ley que condenaba a prisión a la mujer adúltera y asimismo se legalizó la venta de productos anticonceptivos teniendo así la mujer muchos más derechos y libertades.

Esta nueva vida posfranquista está bien expuesta en el texto de Martín Gaite, aunque también está aquel largo período de represión y miedo mostrado por Medio, Laforet y Moix. La autora de *El cuarto de atrás* se compromete con ese proceso político e histórico al presentarnos una novela que recrea una historia antes, durante y después del franquismo. Alemany Bay comenta que el libro de Martín Gaite "propone volver a la infancia, al cuarto de atrás, poniendo lo desdeñado como eje de la obra" (52). En efecto, la protagonista principal, C. nos transporta a esos años oscuros donde la libertad estaba prohibida. Las confesiones que le hace al hombre vestido de negro son un indicio para mostrarnos su propia vida y el impacto que en ella ha tenido la dictadura militar. No es coincidencia que la autora use con mucha frecuencia el *Leitmotiv* de las cucarachas, para así mostrarnos los residuos de la dictadura, como lo hizo Dolores Medio con las mariposas negras, Laforet con las ratas o Ana María Moix con el ancla. Efectivamente Martín Gaite hace mención a las cucarachas once veces a través de la novela. Si se analiza este emblema podremos apreciar el contenido implícito que la autora quiere darnos, pues la cucaracha no es sino una representación del subconsciente que aflora en la oscuridad. También es un símbolo que representa asco, miedo o suciedad, algo simplemente repulsivo e indeseado como lo es el régimen en el que la misma autora ha vivido durante tantos años, pero que ahora simplemente quiere convertirlo en un sueño. Con este fenómeno, la novela de Martín Gaite da fe de la teoría bajtiniana en cuanto al escritor y su héroe literario y la relación de la literatura y la vida del escritor.

 El punto expuesto en la teoría de Bajtín sobre la novela de desarrollo y sus consecuencias en el discurso literario asimismo da lugar a un fenómeno de renovación que es analizado en *Estética de la creación verbal*. En esta obra, el escritor ruso establece las categorías de la novela de desarrollo diciéndonos que en ella el ser humano:

> se concibe en una relación indisoluble con el devenir histórico. La transformación del hombre se realiza dentro del tiempo histórico real, con su carácter de necesidad, completo con su futuro y también con su aspecto cronotópico. (214)

Las declaraciones anteriores nos llevan a la conclusión de que la historia tiene una influencia preponderante en el desarrollo del individuo. El autor ruso añade respecto al tema que "el hombre se transforma junto con el mundo y refleja en sí el desarrollo histórico del mundo" (214). El mismo Bajtín agrega que la mayoría de la gente

> no se ubica dentro de una época, sino sobre el límite entre dos épocas, en el punto de transición entre ambas. La transición se da dentro del hombre y a través del hombre. (214)

Este concepto se puede aplicar a *El cuarto de atrás* donde claramente se aprecia que la crítica de la España tradicional franquista expuesta por Ana María Moix, Carmen Laforet y Dolores Medio, lleva como contrapartida la esperanza del cambio y renovación, indicio que se aprecia en la novela de desarrollo de Martín Gaite. Según las mismas declaraciones bajtinianas

> En oposición a la unidad estática, en este tipo de novela se propone una unidad dinámica de la imagen del protagonista. (*Estética* 213)

El fenómeno estático e inmóvil presentado en *Julia*, *Nada* y *Nosotros los Rivero*, desaparece en el libro de Martín Gaite, el cual nos muestra a una heroína llena de dinamismo, con muchas ideas cambiantes y en un mundo innovador y nuevo.

Dicho concepto de desarrollo, reflejado en *El cuarto de atrás*, se podría interpretar como una representación de la transformación de la 'eterna España' o la transición de la dictadura a la democracia en un período cambiante. Efectivamente, la obra se sitúa en una época de renovación social y política, en los años finales de la década de los setenta en la que, según las declaraciones del propio Bajtín, una protagonista

> en proceso de desarrollo empieza a superar su carácter privado y transciende hacia una esfera totalmente distinta. (*Estética* 215)

La visión del mundo transitorio expuesta por el escritor ruso es reconocible en la obra de Martín Gaite, primeramente en cuanto al tiempo se refiere ya que la misma escritora señala que comenzó a escribir el libro el día de la muerte de Franco. Esta fecha, tan importante para la historia de España, marca un hito en la vida del país, pues coincide con el final de la dictadura y concuerda con la instauración de un sistema democrático en el cual supuestamente se entierran las ideas franquistas. El período de desarrollo y transición expuesto por Bajtín encaja en el libro de Martín Gaite ya que efectivamente *El cuarto de atrás* es un ir y venir de tiempos y alusiones referentes a un país que está en trámites de cambio político y social. Así, la novela es un romper con las normas establecidas, una reivindicación de lo femenino, la afirmación de la propia personalidad de la protagonista que la lleva a redescubrir la vida reprimida durante un régimen totalitario. La novela se podría considerar como el libro más sostenidamente acusativo entre todos los que hemos estudiado con anterioridad ya que expone abiertamente la falta de libertad y la asfixiante existencia durante el período fascista, especialmente para la mujer.

La existencia de C., la protagonista, se ve mezclada por eventos de unos años posteriores, recuerdos de la guerra y de su vida diaria después del franquismo. La misma Martín Gaite nos dice en cuanto al pasado que:

> la felicidad en los años de guerra y posguerra era inconcebible, que vivíamos rodeados de ignorancia y represión. (69)

Asimismo nos habla de la gente que moría fusilada o se exiliaba para escapar del franquismo y de la censura militar. Todas estas afirmaciones del pasado se nos presentan a través del concepto realidad-sueño de la protagonista en el momento presente, para así mostrarnos el desarrollo o la transición del tiempo pasado al futuro de C. Y no es casualidad que Martín Gaite haya escogido este aspecto transitorio por medio del fenómeno onírico como base principal de su novela. Bajtín nos dice al propósito que el sueño es:

> justamente como la posibilidad de una vida muy diferente, organizada de acuerdo con otras leyes que las de la vida habitual (a veces se plantea un 'mundo al revés'). La vida que aparece en un sueño suele establecer una perspectiva con respecto a la normal, obliga a entenderla y apreciarla de una manera novedosa y a la luz de una posibilidad diferente. (*Problemas* 209)

Si analizamos desde el punto de vista que nos interesa las declaraciones de Bajtín respecto a la obra de Martín Gaite, podremos apreciar que, en efecto, en *El cuarto de atrás* hay ciertos aspectos relacionados con el mundo onírico que serían imposibles de entender en la vida normal. En la novela, según Alemany Bay, hay un intento de ruptura entre un cosmos de realidad y fantasía,

> de lo que parece y no es; al mismo tiempo mediante la invención conseguirá habitar de nuevo el mundo de su infancia, aquel tiempo de posguerra que rezumaba miseria e ignorancia. (13)

En efecto, las raíces del tema de la fantasía en la narrativa de nuestra autora se pueden considerar como una evasión de su mundo real pues según Joanne Frye

> the fantastic mode is only one kind of escape from narrative entrapment and also as a way to free themselves from the power of current gender-based assumptions. (6)

La tradición de la literatura sobre el mundo onírico expresada en *El cuarto de atrás* no es un tema nuevo ya que dicho concepto ha aparecido con anterioridad en la historia de las letras hispánicas. Desde las visiones del sueño de la literatura medieval, las referencias a la cueva de Montesinos en *Don Quijote*, a las grotescas sátiras de los siglos XVI y XVII, sobre todo en los escritos de Quevedo y los dramas de Calderón, pasando por el uso simbólico de los románticos y de las rimas y leyendas becquerianas, nos damos cuenta de que la literatura onírica conduce al ser humano a una renovación y resurrección durante un período de crisis. Para Martín Gaite, el fenómeno de los sueños es una herramienta que le sirve para recordar u olvidar, incitar o evitar ciertas experiencias pasadas en su vida. En las páginas que siguen se va a destacar la presencia fantástica expuesta por Bajtín como una evasión de la realidad en el discurso de *El cuarto de atrás*. Asimismo se va a analizar la integración de la fantasía y la realidad en la obra de Martín Gaite como una técnica que la autora utiliza no solamente para evadirse del mundo en que vive, sino también para tomar fuerzas y poder soportar la existencia cotidiana. Se van a considerar en esta circunstancia los escritos de Tzvetan Todorov en *The Fantastic: A Structural Approach to a Literary Genre*, (1973), sobre el mundo de la fantasía y en conexión con los escritos de Martín Gaite.

El montaje semiótico de los sueños, mediante la correspondencia sueño-realidad en *El cuarto de atrás*, expresa la sensación del interlocutor soñado, que aparece como un aspecto volátil en el que:

> la autora nos hace creer que existe, pero no sabemos si en su imaginación o en la realidad o simplemente es un desdoblamiento del propio narrador. (Alemany Bay 46)

Esta especie de sueño y realidad, tipo fantasía y veracidad, nos lo muestra Martín Gaite para presentarnos un escape del aislamiento en que la heroína vive durante el período de la dictadura. Dicho fenómeno se representa mediante la habitación trastera que había en la casa de Carmen, el refugio de su niñez, "un cuarto situado en el fondo de la casa y excluido del orden doméstico" (Buckley 148). Este era un espacio sin imposiciones ni prohibiciones de ninguna clase donde según la misma autora reinaban

> el desorden y la libertad, se permitía cantar a voz en cuello, cambiar de sitio los muebles, saltar encima de un sofá desvencijado, tumbarse en la alfombra, mancharla de tinta. (187)

Era, en las mismas palabras de Martín Gaite, "un reino donde nada estaba prohibido" (187) pero que luego desapareció y que pasó por una "transformación en despensa" (188) debido a que "con la guerra cambiaron las cosas" (187).

Las declaraciones anteriores nos muestran la división, el paso a un período de transición, en este caso de la república al franquismo, pasando por los años de la guerra civil, o la infancia de la protagonista, al crecimiento y la adolescencia. El fenómeno de aislamiento y represión, contrarrestado por el sentimiento de libertad, se nos presenta como un ejemplo de los parámetros bajtinianos en cuanto a la novela de desarrollo se refiere ya que junto con las escenas de censura y encerramiento del franquismo vemos el sentimiento de libertad, después de la muerte del dictador. Así se nos muestra una novela de desarrollo mediante una obra mezclada de fantasía y veracidad, como bien se pueden ver en las escenas fantásticas a través del libro, por ejemplo las viñetas de la ficticia Isla de Bergai.

Estas emociones irreales se prestan a la aplicación de los estudios fantásticos en los que el novelista proyecta su interioridad mediante un cosmos onírico como evasión del mundo en que vive y para proyectar un universo que supere su existencia actual. El refugio en una vida de ensueño se reconoce como un hecho de autorelación del narrador ya que las experiencias oníricas se integran con memorias vividas por el mismo escritor. Ya desde el comienzo de la novela vemos que:

> la conversación que mantiene la protagonista con el hombre vestido de negro, en *El cuarto de atrás*, se refiere al mundo onírico como un hecho frecuente y habitual. (Puente Samaniego 105)

En efecto, el interlocutor, un ser real a veces y otras fantástico, se presenta repentinamente en casa de C. pero no se sabe a ciencia cierta si estas apariciones son producto de la imaginación de la protagonista o son verídicas. Del hombre de negro también se sabe que se llama Alejandro y que él mismo se identifica como el personaje principal de una novela rosa que escribió la autora y una amiga cuando estudiaban en el instituto.

Mediante esta mezcla de realidad y fantasía, la novelista está llevando a la práctica las ideas teóricas de Todorov sobre lo fantástico y el subconsciente en la literatura. Como la misma Martín Gaite señala directamente en el libro, la fuente de la teoría sobre la escritura fantástica se encuentra en

> los desdoblamientos de personalidad, de la ruptura de límites entre tiempo y espacio, de la ambigüedad y la incertidumbre. (19)

Efectivamente, en *El cuarto de atrás* la protagonista intenta dormirse leyendo un libro de Todorov, *Introducción a la literatura fantástica*, y en el cual el mismo autor nos dice que "el concepto de fantástico se define pues con relación a los de real e imaginario" (24). Así, Martín Gaite, en la ficción, está llevando a la práctica la teoría de Todorov sobre lo fantástico. La misma C. nos dice:

> hace cinco meses escribí en un cuaderno: «Palabra que voy a escribir una novela fantástica», supongo que se lo prometía a Tororov. (19)

Mediante estas declaraciones y observando las numerosas escenas lúdicas del libro y viñetas que se confunden con la realidad y fantasía, se puede decir que la novela sigue la definición de Todorov cuando este mismo señala que:

> the reader considers the fictional world as real, the reader and the narrator share a hesitation over whether or not what they perceive derives from commonly-held definitions of reality and

no allegorical interpretation of the unexplainable is advanced.
(*The Fantastic* 33)

Dicha teoría sobre lo fantástico se mantiene a lo largo de la novela exponiendo así el fenómeno expresado por Tororov. En muchas escenas, la reacción del lector es la de no saber si lo que está pasando es sueño o realidad, teoría que el mismo Todorov llama "the formula which sums up the spirit of the fantastic" (*The Fantastic* 31) debido al balance entre la realidad y la fantasía. *El cuarto de atrás* es una obra marcada por la manifestación del sueño y la vida real, punto cardinal de la literatura fantástica. En numerosas instancias de la novela, C. admite tener "sueños raros, rarísimos" (103) e incluso indescifrables. La misma protagonista considera que el sueño es "la clave más importante para entender el mundo" (122) por muy disparatado que sea. Por este motivo se puede afirmar que, en su actitud frente al sueño, la heroína de nuestra novela ve en muchas cosas que le rodean un mundo lleno de fantasía.

Aunque a través del libro, e incluso en las páginas finales, aparece una cajita de oro que se nos muestra continuamente en manos de C. como símbolo y testigo de veracidad de los hechos narrados, en numerosas instancias de la obra, la presencia de los sueños se hace latente no pudiendo hacer el lector la distinción entre realidad y fantasía. Esto es un aspecto y una función imprescindible para la trama y el trabajo sobre lo fantástico de Martín Gaite quien nos da una idea del fenómeno sueño-realidad al decirnos:

> «...Y sin embargo, yo juraría que la postura era la misma, creo que siempre he dormido así, con el brazo derecho debajo de la almohada y el cuerpo levemente apoyado contra ese flanco, las piernas buscando la juntura por donde se remete la sábana...»
> ¡Qué sueño me está entrando! (210)

Esta cita, expuesta al final de la novela, es exacta a otra que se encuentra al principio del libro y que comienza del mismo modo. No es casual que la autora use esta técnica narrativa para expresar así la idea de que el hilo narrador está conducido por el sueño y la fantasía. Incluso la misma Martín Gaite en una entrevista reafirma la noción fantástica al decirnos que en sus novelas predomina lo onírico y que no todo es tan claro como parece, y es que incluso, la memoria es tramposa. Por las mismas palabras de la autora, y de la protagonista, se puede apreciar que la naturaleza del libro está poblada de anécdotas quiméricas, mezclando el mundo real con el fantástico. El ansia de lo onírico se integra en una existencia oculta y reintegrando, mediante el sueño, el mundo real y el imaginario.

Martín Gaite sigue los principios de la idea de la fantasía en los cuales el sueño es el fruto de una actividad de la mente humana orientada por el individuo en el sentido deseado. Los sueños pueden ser una copia del pensamiento despierto y a la vez una representación simbólica de ideas e imágenes de la persona. La actividad del ensueño utiliza el simbolismo para la representación disfrazada de ideas. Este fenómeno se podría aplicar a la novela de Martín Gaite, la cual mediante un proceso de imaginación establece una dicotomía entre lo real y lo irreal, de realidad y fantasía, para poder liberarse del mundo del cual ella misma se siente enajenada, de la dictadura, y llegar a otro deseado, el final del franquismo. La escritora de *El cuarto de atrás* asimismo dibuja la idea de sueño y realidad al mostrarnos continuamente escenas de almohadas, sábanas, apariciones inalterables, silencios raros, camas, brumas, volutas de humo, embozos, colchas, pijamas, un abrir y cerrar de ojos y otras imágenes relacionadas con el mundo fantástico de los sueños. Como contrapartida también nos presenta vísceras latiendo, muecas fijas, cauces de sangre, oídos zumbando, temores y drogas intravenosas, por sólo citar algunas de las imágenes expresadas que representan la situación real y represiva en la que vive la protagonista y la misma novelista.

Los sueños tienen procedencia psicológica y pueden surgir, en forma simbólica, de una vida de anhelos, frustraciones y represiones que emanan a la superficie en forma de fantasías. La interpretación de los sueños puede, en ciertas circunstancias, llevar al individuo al conocimiento del inconsciente. La obra de Martín Gaite refleja, en cierto modo, algunas de las ideas acerca del fenómeno del sueño, ya que la trama del libro se presenta con alusiones constantes a una especie de realidad y fantasía, envuelta y relacionada con el mundo onírico. El alma de C., la protagonista, se orienta hacia el misterioso mundo del ensueño, siendo las actividades que surgen en la novela a veces irreales y otras reales como la vida misma. La realidad y el sueño nos lo muestra Martín Gaite al decirnos que C. "deja caer la revista al suelo y apaga la luz de la lámpara amarilla, le está entrando sueño" (25).

Las preocupaciones de índole sociopolítico de Martín Gaite se muestran en su novela mediante la mezcla de sueño y realidad y están obviamente relacionadas con el mundo interior de la escritora y de su heroína. El siguiente diagrama nos presenta el conflicto que la protagonista tiene en su vida real y a la vez nos da un ejemplo de las declaraciones expuestas con anterioridad sobre la fantasía y la realidad.

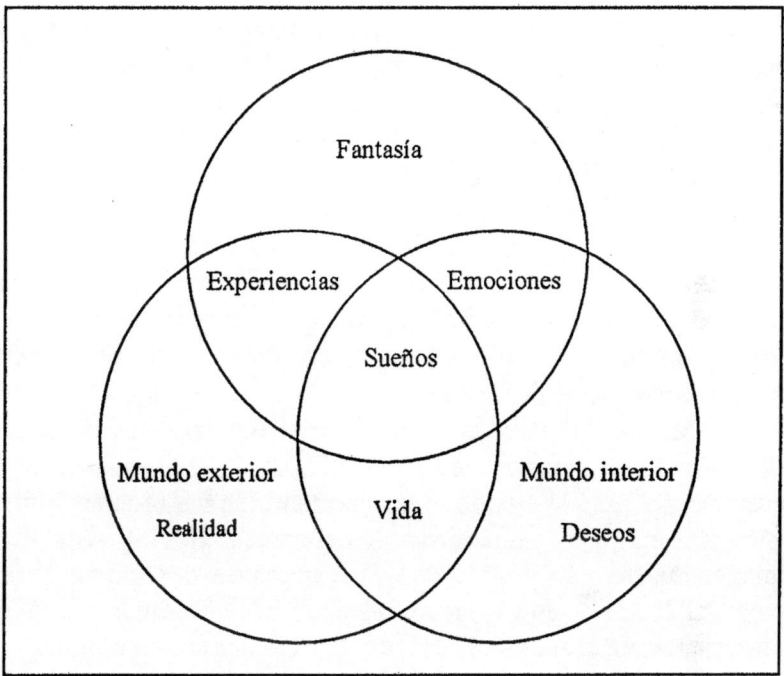

Figura 1: Intersecciones entre fantasía, mundo exterior y mundo interior.

Podemos concebir las relaciones entre realidad, deseo y fantasía en la existencia de C. según se indica en el gráfico anterior. En el mismo diagrama, la vida real de la protagonista se opone a los anhelos de Martín Gaite de un mundo libre y sin las barreras impuestas por la dictadura. El mundo interior, o el deseo, y las experiencias vividas de la escritora, o la realidad, se contrarrestan creando una vida conflictiva o una dicotomía. Las experiencias y las emociones se yuxtaponen al mundo real y es por este motivo que la autora crea un universo de ensueño, presentándonos así su deseo mediante un estado onírico, como bien se aprecia en muchas de las escenas de *El cuarto de atrás*.

En la novela nos vemos sumidos en un mundo que, según las afirmaciones de C., no sabemos si es real o no. Pero esta serie de oposiciones entre la realidad y lo fantástico es lo que libera a nuestra escritora del frustrado mundo en que actualmente vive. Así Martín Gaite crea lo que se imagina o desea, creando y reivindicando una realidad por ella soñada, una vida a su imagen y semejanza, como bien nos lo muestran las escenas de la isla de Bergai, un lugar imaginario que representa la contracción de sílabas del apellido de la autora y la de una compañera de su años juveniles. Este producto fantástico de la imaginación de la escritora se hace presente mediante las fugas mentales de C., la visita fantástica del hombre vestido de negro u otras viñetas llenas de imaginación presentadas a través de la novela. Dichos escenarios aluden a un mundo visionario en el que realidad y fantasía se mezclan dando lugar a una especie de existencia irreal y un claro ejemplo de ese proceso creador que nos muda del mundo conocido al desconocido.

Martín Gaite utiliza el tema onírico recurriendo a una nube de irrealidad que expresa mediante su fantasía, no solamente para evadirse del mundo en que vive, sino también para tomar fuerzas y enfrentarse con la realidad de su existencia. Hemos visto que la imagen del hombre vestido de negro aparece y desaparece ante los ojos del lector y que a la vez este mismo personaje cobra gran importancia en el acontecer del sueño. El recuerdo del visitante toma una calidad fantasmal ya que a veces se nos acerca y otras se aleja. En esta configuración, la autora abandona el plano de la realidad, siendo su mundo de visiones un universo lleno de deslumbramientos visuales en el que las apariciones se intensifican, como en un sueño. Estas viñetas podrían considerarse como un ejemplo del proceso onírico pues todas están rodeadas de un halo de creación fantástica que se aleja de la realidad. Las escenas, son visiones que surgen de los recuerdos de la protagonista y que le persiguen constantemente arrastrándola hacia un mundo irreal. La evocación de la imagen del supuesto visitante nos muestra una frontera en la que la fantasía y el sueño se confunden, llenando las páginas de presencias fantásticas e integrando la idea de sueño y realidad como una evasión de la vida real de C. Mediante estas declaraciones se puede afirmar que dicha experiencia se nos muestra como

> un fondo de recuerdos que explica la psique de la protagonista en el momento actual y que tiene casi el mismo valor que los sueños. (Ciplijauskaité 21)

En resumen a la clasificación de Bajtín y en conexión con las teorías de Todorov, se puede apreciar que el libro de Carmen Martín Gaite coincide con la categoría que el teórico ruso considera la novela de desarrollo y en la que el ser humano se transforma junto con el mundo en que habita. Como modalidad particular de este tipo de novela y en el caso de *El cuarto de atrás*, ese progreso va hacia la gradación del individuo como bien lo hemos visto reflejado en la vida de la protagonista, C. La heroína coincide también con la categorización bajtiniana que nos muestra que el héroe no se ubica dentro de un espacio de tiempo fijo, sino en el límite de dos épocas, en el punto transitorio de dos períodos. Así, la situación social y política caótica de un país devastado por la guerra civil y atrapado por la gran represión franquista se contrapone al nuevo acontecer que llega con la muerte del dictador. Esta tesis, que bien concuerda con las ideas de Bajtín, nos revela hasta qué punto el fenómeno político y social es responsable de la estructuración y coherencia de la novela. Al mismo tiempo da fe de la participación del escritor como exponente principal de la visión de su mundo, como una respuesta a la sociedad, al medio y a las ideas que se mueven en la época que le ha tocado vivir.

Dichas declaraciones revelan la presencia del elemento bajtiniano en la obra de Martín Gaite que es asimismo una especie de testimonio que nos muestra el papel de la mujer como protagonista principal de la novela. Este elemento pone de manifiesto el rompimiento de la condición femenina, también estudiado en los libros de Medio, Laforet y Moix. Todas las protagonistas de nuestras novelas, Lena, Andrea, Julia y C., son unos personajes en situaciones de aislamiento, soledad, desconcierto y búsqueda, heroínas cuyas vidas transcurren presas de confinadoras rutinas y angustiosas soledades. Son seres que quieren aplacar su conciencia o llenar su vacío liberándose de unas ideas impuestas por el régimen represivo en que viven. Pero, C., el personaje de Martín Gaite, es, en este sentido y hasta cierto punto, una excepción a las otras mujeres mencionadas, pues vive en una época de transición y los sentimientos de represión que la afectan sólo son un sueño pues ahora ya dicha dominación solamente pertenece al pasado. Con esto no se descarta la idea de que la heroína de Martín Gaite sea la afirmación de la condición femenina en un período de cambio, del franquismo a la democracia, coincidiendo así con las ideas bajtinianas sobre la novela de desarrollo y sus consecuencias en un período de transición.

CAPITULO 3

LA NOVELA AUTOBIOGRAFICA FEMENINA

DURANTE EL FRANQUISMO

HISTORIA Y ANTECEDENTES

Al estudiar la novela, es imperativo mencionar a Miguel de Cervantes Saavedra, autor de *Don Quijote*, quien siempre decía que el escritor, para ser universal y tener trascendencia, debe cumplir tres requisitos: ser fiel a sí mismo, fiel a su patria y fiel a su época. Estas tres características se podrían aplicar a Medio, Laforet, Moix y Martín Gaite ya que sus obras nos muestran las tres peculiaridades descritas por el autor del Siglo de Oro y el padre de la novela moderna. La narrativa de las autoras mencionadas anteriormente no es solamente un recuento de su propia existencia, sino que también ilustra la vida de su país y de la época en que ellas mismas viven, esa existencia de la mujer en la España del siglo XX. Como nuestras novelistas, los seguidores de las ideas cervantinas han ahondado en el tema de su nación con bastante frecuencia. Por este motivo se podría afirmar que el concepto usado por Medio, Laforet, Moix y Martín Gaite no es nada nuevo en la historia de la literatura española ya que anteriormente ha sido un tema muy importante en las obras de muchos autores destacados de todos los tiempos.

La voz de los escritores españoles que hablan y critican a su patria se viene manifestando desde hace largo tiempo. Los autores de la novela picaresca, por ejemplo, juntos con otros escritores renacentistas, pusieron de manifiesto las inquietudes y debilidades del país. El análisis de su propia nación ha interesado también a muchos novelistas españoles, ya que la novela es un género que se adapta muy bien a la captación del estudio de la sociedad, de la patria y de sus problemas, modo idóneo para abordar temas sociales. La obra del mismo Cervantes y la de otros muchos autores del Siglo de Oro, pasando por el XVIII y el XIX, el siglo de la novela por excelencia, gira en torno a la sociedad, al ser humano, sus conflictos y sus tensiones y pone de manifiesto la vida de su nación mediante las voces críticas de sus escritores. La literatura del siglo XIX está marcada por la división de ideas y posiciones irreconciliables. A un lado están los literatos que defienden la tradición y al otro, los autores que promulgan una imperiosa necesidad de cambio. Demarcado por las opiniones de todos estos novelistas de tan diferentes ideas e ideales y a la sombra de los escritores de la generación del 98 con novelistas como Miguel de Unamuno, Pío Baroja y otros muchos que tocan el tema de España como problema, surge el siglo XX, el cual hereda todas estas anteriores tendencias tan diversas entre sí.

Durante dicho siglo se han experimentado en España grandes cambios sociales, políticos y económicos que al mismo tiempo han influido enormemente en la historia de la literatura del país. Después de una monarquía, una dictadura, una república y prácticamente paralizado por una guerra civil y las consecuencias de la posguerra, el pueblo español se sume en una especie de letargo forzado debido al régimen fascista y a su fuerte censura. Como consecuencia de "una guerra ideológica, como lo fue en el fondo la española de 1936 a 1939" (García Viñó 7) y al instaurarse Francisco Franco Bahamonde como Generalísimo de España, el país sufre de una situación devastadora y estática, tanto económica como culturalmente. Si se echa una ojeada a la historia franquista se puede apreciar como un buen ejemplo de una estructura inamovible del poder fascista y totalitario. Según Alamo Felices, sus parámetros se pueden resumir con la siguiente configuración:

- La total determinación de romper con los antecedentes políticos heredados de la Restauración y la República.
- La forzada desaparición política de los elementos disidentes.
- Maniqueísmo intelectual/cultural entre lo moderno y tradicional.
- Poder decisorio ilimitado del general Franco.
- Tal poder se tradujo en un régimen de gobierno con una uniformidad política total siguiendo el modelo nazi o fascista.
- Legitimación de los principios y estructuras del Régimen en una base religiosa. (22)

A dicho arquetipo político se debe añadir la influencia y el apoyo de la iglesia católica, la negación de la libertad de expresión, el no reconocimiento a la oposición y la fe ciega en las fuerzas armadas y de seguridad. Franco impuso por la fuerza el régimen fascista cuyo lema era una nación, una raza y una religión y que se caracterizaba principalmente por una combinación de represión y falta de libertad siguiendo las ideas del viejo sistema patriarcal nacionalista. El dictador, para conseguir sus propósitos, quería hacer creer a la gente que España era el centro del mundo y que él era un escogido de Dios, que tenía una misión divina. Así, el dictador define o, mejor dicho, distorsiona la idea del país mediante una mentalidad chauvinista. Sopeña Monsalves reproduce esta idea en su obra *El florido pensil* al decirnos que:

> El Señor quiere mucho a España. Por eso la puso en el mejor sitio del mundo, donde no hace ni mucho frío ni mucho calor. Pues en otros sitios o está siempre todo helado o hace tanto calor que no se puede vivir. (164)

España y Franco, según las declaraciones anteriores y la ideología fascista, están protegidos por la Providencia y no necesitan de otras naciones. Ese fenómeno ideológico hace que la península se aísle del resto de Europa ya que el régimen no acepta el hecho de que los demás países europeos estuvieran entrando en una época moderna y de cambio. David Herzberger nos dice al respecto que:

> Spain placed a prophylactic around itself to ward off ideas that might puncture the solid, monolithic representation of its national identity. (iii)

A este aislamiento también se puede añadir el hecho de que Franco se declara neutral ante la segunda guerra mundial que había estallado en Europa y así España se mantiene separada de sus vecinos europeos.

Por este motivo, el progreso social emprendido durante los años de la segunda república, (1931-1939), se desmantela con el franquismo como también se desmantelaron los derechos del individuo, especialmente los femeninos. No debemos olvidar que la mujer en la España republicana según Riddel

> había adquirido mayor grado de igualdad con el hombre. Se le concede el voto y se establecen leyes, como la del divorcio, que la protegen y favorecen. (6)

Asimismo, las españolas en la época de la república participan activamente en la política y en la vida pública de su país como bien se puede ver con los ejemplos de Federica Montseny, Dolores Ibarruri o Margarita Nelken. Tales derechos desaparecen con el franquismo y sistemáticamente se inicia un período conservador con una gran preferencia por una vuelta a la forma de vida tradicional y una inclinación hacia costumbres ya pasadas de moda en el siglo XX. La ideología de la Falange, reflejada en las ideas de José Antonio Primo de Rivera, fue impuesta prodigando la virtud de la abnegación de la mujer que "acepta una vida de sumisión, de servicio, de ofrenda abnegada a una tarea" (Scanlon 323). Esto no es sino la subordinación del papel femenino mediante la imposición de dichas normas, así como también el rompimiento y la prohibición de toda emancipación anteriormente establecida. Según el código de la Sección Femenina el trabajo de la mujer se limita a:

> cuidar de los alegres hogares del Auxilio Social, limpiar las iglesias devolviéndoles su esplendor y hacer de enfermeras durante la guerra. (Alborg 138)

Esta caracterización coincide con el prototipo de la mujer casada, sumisa, obediente y eternamente subordinada a su esposo. Así que el patriarcado y la represión de las libertades del individuo se acentúan como también se pone énfasis en el papel tradicional del hombre como dueño y proveedor de la familia y a la mujer como esposa y madre subyugada a un hogar católico. El régimen de Franco se nutre en gran parte de la ideología fascista que promueve una visión

> profundamente antifeminista, de desvalorización de la mujer y exaltación de la 'hombría' ('el hombre es portador de valores eternos'), unido a una vuelta a los valores religiosos más tradicionales y más patriarcales. (Oliván, Pineda y Uría 138)

El interés del Caudillo por mantener un orden jerárquico en la sociedad mediante el paternalismo y el empeño de subyugar a la mujer a un estado de pasividad y de dependencia social y económica fue siempre apoyado por el orden social de la España de la posguerra y es este fenómeno el que ha situado a la mujer—literata o no—a un plano realmente inferior al hombre. Geraldine Nichols nos muestra este ejemplo cuando nos habla de las escritoras de este período y dice que:

> si analizamos los estudios monográficos de la narrativa española contemporánea, no figura ninguno que se enfoque exclusivamente en la narración femenina. Peor todavía, en los otros la mujer brilla por su ausencia. (*Escribir* 9)

Dicha escritora prosigue que, mientras los estudiosos del campo trazan sus esquemas en torno a autores exclusivamente masculinos, a las autoras se las menciona simplemente de paso como si éstas no formaran parte del canon. Se puede ver este fenómeno en los trabajos de las novelistas que cubren el presente estudio. Todas, menos Moix, han ganado el premio Nadal: Dolores Medio con *Nosotros los Rivero* en 1953, Carmen Laforet con *Nada* en 1944 y Carmen Martín Gaite con *Entre visillos* en 1957. A pesar de esto, según Alborg,

> Se ha hecho patente el desequilibrio entre la crítica dedicada a los escritores y escritoras españoles contemporáneos. (9)

Efectivamente, las mujeres raramente figuran en antologías de literatura. Aunque nuestras escritoras hayan sido galardonadas con tan cotizado premio, han sufrido los efectos de la discriminación sexual y de una censura tajante que truncó en parte su carrera literaria silenciándolas como novelistas.

A esta omisión se unen los prejuicios que siempre se han tenido hacia la escritura femenina como una literatura con temas no suficientemente transcendentales, según algunos críticos. Esto bien lo muestra Martínez Cachero al referirse a Laforet y a la obra que ganó el Premio Nadal y el Premio Fastenrath cuando nos dice que:

> *Nada* es una bella flor que le ha salido del alma a su autora, pero las flores no tienen historia. (159)

Mediante estas, y otras muchas declaraciones, que no intentan sino subordinar a la escritora y ponerla en un estado secundario, se puede decir que el cuerpo de literatura escrito por mujeres ha sufrido una gran devastación durante el período de la dictadura siendo las obras de autoras como una semilla escondida y cubierta que no puede ni tiene derecho a germinar. Teniendo en cuenta esta metáfora y asimismo las declaraciones expuestas con anterioridad, ésta puede ser una de las razones por la cual durante muchos años la novelista en España ha sido considerada inferior al hombre autor.

Para conocer mejor la situación de la escritora española y notar el grado de inferioridad en que ha sido enmarcada la novela femenina, nos basta con examinar la narrativa de Concha Espina. En sus obras, la misma autora nos muestra un detallado retrato de la mujer y de como ésta se ve influida por la mentalidad masculina predominante después de la guerra, manteniendo asimismo el papel tradicional de la mujer abnegada a la figura patriarcal dominante. En *La esfinge maragata*, Espina nos presenta el dilema de las dos Españas mediante un par de mujeres contrapuestas. Por un lado está un personaje tradicional, la campesina esclava de la tierra que simboliza el presente. Esta persona ha nacido para sufrir. Está totalmente sometida al hombre, cultiva la tierra, cuida a sus hijos luchando en soledad y acepta silenciosamente la autoridad de su marido. Por otra parte, tenemos a la mujer educada y liberal que representa el pasado y el futuro y la cual no encuentra lugar en el mundo franquista. Es esta última la que será acallada por la fuerza de la tradición, derrotada por el gobierno de Franco y por las condiciones socioeconómicas adversas. Como los personajes de Espina, las mujeres durante el régimen franquista sufren en silencio por las razones anteriormente señaladas y por la propia colaboración de muchas otras féminas sometidas al yugo de Franco y a sus instituciones, como lo fue la Organización de la Sección Femenina y otras organizaciones fascistas. Así, en muchas novelas de la época, se nos muestra a una mujer típica, escondida detrás de la religión para justificar su ignorancia y dependencia varonil, que al mismo tiempo condena a todos los que pretenden mantener la igualdad entre los dos sexos.

Pero la novelista de posguerra no es la única que se encuentra con obstáculos y desventajas durante este período. También, muchos de los escritores españoles de la época que no están de acuerdo con las ideas de Franco son eliminados por el régimen o exiliados a otros países. Los que se quedan en España escriben novelas cuyo tema se desentiende de la situación sociopolítica y se tienen que adherir a una serie de reglas muy estrictas. Asimismo, estos autores son forzados a observar las normas impuestas por el estado y están sometidos a adaptarse a la autocensura para no tener problemas con la dictadura militar. Es por dicho motivo que durante este tiempo se publica una novela propagandista que se desentiende de la situación política actual y que simplemente hace recopilación de los eventos pasados, como la guerra y sus consecuencias. Así que se produce una literatura de propaganda que destaca las bienandanzas de la 'España de pandereta'. Este fenómeno favorece la circulación de libros de escritores extranjeros que no eran sospechosos de subversión como Pearl S. Buck y otros que, simplemente exponen unos tópicos acaramelados, mostrándonos conflictos y luchas de buenos y malos. García Viñó nos dice al respecto que:

> Al intentar trazar un panorama de la novela española de posguerra, nos encontraríamos primero con un momento de vacío total. Los novelistas españoles, unos están en el exilio y buscando amoldarse a su nueva y difícil situación; otros permanecen mudos y otros no han empezado todavía a publicar. (53)

Mientras este fenómeno literario ocurre en España, al otro lado de los Pirineos florece una literatura innovadora que aborda los conflictos del ser humano de su tiempo con escritores a la cabeza como Beckett, Camus, Brecht, Beauvoir y Sartre, los cuales serán unos nombres tabúes y totalmente prohibidos en el suelo hispano. Y es por esta razón que el panorama literario español de la posguerra da un gran salto hacia atrás y sufre de una especie de mediocridad que no se reconstruye ni se pone a nivel de otros países hasta los últimos años de la dictadura, ya a finales de la década de los setenta.

En medio de esta situación, en el año 1942, se publica un libro que es muy importante por sus sutiles efectos y mediante metáforas o alusiones implícitas nos hace un relato de la vida de la posguerra en una sociedad reprimida. Nos referimos a *La familia de Pascual Duarte*, de Camilo José Cela, con el que se inicia el género llamado realismo existencial. La novela nos muestra la incertidumbre del vivir cotidiano durante el período franquista, donde la violencia, la rutina y la angustia en general son los rasgos esenciales que pueblan sus páginas. Algunos críticos han notado que en dicha obra existen numerosos puntos en común con *Nada*, y exponen que Laforet marca el inicio de la narrativa de escritoras femeninas de dicho género en la posguerra en España. Jones nos dice al respecto que:

> The vacuum of high quality literature following the Spanish Civil War (1936-1939) was filled by two works which reflected the violent attitude characteristic of the depression of the period. They were Camilo José Cela's *La familia de Pascual Duarte* (*The Family of Pascual Duarte*), 1942, and Carmen Laforet's *Nada* (*Nothing*), 1945. (*Dolores* 13)

Como en la novela de Cela, Laforet patentiza un ejemplo del realismo social mostrándonos escenas sórdidas en una sociedad un tanto existencialista. No debemos olvidar que, después de los duros años de posguerra, en los cuarenta, "el concepto de realismo era el que mejor servía para caracterizar la novela española del momento" (García Viñó 92). El realismo, así como el mundo vulgar expuesto en *Nada*, más tarde se reafirmará en obras posteriores que hoy ocupan un lugar prominente en la narrativa de dicha tendencia.

En los cincuenta, comienza en España una especie de apertura y la influencia de escritores estadounidenses, italianos y especialmente franceses es evidente en la literatura del país. A pesar de todo, la censura es muy estricta, así que los autores aún se deben ajustar a las fuertes reglas y restricciones estatales y eclesiásticas que se imponen. No debemos olvidar que la iglesia católica tenía un gran poder y control de la censura. John Hooper nos dice al respecto que:

> The Church was involved in official censorship at every level and was particularly responsible for making decisions on all related matters. (152)

Por este motivo el novelista se limita a hacer simplemente un recuento de la vida y de la existencia de los españoles sin ningún comentario explícito que ponga en evidencia sus ideas, así que es el lector el que debe adivinar ese mensaje implícito expuesto en la novela y sacar sus propias conclusiones. Aunque muy lentamente, a comienzos de la década de los sesenta, la situación social empieza a cambiar y el país se desarrolla económicamente debido al turismo, a pesar de que aún se infringen leyes que privan a los españoles de la libertad y de otros derechos civiles. La novela asimismo se renueva y trata de incorporarse a la narrativa europea moderna. Por este motivo, el realismo social comienza a esfumarse con la aparición de *Tiempo de silencio* (1962), de Luis Martín Santos, una novela innovadora, tanto estructural como lingüísticamente y que influye muy positivamente en la literatura española. A pesar de una tradición literaria predominantemente masculina promovida por el estado, surgen durante esas décadas del franquismo escritoras importantes. Es en los años setenta, y aún cuando las ideas franquistas establecidas están en rigor, cuando florece un tipo de narrativa alentada por los aires renovadores de la época que trata de incorporarse a la novela europea moderna. Especialmente entre las escritoras surge una nueva promoción de mujeres que se dedican a la literatura femenina y feminista. Es el comienzo del 'boom' de la narrativa de autoras en España, poniendo la novelística de Carmen Martín Gaite a la cabeza de dicha tendencia ya que en sus obras expone la represión franquista y defiende y denuncia la desigualdad hombre-mujer, pero sin caer en la típica apología feminista.

Las novelistas pertenecientes al presente trabajo se encuentran, por tanto, con ese tan largo proceso histórico anteriormente señalado y su idea gira en torno a su propio país, tomando conciencia de él y de la importancia que sus aportaciones literarias hacen a su nación. Aparte de un mismo pensamiento y de estar marcadas por un proceso histórico y social muy similar, Medio, Laforet, Moix y Martín Gaite tienen en común el hecho de que se criaron y se formaron en la guerra y en la posguerra y tuvieron como telón de fondo el franquismo, es decir una sociedad marcada por la falta de libertad del individuo y por la represión de los derechos humanos. Durante dicho período, las pautas de comportamiento para los dos sexos—el masculino y el femenino—estaban estrictamente delimitadas así que se produce un desfase entre la formación del escritor hombre y la escritora. La imposición discriminatoria de la mujer mediante la asignación de su papel definido de buena madre y esposa, de educación religiosa, la clasifica en una subcultura dependiente de la sociedad masculina dominante. Pero este fenómeno no previene que, a pesar de dichas circunstancias, muchas mujeres rompieran con la tradición establecida y se dedicaran a la literatura, como bien lo hicieron Josefina Aldecoa, Carmen Conde, Gloria Fuertes, Dolores Ibarruri, Ana María Matute, Federica Montseny, Esther Tusquets y muchas otras más, así como también previamente lo hicieron Santa Teresa, María de Zayas, Cecilia Boll de Faber o Emilia Pardo Bazán.

En las páginas que siguen se presentará un estudio cronológico de la trayectoria literaria de Medio, Laforet, Moix y

Martín Gaite, unas mujeres que, rompiendo con el estereotipo femenino, a la vez dieron testimonio de sus vidas mediante la escritura autobiográfica. La presencia de estas cuatro novelistas, que con sus obras contribuyeron a ese proceso literario, se va a resaltar en relación con sus escritos mediante el análisis individual de cada uno de sus libros. Anteriormente ya se han notado las características políticas y sociales en la vida de nuestras autoras con el propósito de dar una explicación al uso que ellas mismas hacen de sus novelas, así que en el apartado siguiente se hará un análisis autobiográfico de sus obras. En las páginas que siguen se va a demostrar que el género de la autobiografía es resaltado y a la vez compartido en *Nosotros los Rivero, Nada, Julia* y *El cuarto de atrás,* aunque es imperativo poner énfasis en el fenómeno franquista pues es un hecho que hay que tener muy en cuenta al presentar las novelas como un género autobiográfico. Debido a la gran censura imperante durante los años de la dictadura, nuestras autoras usaron un estilo, hasta cierto punto apartado, pero conectado con la autobiografía, que es la novela autobiográfica ficticia, la cual se estudiará en el segundo apartado del próximo capítulo.

PHILIPPE LEJEUNE

Y EL PACTO AUTOBIOGRAFICO

Al analizar las obras de Dolores Medio, Carmen Laforet, Ana María Moix y Carmen Martín Gaite nos encontramos con una especie de autobiografías, novelas que hablan de la vida y del 'yo' de cada escritora, ya que si examinamos los puntos de conexión entre la autora y la protagonista nos damos cuenta de que en efecto existen numerosas similitudes entre ambas. Autobiografía y novela son palabras de índice clasificatorio, así que para estudiar los dos conceptos tan enlazados entre sí y relacionarlos con las obras que cubren el presente trabajo, se van a revisar los escritos del autor que inició los estudios literarios del tema autobiográfico, Philippe Lejeune. La propuesta de Lejeune se concreta en la definición de la autobiografía como:

> un récit rétrospectif en prose qu'une personne réelle fait de sa prope existence, lorsqu'elle met l'accent sur sa vie individuelle, et en particulier sur l'histoire de sa personnalité. (*Le pacte* 14)

Según esta definición, solamente es una auténtica autobiografía el discurso que escrupulosamente se ajusta a las condiciones articuladas en las categorías señaladas anteriormente. Pero también debemos tener en cuenta que existen otros géneros autobiográficos que, aunque no sigan exactamente las normas estipuladas, son muy próximos al expuesto por Lejeune. El mismo autor denomina el pacto autobiográfico como una entidad en la cual el narrador, el personaje principal y el autor son una especie de trinidad, una y a la vez tres personas. En el presente trabajo se investigará la relación de las autoras, protagonistas y narradoras y el enlace del pacto autobiográfico en conexión a las novelas que se estudian y se demostrará que las obras de Medio, Laforet, Moix y Martín Gaite se refieren a una retrospectiva de sus propias vidas mediante la existencia de una protagonista ficticia.

Tanto en *Nosotros los Rivero,* como en *Nada, Julia* y *El cuarto de atrás,* las escritoras nos narran la historia de su misma existencia. En todas las obras, la personalidad de la novelista se combina con un relato novelesco que gira en torno a un personaje concreto y el cual es el reflejo de la autora. Tomando el mecanismo autobiográfico, la escritora de cada novela no solamente se contempla a sí misma, sino que también toma, en cierta manera, posesión del mundo que le rodea y se transforma en sujeto del discurso literario mediante su protagonista. Es este uno de los motivos que nos induce a estudiar la novela femenina del franquismo como un documento que mantiene la teoría del pacto autobiográfico expuesto por Lejeune. El mismo autor nos dice que dicho pacto autobiográfico:

> is a form of contract between author and reader in which the autobiographer explicitly commits himself or herself not to some impossible historical exactitude but rather to the sincere effort to come to terms with and to understand his or her own life. (*On Autobiography* ix)

Como se ha expuesto anteriormente, solamente el escritor puede establecer su narrativa como un ente autobiográfico mediante la representación de su propia vida. Ante esta actitud sólo nos cabe preguntar si nuestras novelas pueden ajustarse o no a la teoría expuesta por Lejeune ya que la idea central de las obras del presente trabajo es en efecto contar la vida de una protagonista pero no explícitamente la de la autora misma. La maniobra de nuestras novelistas al presentar dicho fenómeno tiene sus razones y son debidas a la fuerte censura establecida en España durante el período franquista. Según estas consideraciones, se podría estimar que los libros mencionados se pueden ajustar hasta cierto punto a la teoría de Lejeune. Pero más que nada se deben examinar como autobiografías ficticias, pues las escritoras nos muestran implícitamente sus vidas mediante una tácita protagonista, una supuesta heroína que representa a la misma escritora, creando así una autobiografía hasta cierto punto de ficción. En efecto, en la autobiografía ficticia, la autora ensaya su vida en plano documental mediante su creación literaria. Con la relación entre su propia existencia y su obra, la escritora busca salida a una situación que le proporcione un medio alterno para dar testimonio de su paso por el mundo, utilizando su novela para racionalizar las circunstancias en que vive y asimismo recobrar el control de su vida. La obra autobiográfica ficticia le permite la exposición de las circunstancias en que ella misma se encuentra sin así comprometerse con su escritura ni con la censura y creando con ello una obra autobiográfica de ficción.

La definición sobre la autobiografía expuesta por Lejeune en *On Autobiography*, se refiere a una prosa narrativa que el autor nos muestra a propósito de su misma persona y observa que dicho género debe incluir elementos que pertenecen a las cuatro categorías siguientes:

1. Form of language
   a. narrative
   b. in prose
2. Subject treated: individual life, story of a personality
3. Situation of the author: the author (whose name refers to a real person) and the narrator are identical
4. Position of the narrator
   a. the narrator and the principal character are identical
   b. retrospective point of view of the narrative. (4)

Si estudiamos detenidamente las propuestas anteriores, se podría decir que todas las novelas estudiadas siguen el patrón indicado en la parte 1 a y b y asimismo en el apartado 2 en lo que se refiere a una narrativa en prosa que nos cuenta la vida individual de una protagonista y la historia de su existencia. En los libros se narra la vida de una heroína, Lena, Andrea, Julia y C., pero si tenemos en cuenta el apartado 3 y 4 a, se puede apreciar que la idea expuesta por Lejeune del narrador y el protagonista principal como personas idénticas, no se lleva a cabo en el caso de las novelas de Medio, Laforet, Moix y Martín Gaite. Como podemos ver, la narradora y el personaje principal tienen una identidad diferente, al menos en cuanto al nombre se refiere, con excepción a la novela de Martín Gaite en la que escritora y protagonista comparten la misma inicial del nombre, C. Lejeune añade en la parte 3 respecto al ente autobiográfico que:

> in order to be an autobiography, the author, the narrator, and the protagonist must be identical. (*On Autobiogrphy* 5)

Es aquí donde se puede argumentar el hecho de que *Nosotros los Rivero*, *Nada*, *Julia* y *El cuarto de atrás* pertenezcan o no al género autobiográfico. Sin embargo, si tomamos en consideración otras afirmaciones expuestas en *On Autobiography*, las cuales nos dicen que "autobiography is above all a narrative, which follows in time the story of an individual" (xi) y que la autobiografía se puede considerar como "the story of a real person concerning his own existence" (xiii), nos damos cuenta de que nuestras novelas bien pueden pertenecer a dicho género. Esto se debe a que todas ellas nos narran la vida de un individuo, como bien se ve en el caso de todas nuestras protagonistas y que además es la historia de la existencia de la misma escritora representada por la heroína de la obra.

Lejeune añade que el pacto autobiográfico es la afirmación de la identidad del escritor el cual se refiere al nombre del autor de la cubierta del libro. Por otra parte el mismo escritor nos dice que una obra autobiográfica:

> can be 'exact', the protagonist resembling the author; an autobiography can be 'inexact', the protagonist presented differing from the author. (*On Autobiography* 14)

En nuestro caso se puede afirmar que *Nosotros los Rivero*, *Nada*, *Julia* y *El cuarto de atrás* bien pueden pertenecer a los dos tipos: al 'exact' ya que las protagonistas se parecen a las escritoras en cuanto se refiere a la semejanza de ciertos puntos de vista que se van a estudiar detenidamente en un apartado posterior, y también al 'inexact' pues los personajes principales se diferencian de sus autoras en cuanto a sus nombres respectivos, excluyendo hasta cierto punto a la heroína de Carmen Martín Gaite. Este tipo de aserción nos lleva a la conclusión de que en la novela existe un contrato implícito entre el autor y el lector. Dicho convenio solamente determina la actitud de la persona que lee el libro, quien es el único juez crítico quien identifica y establece si la obra es autobiografía o no, según las coincidencias que existan entre el autor y el protagonista principal de la obra.

En este contexto, la identidad del escritor puede aparecer de dos maneras diferentes: Primero, (a), mediante el uso del mismo nombre entre el escritor y el protagonista. Este es el caso de la obra de Carmen Martín Gaite y la protagonista principal de *El cuarto de atrás*, C. Segundo, (b), a través del uso de un nombre diferente. Este último fenómeno bien se puede ver en las obras de Dolores Medio y su protagonista Lena, Carmen Laforet y Andrea y Ana María Moix y

Julia. Como se ha señalado anteriormente, esta manifestación es debida a la fuerte censura imperante durante la época en que se escribieron todas las obras. Así que, bajo el disfraz de narradoras en primera persona, las autoras aspiran a hacer un análisis de su propia vida en tercera persona, disociándose de la figura que realmente es cada una de ellas. En nuestras novelas, las autoras a veces nos dan la impresión de que no pretenden hablar de sí mismas, como normalmente se hace en una autobiografía, sino de otros personajes representados por ellas mismas, es decir de la protagonista de sus libros, bien sea Lena, Andrea o Julia. Al primer ejemplo, (a), se puede asignar el nombre que Lejeune denomina el pacto autobiográfico en el que la propia autora habla sobre sí misma y el que se puede leer como un diario, como una narrativa retrospectiva o un montaje articulado por la escritora. A este modelo se puede asignar Carmen Martín Gaite y su personaje principal, C. A la segunda regla, (b), pertenecen las obras de Medio, Laforet y Moix pues sus protagonistas encajan en lo que se podría llamar el pacto ficticio. En este apartado, la autora construye en torno a su persona una heroína de ficción que se le parece, para así imponer su punto de vista mediante una narradora y un personaje ficticio. Teniendo en cuenta las consideraciones personales que se presentan en la narrativa autobiográfica, el fenómeno de ficción usado por nuestras autoras tiene sus fundadas razones, y a la vez es bien justificado, debido a la fuerte censura militar impuesta durante los años del gobierno de Franco en España.

ANTECEDENTES Y MODALIDADES

DE LA AUTOBIOGRAFIA FICTICIA

Como bien expone Philippe Lejeune en sus estudios sobre el género, la autobiografía nos muestra la existencia de un ser y la historia de su devenir en la sociedad y es por este motivo que el modo autobiográfico se puede considerar como:

> un género literario en el cual un autor narra y examina su propia vida verídicamente, siendo este el objeto fundamental de la obra. (Pope, *La autobiografía* 6)

Teniendo en consideración las declaraciones anteriores se puede decir que este tipo de literatura es un reflejo de la naturaleza humana, el reencuentro del autor consigo mismo o la entrega y el descubrimiento de su mundo interior. En este género se establece una armonía entre el lector y escritor quien siente la necesidad de contemplarse a sí mismo y a la sociedad que le rodea. Este testimonio, de inalcanzable valor literario, sociológico e histórico y, conectado en parte a la teoría de Bajtín, es un documento valioso, que no solamente nos transmite el sentimiento de lo individual, sino que también constituye una herramienta para mejor conocer la vida del autor y la sociedad en la que vive.

La primera manifestación literaria de autobiografía ficticia ya se puede encontrar en la más remota antigüedad, en los *Comentarios* de Julio César, en las *Confesiones* de San Agustín y más cercanas a nuestro tiempo, en las *Confesiones* de Juan Jacobo Rousseau. Si se estudian los antecedentes de este tipo de autobiografía en la historia de la literatura española podemos ver la conexión existente entre dicho género y la ya mencionada teoría de Bajtín y sus propuestas en relación con la literatura y la vida sociopolítica. Este género surge en la Edad Media y precisamente de la pluma de una mujer, Leonor López de Córdoba,

como resultado de la perplejidad de un individuo atrapado en un tumulto social que se originó luego del asesinato de Pedro el Cruel y el ascenso de la Casa de Trastamara al trono de Castilla.
(Pope, *La autobiografía* 14)

Dichos elementos crean un complemento entre el relato autobiográfico de la escritora y la situación histórica del momento o una correspondencia entre la vida y la historia de su país. Tampoco se puede ignorar en el estilo autobiográfico hispánico la herencia recibida de los conquistadores de Indias. Los cronistas españoles de la conquista nos dejaron mediante sus escritos una huella autobiográfica a la vez que un documento histórico social. También encontramos trazas de dicho género en el siglo XIV, en la obra de Juan Ruiz, Arcipreste de Hita, *Libro de buen amor*. En esta narración, y mediante el uso de la primera persona, se exponen relatos, fábulas y canciones con un tono autobiográfico y el "yo" del escritor se vuelve el centro de todo lo que nos narra, mostrando una visión muy personal de la vida y del tiempo en que vive el mismo arcipreste. El género picaresco es asimismo un relato escrito en forma de autobiografía, aún así cuando se refiere a un personaje de ficción. La combinación de datos reales y ficticios se muestra en numerosos episodios de la obra picaresca surgiendo así un desdoblamiento de la persona veraz en un ente a veces totalmente ficticio.

Resulta necesario distinguir que precisamente otra mujer, Santa Teresa, perteneciente a las letras del Siglo de Oro español, asimismo escribió bajo el punto de vista del género autobiográfico. Al estudiar *Vida*, de Teresa de Jesús, nos damos cuenta de que corresponde en todo a una autobiografía. En efecto, la santa relata los hechos de su propio vivir,

> escindiéndose en un narrador que ostenta la perspectiva que ella tiene en el momento de escribir, y un personaje que actúa y reacciona según la visión del mundo que ella tenía en el pasado.
> (Pope, *La autobiografía* 46)

En la segunda mitad del siglo XVI aparece la novela autobiográfica española por excelencia: *Lazarillo de Tormes*. Ante el reclamo del libro a dicho género nos cabe preguntar si realmente esta obra pertenece al estilo autobiográfico o no. Fernando Alegría nos dice al respecto que "los signos autobiográficos de la novela picaresca pueden resultar engañosos" (12). Efectivamente, aunque la obra está escrita en forma de autobiografía, muchos de los sucesos que ocurren en esta narración anónima son inventados por el escritor, y no sabemos si el nombre desconocido del autor coincide o no con el del propio protagonista. Pero lo que sí es cierto es que la autenticidad y la novedad de este libro es que se inspira en la realidad sociopolítica de la época. Esta novela picaresca, escrita en primera persona, va dirigida a 'Vuesa merced' con la intención de explicar la situación de hambre y miseria en que se encuentra el héroe—o antihéroe—y asimismo expone la vida de mucha de la gente que le rodea. La obra nos muestra un personaje que trata de justificar sus acciones, aventuras y desventuras usando una forma autobiográfica, aunque para algunos críticos la novela no es sino "una autobiografía ficticia anónima" (Molino 118).

Más tarde, sale a la luz el libro de Mateo Alemán, *Guzmán de Alfarache*, otra narración picaresca con tono autobiográfico. Tanto en *Lazarillo de Tormes* como en *Guzmán de Alfarache*, el autor hace uso de la primera persona autobiográfica explicando el proceso que ha llevado al protagonista principal a ciertas situaciones. Esta narrativa autobiográfica hace que, tanto Lázaro como Guzmán, unos personajes de origen humilde con grandes visos de degradación social y económica, adquieran valor e importancia al hacer un relato de su propia vida y sus hazañas picarescas en un mundo inhóspito. En ambos casos, la autobiografía tiene por objeto narrar los sucesos de una existencia en primera persona y un compendio de una serie de aventuras y experiencias que pueden ser verídicas o no, con el fin de ser transmitidas por un autor a sus lectores.

Otro indicio de autobiografía en las letras españolas es la narrativa cervantista en la cual el mismo Miguel de Cervantes en numerosas obras se hace personaje de su propia novela. A esta idea se debe añadir el juicio de numerosos críticos para quienes el verdadero propósito de la autobiografía sencillamente es hacer una presentación de la vida real de un individuo escrita por el autor mismo para dar cuenta de una situación específica, es decir, un trabajo de síntesis y la recapitulación de una vida. Si se tienen en cuenta las declaraciones anteriores y los estudios de Luis López Molina se puede decir que la autobiografía:

> tiene su historicidad, la cual va íntimamente ligada, como no podía menos ocurrir, a la historicidad de la concepción del yo y de la manera que el yo tiene de manifestarse y afirmarse en el contexto social. (97)

Después de la publicación de las grandes obras anteriormente mencionadas, en el siglo XVIII aparece un libro que sigue las pautas de la picaresca llamado *Vida, ascendencia, nacimiento, crianza y aventuras*, de Diego Torres Villarroel. En dicha obra, de nuevo encontramos un amalgamiento de realidad y ficción a la vez que una representación de una clase social en un momento histórico determinado. Los provechos, los daños y las fortunas del escritor ocupan muchas páginas del libro el cual puede ser visto como un espejo de la realidad en que vive el autor y es como tal un reflejo de su vida misma. Mediante referencias históricas documentadas, como son, por ejemplo, su lugar de nacimiento o retazos de su existencia, el novelista nos presenta la nobleza, la jerarquía eclesiástica y la gente del vulgo. Pero lo más chocante es que Torres Villarroel nos muestra mediante dichas alusiones verídicas el 'yo' verdadero del autor y asímismo su autobiografía.

En el siglo XX la novela autobiográfica llega a su esplendor por medio de numerosos escritores que con su literatura dejan una huella de su existencia y de la vida sociopolítica de España. En este contexto también se debe llamar la atención a algunas de las obras autobiográficas ficticias escritas después de la guerra civil española y durante el periodo franquista porque representan ciertas formas peculiares relacionadas con los momentos históricos en que viven sus autores. Existe en el siglo XX una gran serie de escritores que con sus obras nos muestran un ejemplo de autobiografías ficticias importantes y que son dignos de mencionar como Juan Benet con su novela, *Volverás a Región*, Gonzalo Torrente Ballester con *Dafne y ensueños*, Ramón Sender con *Réquiem por un campesino español*, Francisco de Ayala con *Recuerdos y olvidos*, Ramón Gómez de la Serna con su *Automoribundia* y sin olvidar la narrativa de Juan Goytisolo la cual "con su testimonio ambiguo, marca la entrada de España en la autobiografía moderna" (Molino 137). Aunque es evidente que los escritos de dichos autores suscitaron una gran atención por la literatura de testimonios autobiográficos, el presente trabajo simplemente se va a concentrar en las obras de cuatro escritoras, concretamente en Dolores Medio, Carmen Laforet, Ana María Moix y Carmen Martín Gaite, ya que sus novelas son una herramienta muy útil para estudiar la autobiografía ficticia en el contexto histórico de la península y de la sociedad franquista y posfranquista en general. Sus libros son, a la vez que un testimonio personal de las mismas autoras, una gran consideración y aportación de la autobiografía ficticia desde un punto de vista político y sociohistórico.

Las obras que vamos a analizar, *Nosotros los Rivero*, *Nada*, *Julia* y *El cuarto de atrás*, se van a basar en los trabajos autobiográficos ficticios que Liliana Soto-Fernández presenta en su libro *La autobiografía ficticia en Miguel de Unamuno, Carmen Martín Gaite y Jorge Semprún*. La misma autora nos dice a propósito del tema que la autobiografía ficticia

> es, al igual que la autobiografía auténtica, un recuento en prosa con enfoque retrospectivo que un autor hace de su existencia pero en el que se combina libremente realidad y fantasía por medio de la introducción de un ente de ficción que comparte el papel con el personaje principal sirviendo como una especie de 'otro yo' y a través del cual se exploran realidades alternas en el mundo del autor. (14)

Según esta definición se intentará demostrar que las novelas propuestas bien se ajustan a la autobiografía ficticia. En efecto, todas ellas son un recuento en prosa en el que el asunto principal es la vida y experiencias de cada autora. Aunque separados por el tiempo, la clase social y la región en que viven, los textos autobiográficos de nuestras autoras se encuentran cerca los unos de los otros en la medida en que todos son un recuento de la vida de las escritoras durante el período franquista y que todas ellas aproximan su fundamento en una necesidad de resistencia al poder. Dicha oposición se fragua en los pliegues del discurso a modo de autobiografía o de auto-escritura resistente a la dictadura de Franco.

Al estudiar las novelas de Medio, Laforet, Moix y Martín Gaite se hará un recuento de los requisitos básicos de la autobiografía ficticia expuestos por Liliana Soto-Fernández y según sus exposiciones se intentará demostrar que nuestras novelas corresponden al análisis mencionado por la autora respecto a la autobiografía de ficción. La misma escritora nos dice que el género de dicha novela debe tener los siguientes ingredientes:

I. I. Forma de lenguaje
   a. recuento
   b. en prosa
II. Asunto: la vida individual de una persona en la que se enfatizan los elementos formativos de su personalidad.
III. Situación del autor: Coincidencia de autor y narrador pero con posibilidad de escisión de la voz narrativa.
IV. Posición del narrador:
   a. Coincidencia entre autor y narrador en un primer plano.
   b. Bifurcación del personaje principal en segundo plano en la forma de un ente de ficción que funciona como álter ego y que sirve como vehículo para explorar las realidades alternas en el mundo del autor.
   c. Visión retrospectiva del relato. (18)

Los datos sobre los requisitos básicos de la autobiografía ficticia anteriormente expuestos por Soto-Fernández servirán como guía del presente trabajo para analizar la novelística de las escritoras mencionadas con anterioridad. Si tomamos el punto I, a y b, en el cual la autora señala la forma de lenguaje, se puede apreciar que *Nosotros los Rivero, Nada, Julia* y *El cuarto de atrás* son obviamente un recuento en prosa. El punto II de los requisitos expuestos por Soto-Fernández también coincide con las ideas de Medio, Laforet, Moix y Martín Gaite, ya que el asunto de sus obras respectivas poco más o menos trata de la vida de mujeres que ponen en evidencia los elementos de sus personalidades. El punto III, que habla sobre la coincidencia de autor y narrador, bien se puede aplicar a Magdalena, Andrea, Julia o C. y a sus escritoras ya que existen en la obra numerosas semejanzas entre los personajes de ficción y las mismas autoras.

Si tenemos en cuenta los requisitos sobre la autobiografía ficticia expuestos anteriormente, bien se podría decir que la protagonista ficticia de *Nosotros los Rivero* es un reflejo de la vida de Dolores Medio ya que, existen muchas similitudes que se pueden destacar entre escritora y heroína. En dicho libro se nota el punto III y IV ya que en la novela se puede apreciar la coincidencia entre la autora y narradora lo cual sirve para explorar la realidad del mundo en que vive Medio. Lena Rivero fue introducida al lector en 1953, año marcado por un proceso de transformación política y social. En este período el pueblo español luchaba ideológicamente por 'las dos

Españas'—una real y la otra oficial—o entre un régimen pasado de moda que se desintegraba y la vitalidad de una sociedad moderna. Según estas afirmaciones, se puede decir que *Nosotros los Rivero* es una obra conectada a las afirmaciones de Soto-Fernández en cuanto al apartado I, a, pues es un recuento en prosa y también en lo que concierne al apartado II ya que la novela nos narra la vida individual de la autora poniendo énfasis en la personanidad y la existencia de la novelista.

Como la obra de Dolores Medio, los escritos de Carmen Laforet también cumplen con los requisitos para ser considerados como parte de la autobiografía ficticia. Los datos expuestos por Soto-Fernández bien se pueden aplicar a *Nada*, especialmente en cuanto al punto I y al apartado a y b sobre la forma de lenguaje y recuento en prosa. Efectivamente la obra es una narración de la existencia por la que ha de pasar la escritora durante el período de la posguerra. Y si se compara asimismo el mencionado libro con el apartado a y b en el punto IV, donde se pone en evidencia la posición del narrador y las coincidencias entre el escritor y la persona que narra, vemos que hay también varias concordancias. El apartado a, que nos habla de la coincidencia entre el autor y el narrador bien se relaciona con el libro de Laforet pues hay efectivamente en *Nada* numerosas alusiones que afirman que se puede clasificar como una autobiografía ficticia. En la novela podemos apreciar que la posición de la escritora muestra una gran coincidencia entre ella misma y la narradora en primer plano ya que en numerosas instancias de la obra se pueden notar alusiones a la vida de la propia Laforet. En efecto, la protagonista, Andrea, encierra una serie de actitudes y valores vinculados a la autora del libro que se mostrarán posteriormente en otro apartado. Uno de los requisitos referidos por Soto-Fernández en el punto IV, b, es la bifurcación del protagonista en segundo plano y que en la ficción funciona como un 'álter ego' que sirve de vehículo para así explorar el mundo en que vive el escritor. Este fenómeno bien se podría aplicar a la novela de Laforet pues es en efecto un reflejo de la vida española durante el franquismo, de esos difíciles, hambrientos y represivos años vistos desde la pupila de la misma escritora.

El primer libro de Ana María Moix, *Julia*, también puede pertenecer al género de autobiografía ficticia. El punto IV, apartado a y b, expuesto por Soto-Fernández y que estudia la posición del narrador y asimismo la coincidencia entre el escritor y la persona que narra, da fe de la existencia de elementos del género autobiográfico en la novela de Moix. Efectivamente las concordancias entre la narradora y la novelista en un primer plano son obvias ya que ambas se encuentran en medio de un régimen político con el que no comulgan y se sienten incomprendidas por un sistema que no las ayuda en su vida personal y profesional. Como en la obra de Laforet y de Medio, hay asimismo en la novela una bifurcación del personaje principal, Julia, y que funciona para explorar y poner en evidencia la realidad del mundo en que ella misma vive.

Si el libro de Moix pertenece a una colectividad, el de Carmen Martín Gaite es más bien un recuento personal. En su narrativa, la autora cultivó algo que podría calificarse de insólito en la literatura española, la abierta, franca y descarada indagación del 'yo' que escribe, ya que gran parte de sus personajes reproducen hechos de su propia vida. En las páginas siguientes de este trabajo se intentará proponer que *El cuarto de atrás* cumple con los requisitos de la autobiografía ficticia ya que, no solamente es un recuento en prosa de la vida individual de la escritora y una narración de los elementos formativos de su personalidad, sino que también hay una enorme coincidencia entre la protagonista y la narradora así como una visión retrospectiva del relato. En esta novela, lo mismo que en las otras anteriormente mencionadas, nos encontramos pues ante unas novelistas para quienes los personajes son 'personae', máscaras que asumen un papel para la indagación del 'yo' que narra. Martín Gaite, así como Moix, Laforet y Medio, tratan de poner al descubierto los problemas de la España posfranquista a través de la exploración de las existencias personales de sus protagonistas. Por eso se puede declarar que las obras se podrían considerar como autobiografías ya que cada escritora, por medio de un personaje principal, hace un recuento de su vida siendo su narrativa asimismo una confesión de la propia existencia de la autora.

CAPITULO 4

(NOVELAS DE) AUTOBIOGRAFIAS FICTICIAS

Si se analiza la novela española femenina durante la época franquista según los parámetros de la autobiografía de ficción, podemos notar que, durante este período, existe una gran inclinación hacia la narrativa en primera persona. Efectivamente, hay en la literatura peninsular de esta época un alto porcentaje de autoras que se destacan por sus obras autobiográficas ficticias. En numerosos libros escritos en este tiempo histórico del siglo XX, la escritora no solamente es mujer, sino que también lo es la protagonista, o sea, que hasta cierto punto se podría decir que el período constituye la emancipación de la literatura escrita por, para y sobre mujeres. Asimismo se destaca la novela cuyo tema y mensaje implícito es de la propia identidad y vida de la escritora, representada ésta por la protagonista principal. Así nos encontramos con unos escritos en los que la novelista, la narradora y la persona, o voz que cuenta la historia es la misma y es por este motivo que dicha obra es apta para ser considerada parte del género autobiográfico. Louis Rubin nos dice al respecto que el término de autobiografía se puede aplicar al de ficción cuando

> the authorial personality becomes the point of temporal focus upon which the meaning of the fiction centers, and the meaning lies in his memories. (120)

En el presente estudio se intentará demostrar que Medio, Laforet, Moix y Martín Gaite, movidas por experiencias muy similares—de aislamiento, incomprensión y represión—forjan una especie de autobiografía de ficción en la que combinan su vida real con la fantasía, poniendo al descubierto su existencia personal. Las cuatro novelistas nos muestran ese 'yo' desdoblado delegando así la autora la función autobiográfica a su protagonista principal.

Según este fenómeno nos encontramos con el problema de cómo clasificar este tipo de narrativa: ¿novela o autobiografía? Los libros *Nosotros los Rivero, Nada, Julia* y *El cuarto de atrás* pueden ser encasillados dentro de los dos géneros ya que contienen elementos de novelas y de autobiografías pues las autoras mezclan lo ficticio, unos personajes y situaciones que son un ente de ficción, con lo real, como son la vida, aventuras y desventuras de las mismas novelistas. Esta forma de escritura personal, tan característica de la narrativa femenina durante el franquismo, crea una especie de autobiografía de ficción ya que la autora se puede identificar, no solamente con el personaje principal o la narradora, sino también con la vida en que se desarrolla la trama de la novela descrita creando así un estilo original y único. Según Ciplijauskaité la novela autobiográfica ficticia femenina

> trata de descubrir o crear un nuevo modo de expresión que revela lo más hondo del 'yo' individual y a la vez representativo de la mujer en general. El dilema de si debe ser juzgada con enfoque autobiográfico o ficcional se intensifica como consecuencia del hecho de que muchas de estas novelas femeninas contienen elementos claramente autobiográficos. (18)

Así se puede deducir que nuestras cuatro novelas se ajustan a los parámetros expresados con anterioridad. Según Ruíz Arias, en *Nosotros los Rivero*, "autora y novela entran de la mano, inseparables ya para siempre en el mundo de la literatura" (12). Asimismo, si tenemos en cuenta las declaraciones de Jones, vemos que la obra es "Medio's most clearly autobiographical work" (*Dolores* 24). El libro obviamente muestra elementos de autobiografía, pues la novelista hace una mezcla de lo verídico y la ficción cuando nos presenta a Magdalena, una heroína que es totalmente ficticia pero que sin embargo tiene muchos matices que concuerdan con la misma escritora y su vida. En *Nada*, la segunda de las obras que vamos a estudiar, vemos asimismo la identificación de la autora con su protagonista y narradora Andrea, la cual tiene numerosas semejanzas con la escritora de la novela. Johnson nos dice al respecto que "the principal source of Laforet's literary raw material is her lived experience" (34). Más adelante, la misma autora añade que al examinar los libros de Laforet there will be a great temptation to see Carmen Laforet's life in them, particularly in her heroines, who are women in search of themselves. (41)

Aunque esté escrita en tercera persona, no impide que en *Julia* se pueda apreciar que la novelista se identifica con la misma protagonista, Julita. Efectivamente, en la novela bien se notan los puntos comunes entre ambas mediante una mezcla de realidad y sueño. En efecto, la autora nos presenta la dualidad de los dos ámbitos, lo real y lo ficticio, por mediación de Julia quién según las declaraciones de Levine "bears some autobiographical resemblance to her creator" ("The Censored" 294). Para más información sobre este tema, ver la entrevista con Ana María Moix, adjunta en la parte final del presente libro. En nuestras conversaciones, la autora no niega la posibilidad de que su protagonista, Julia, sea ella misma. La última de nuestras obras, *El cuarto de atrás*, es el que posee más elementos de ficción debido al contenido de fantasía de que la novela goza. A pesar de esta mezcla de vida real y componentes fantásticos, no se pueden ignorar las varias coincidencias que implican el uso autobiográfico que domina la narrativa, la cual lleva a la autora a explorar numerosas partes de su vida presente y pasada mediante el aleamiento de lo fantástico y lo real a través de C., la protagonista principal. Janet Pérez nos muestra dicho aspecto al calificar la obra como una

> autobiographical novel or memoir that it is arranged not in traditional chronological fashion but as a narration of past events viewed from a mature perspective. (142)

Los fenómenos expuestos con anterioridad respecto a nuestras autoras y sus libros crean un género de novela y autobiografía o, novela autobiográfica ficticia, término también denominado

> faction (fact + fiction) tan sabiamente usado por los norteamericanos cuando se refieren a una mezcla de hechos y ficciones. (Alegría 12)

Dicho fenómeno también se puede definir como una especie de autobiografía o según las conclusiones de Soto-Fernández como:

> un recuento en prosa con enfoque retrospectivo que un autor hace de su existencia pero en el que se combinan libremente realidad y fantasía por medio de la introducción de un ente de ficción que comparte el papel con el personaje principal sirviendo como una especie de "otro yo" y a través del cual se exploran realidades alternas en el mundo del autor. (14)

Mediante dichas definiciones, se puede observar que nuestras novelas siguen bastante de cerca el esquema de autobiografía ficticia expuesto ya que todas ellas se consideran como un recuento de las vidas de las escritoras y una narrativa en la que se intercalan elementos verídicos y de ficción mediante la bifurcación de las heroínas. Por una parte están las autoras, personajes que pertenecen a un plano real con referencias históricas documentadas, y por el otro lado se nos muestra un ente ficticio que nace a través de las páginas de una novela y, que, como tal, es solamente un producto de la imaginación de cada escritora. Este fenómeno de autobiografía ficticia nace de las circunstancias de soledad, incomprensión y aislamiento y de la combinación de una dura censura militar en que viven todas nuestras autoras y es el eje que las lleva a romper con tales imposiciones y a buscar una salida a su situación represiva por medio de sus creaciones literarias.

Cada una de las cuatro novelas que hemos elegido, podrían considerarse como un buen ejemplo de autobiografía según los paradigmas expuestos por Lejeune y como una muestra autobiográfica de ficción que concuerda con los trabajos de Soto-Fernández. Si consideramos la escritura como "una meditación sobre la propia identidad" (Ciplijauskaité 13) y la forma autobiográfica como la expresión de una heroína de ficción o como una narradora con vida propia, no se pueden ignorar las declaraciones de la misma Ciplijauskaité al decirnos que la escritura significa "una liberación que compensa el encarcelamiento del cuerpo" (14). Si se tienen en cuenta la vida y el momento sociohistórico por los que pasaron Medio, Laforet, Moix y Martín Gaite, así como los temas que cada una de ellas nos presenta en sus libros, se puede afirmar que cada obra es, entre otras cosas, un intento de reconstruir y rememorar la existencia misma de las escritoras durante el régimen de Franco. No se deben ignorar las declaraciones de Rolf Eberenz respecto a la época en que nuestras autoras escriben. El autor nos dice que:

> las autobiografías de la posguerra española desempeñan en buena parte un doble papel: por un lado responden a ese elemental deseo de contar su vida que experimenta todo individuo, y muy particularmente el que ha atravesado momentos difíciles, y por otro vienen a colmar el vacío (o a rectificar las distorsiones) que acerca de aquel período dejó la historiografía franquista. (45)

Según estas exposiciones se puede decir que *Nosotros los Rivero*, *Nada*, *Julia* y *El cuarto de atrás* se llegan a considerar como obras autobiográficas ficticias y son a la vez un punto de partida para conocer una época histórica y social, el tiempo en que cada autora vive. Como bien vemos en las cuatro novelas, este tipo de narrativa pertenece al plano del relato cuyo contenido referencial aparece nítidamente encuadrado en un momento cronológico. Efectivamente, los libros nos muestran una sucesión de incidentes, enumeran sucesos y hacen la recapitulación de una existencia, siendo cada obra un apoyo documental que proporciona doble información: la vida del autor y la situación sociohistórica de un país.

NOSOTROS LOS RIVERO

LENA Y DOLORES MEDIO

Teniendo en cuenta los parámetros sobre la autobiografía ficticia expuestos con anterioridad, se puede tomar como ejemplo de dicho género la obra de Dolores Medio, ya que, según Margaret Jones "most of her literature incorporates her personal experience, thinly disguised by fiction" ("Dolores" 61). La misma autora añade al respecto que:

> The intermediary between objective reality and the written page is the filter of personal and artistic elaboration that converts the raw novelistic material into a 'human' text. ("Dolores" 61)

En efecto, en *Nosotros los Rivero* bien se notan aspectos similares entre la escritora y la protagonista así como eventos que describen hechos reales en la vida de la novelista y su familia. El libro de Dolores Medio, según Ruíz Arias, se puede considerar:

> Una novela de gran carga autobiográfica, que se escribe sobre el material real que le proporcionan sus propias vivencias situadas sobre el escenario de su propia ciudad, que llega a cobrar un papel coprotagonista. (140)

Margaret Jones añade respecto a dicho tema autobiográfico que *Nosotros los Rivero*,

> Although written in the third person, it is an autobiographical work in a double sense, since the heroine remembering her past is actually the alter ego of the novelist who is recreating her life, and many of the characters are modeled after people in her life. (*Dolores* 43)

En efecto, el elemento autobiográfico ficticio expuesto en la novela de Medio es evidente. Si se tienen en cuenta las declaraciones de Margaret Jones podremos ver que:

> much of this novel is based on her personal experience; people she has known also formed the basis for many characters. (*Dolores* 153)

En *Nosotros los Rivero* existe el recurso de una muchacha protagonista y narradora que, aunque no lleve el mismo nombre, posee caracteres muy similares a la misma autora de la novela. No es coincidencia que Medio además use el segundo apellido de su padre—Ramón Medio-Tuya y Rivero—como el apellido de la familia de su novela. Tampoco se debe ignorar el hecho de que el padre de la escritora, como el de Lena,

> died when she was quite young, leaving an economic as well as an emotional vacuum in the Medio family. (Jones, *Dolores* 23)

Entre otras referencias que se podrían considerar como elementos autobiográficos, se debe mencionar el hecho de que Dolores Medio no solamente nació y vivió en Oviedo, la misma ciudad que la protagonista del libro, sino que asimismo su familia tenía residencia en las calles mencionadas en la novela. Carmen Ruíz Arias así nos lo confirma al decirnos que:

> en la vida real, Dolores Medio vivió efectivamente en la calle de la Universidad, donde nació, y más tarde en la calle de San José. (195)

Asimismo, en la novela se muestra a la protagonista, una escritora un tanto conocida, viviendo en Madrid, concretamente en la calle Bretón de los Herreros, precisamente el mismo domicilio en que vivía Dolores Medio cuando le fue concedido el Premio Nadal.

    Las alusiones autobiográficas y otras muchas referencias con cambios de nombres, momentos o circunstancias ficticias, no desvirtúan el fiel retrato de la vida de Dolores Medio que la escritora nos muestra mediante su protagonista. Esos nombres, momentos y circunstancias que la novelista recrea mediante una crónica familiar, no es solamente una narración autobiográfica, sino también un documento histórico, un valioso testimonio de la vida político-social de una familia que vivió durante el régimen franquista. En efecto, Medio documenta, mediante Lena, su protagonista, la vida cotidiana de la clase media baja, para ella un micromundo de la sociedad española. (Smoot 95)

La misma Jean Smoot señala respecto a la existencia de la escritora ovetense, que la novela de Medio

> explora la influencia de la guerra civil en la familia Rivero, símbolo de todas las familias de España. (101)

Si tomamos como muestra la escena que nos presenta la ruina de los Rivero, narrada en un capítulo de la obra mediante el cierre del banco donde trabaja el padre, podremos ver que este hecho coincide asimismo con un episodio de la vida del hogar de la familia de los Medio cuando

> her father dies and the family loses the family business and lives in very reduced circumstances. (Jones, *Dolores* 11)

Asimismo, Carmen Ruíz Arias nos dice respecto a dicho tema que:

> Tras la ruina familiar de los Rivero, como consecuencia de la quiebra de la Banca Bonet, en un episodio de la novela que es paralelo en la vida real de la autora y que se corresponde con la quiebra de la Banca Alvaré, en la que su padre, había depositado su capital americano—cuarenta mil pesetas de entonces—el nuevo matrimonio se traslada a la calle de la Universidad, primero a la casa de soltera de la esposa y luego a la casa, en la misma calle en la que va a transcurrir gran parte de la novela. (170)

Para bien entender el halo autobiográfico de *Nosotros los Rivero* sería también necesario estudiar algunos aspectos de la obra posterior de la escritora asturiana por ser continuadora de su primera novela, no solamente en lo cronológico, sino también en lo estilístico y temático. Ruíz Arias nos dice referente al tema que el primer libro de Medio

> es elemento esencial, por lo característico de su estilo, embrión de todo lo posterior, y por ser responsable de la prolongación de la vida de su autora. (13)

Mediante el análisis de la siguiente novela de Dolores Medio, *El pez sigue flotando*, (1959), nos damos cuenta de que obviamente existe una relación entre las dos obras y de la continuidad de su trabajo primerizo. Aunque en estos dos libros exista una gran diferencia en el escenario y en el tipo de personajes, se pueden encontrar los puntos de contacto evidentes entre ambos y notar el mundo literario autobiográfico de que los dos forman parte y así hacer una conexión entre ellos. La relación entre *Nosotros los Rivero* y *El pez sigue flotando* tiene un interés especial porque en las dos novelas se manifiesta, no solamente la biografía de Dolores Medio, sino también la continuidad del asunto franquista. Muchos críticos han expresado su acuerdo en cuanto al tema de la continuación de ambas obras que evidentemente la Lena Rivero de *El pez sigue flotando* es el mismo personaje de *Nosotros los Rivero*. Es la misma persona que se despidió en la estación de trenes de Oviedo de la tía Mag en el último capítulo de la primera novela, cuando la joven se va a Madrid para buscar fortuna en el mundo novelístico. En los primeros capítulos de *El pez sigue flotando* la protagonista vuelve a la misma estación del primer libro recordando su niñez, aunque ya aparece instalada en Madrid como escritora. Esta prolongación nos lleva a considerar en cierta manera que la obra posterior de Medio es una continuación así como un reflejo autobiográfico de la escritora asturiana. Con estas coincidencias entre los dos libros y la misma vida de la escritora y de la protagonista, se puede afirmar que ambas novelas se podrían considerar como un ente autobiográfico ficticio que Dolores Medio usa, no solamente para mostrarnos su biografía, sino también para poner en evidencia la vida sociopolítica de un período histórico en que la autora vive.

NADA

ANDREA Y CARMEN LAFORET

Como la obra autobiográfica de Dolores Medio, el libro de Carmen Laforet también se basa en los recuerdos de una protagonista, que es al mismo tiempo narradora y que intenta reconstruir su existencia mediante la exposición de sus años juveniles. *Nada* juzga la vida pretérita de la escritora con criterios del vivir de su heroína y es por este motivo que frecuentemente se ve que la "protagonista reúne rasgos que le acercan a la autora" (Ciplijauskaité 35). Aunque la novelista dé un nombre distinto a su personaje principal, en el libro se percibe un reflejo de la misma existencia de Laforet. Ella misma, en una entrevista con Marie-Lise Gazarian Gautier nos dice a propósito de *Nada*: "I just wanted to show what Barcelona was like soon after the end of the war" (153). Con este propósito, la escritora trata de mostrarnos su joven existencia. Según Fox-Lockert cuando Laforet escribió el libro, a los veintitrés años

> she can easily be identified with Andrea, a girl who at the end of the Spanish Civil War finds herself in a world of contradictions and chaos. (6)

Roberta Johnson añade respecto a la vida de Carmen Laforet y su novela que "the details of her life are fused with those of her characters" (14). Más tarde, la misma autora nos dice que,

> Carmen Laforet, like Proust or Hemingway, whose lives are similarly related to their literary world, knows how to use autobiographical material to create a work of universal interest and significance. (14)

En efecto, mediante su heroína, Laforet recrea su existencia y, como en muchas autobiografías, nos presenta una narración en primera persona gramatical como una alternativa para comprender la experiencia femenina, lo cual confiere mayor verosimilitud al discurso literario. Con este fenómeno el lector tiene en mente que quién está contando su vida es una persona real y no una protagonista ficticia. Asimismo, Carmen Laforet nos muestra a través de su novela detalles concretos de su vida y de su familia que bien coinciden con los de Andrea.

No es casualidad que la autora tome la Ciudad Condal como telón de fondo de *Nada* ya que la misma Laforet nació, vivió y pasó gran parte de su adolescencia en la capital donde Andrea también vivió y en la que la novelista describe pasando por sus barrios, sus Ramblas y sus muchos monumentos barceloneses. Como su propia protagonista, la familia de la escritora también dejó la Ciudad Condal cuando era muy pequeña. Unos años más tarde, ya una adolescente de trece años, vuelve a la capital "para ir a estudiar Filosofía y Letras a Barcelona" (Cerezales 14). Esta es la misma Facultad donde Andrea asimismo estudiaba. Después, Carmen Laforet, como su heroína, también se instala definitivamente en Madrid para así empezar su carrera literaria.

Uno de los rasgos que caracteriza a *Nada* es que la escritora inicia el libro con la descripción de una joven huérfana que llega a Barcelona a medianoche, sola y cansada para empezar una nueva vida. Laforet, también llegó a la Ciudad Condal, para vivir en la misma calle de Aribau cuando era una adolescente huérfana de trece años, pues su madre había muerto a causa de una operación. Esta obvia relación entre autora y protagonista bien se puede notar al revisar la primera página del libro que comienza diciendo que

> Por dificultades en el último momento para adquirir billetes, llegué a Barcelona a medianoche, en un tren distinto del que había anunciado y no me esperaba nadie. Era la primera vez que viajaba sola, pero no estaba asustada: por el contrario, me parecía una aventura agradable y excitante aquella profunda libertad en la noche. (13)

El hijo de la escritora, Agustín Cerezales, nos dice al respecto a estos primeros párrafos que es inevitable hacer una relación entre el comienzo del libro y la

> llegada de Carmen Laforet a Barcelona. Como en Andrea, no hay duda de que en mi madre tuvo que darse también el choque entre una persona sin guerra y una ciudad devastada por ella. (16)

Asimismo Roberta Johnson declara al respecto que al terminar la guerra civil española,

> when Carmen Laforet arrived in Barcelona in 1939, she found a hungry, devastated city, the ambience described in *Nothing*. (21)

En cuanto a la estancia de la escritora en la Ciudad Condal, Agustín Cerezales nos dice que los años que Carmen Laforet:

> Pasó alojada en la casa de sus abuelos (muerto él y muy anciana ella), se caracterizan por un afianzamiento progresivo de su personalidad en un medio hostil. (16)

Esta atmósfera totalmente adversa también se puede apreciar en numerosas de las páginas de la novela de Laforet cuando la misma autora describe una casa desfavorable y un "ambiente de gente y de muebles endiablados" (20).

Echando una ojeada a la biografía de la creadora de *Nada*, asimismo nos damos cuenta de que sus compañeros en la universidad coinciden también con las amistades de Andrea. Una de las mejores amigas de la escritora era Linka Babecka, hija de una familia polaca afincada en Barcelona y a quien la misma Laforet regala la dedicatoria de su primera novela. Agustín Cerezales nos dice respecto a las amistades de su madre que:

> En la casa de Linka encontró Carmen el clima familiar, alegre y distendido, que sin duda escaseaba tanto en las familias españolas. (17)

Asimismo, Roberta Johnson nos dice respecto a dicha amistad que la familia de la amiga de Laforet

> immediately became Laforet's second family. Carmen was virtually a prisoner in her home, so that going to Linka's house was an escape. (22)

La misma Carmen Laforet, en una entrevista con Marie-Lise Gazarian Gautier comenta acerca de Linka: "I was very fond of them and they became like a family for me" (155). En la ficción, Linka bien podría ser Ena, la mejor amiga de Andrea, pues en efecto, la casa de su comapñera, en la novela, es un segundo hogar para la protagonista, un escape del ambiente de locura de su residencia de la calle de Aribau. La misma Andrea al hablar de la madre de su amiga nos dice que:

> Parecía que me conocía de toda la vida, que sólo por el hecho de tenerme en su mesa me agregaba a la patriarcal familia. (Laforet 114)

Más tarde, Linka, como Ena, la amiga de la protagonista de la novela, "también se traslada a Madrid" (Cerezales 20) para hacer de la capital su residencia permanente.

Aparte de la familia y amistades, otro de los aspectos que hacen que la obra sea considerada como una autobiografía de ficción son las actividades personales de Andrea descritas en la novela y las coincidencias entre las referencias biográficas de la misma Laforet. Johnson señala al respecto que la escritora de *Nada*:

> became involved with a group of artists that met every afternoon. Laforet was the only girl to frequent the gathering regularly, although Linka sometimes accompanied her. (23)

Este fenómeno asimismo se presenta en la novela, en las viñetas que muestran las escapadas de Andrea al estudio de Guíxols, un amigo que vivía en un viejo palacio, donde se reunían sus compañeros Iturdiaga, Pons y Martorell y demás "artistas, escritores, pintores..., un mundo completamente bohemio" y que según la misma Carmen Laforet donde "hasta ahora no ha ido ninguna muchacha allí" (143).

Si la autobiografía presenta un calidoscopio de sueños, palabras, imágenes y fantasmas que se asocian a la experiencia del yo, entonces *Nada* se debería considerar como un documento que pertenece a dicho género ya que la novela es, entre otras cosas, una recopilación de eventos que tiene como protagonista a una tal Andrea y que funciona como un 'álter ego' de su creadora, Carmen Laforet. La heroína no sólo habla de sí misma en la novela, sino que también da testimonio de lo que le circunda, dando así un contexto social y un gran interés testimonial a su relato. Hay en efecto un ir y venir entre la vida personal de Andrea y la historia colectiva de todo el pueblo español representado por el microcosmos familiar de la casa donde vive el personaje de la novela. Con este fenómeno, Laforet nos muestra un crítico ejemplo del género de la autobiografía ficticia en un momento histórico muy determinado como bien lo es el tiempo después de la guerra civil española, la España de la posguerra.

JULIA

JULITA Y ANA MARIA MOIX

Ana María Moix nos muestra con su novela, y mediante su 'álter ego', Julita, un latente ejemplo de la autobiografía ficticia. Según las declaraciones que hace Geraldine Nichols al respecto, *Julia* es

> un relato seudoautobiográfico cuyas coordenadas espacio-temporales repiten sugestivamente las de su autora. (*Des/cifrar* 36)

En numerosas instancias de su obra literaria, Moix presenta su familia al lector. En "Poética", describe su hogar, de la misma manera que lo hace en *Julia*, mostrando a sus dos hermanos—Rafael y Ernesto—y a su padre, un hombre monárquico y tradicional. Las ideas chocantes y conservadoras de la familia de Ana María Moix se exponen en *Julia* y aunque la trama de la novela se presente mediante una narración en tercera persona vista a través de los ojos de la protagonista, el libro se puede considerar como un compendio de la niñez y adolescencia de la misma Moix ya que, según Levine, la autora

> has transferred to *Julia* many of the external details of her own life but with a vengefulness and desire for destruction. ("The Censored" 307)

Levine añade al respecto que la novela de la escritora catalana "encompasses the influence of Moix's own unhappy childhood" ("Behind" 102). Esta aserción penetra la obra entera y como resultado la novelista nos muestra un hogar frío y desapacible, con una protagonista de una personalidad dudosa y que tiene un

> desire to escape, whether through metamorphosis, actual flight, attempted suicide, or alienation in varying degrees. (Jones, "Ana María Moix" 13)

Ya desde el comienzo del libro se nos presenta a Julita como una joven incomprendida, triste y solitaria que ha sido víctima de la tiranía de otras personas. Tomemos por ejemplo el caso de la violación de la niña en unas vacaciones veraniegas en Sitges por Víctor, un amigo de su hermano Ernesto, cuando ella sólo tenía seis años. Esta sórdida escena explica la situación de angustia y pavor en que se encuentra sumida la protagonista y que culminará con el intento de su fracasado suicidio. La ficticia violación de Julita se puede considerar como una alusión a un hecho real que corresponde a una experiencia similar que la misma escritora de la novela tuvo cuando era pequeña. Según Brooksbank Jones:

> the fact that Moix was herself raped as a child by a family friend arguably intensifies the phantasmic component and function of the scene. (33)

Efectivamente, la escena de la violación de la protagonista del libro atañe a un evento ocurrido en la vida real de la autora. Mediante las declaraciones anteriores se puede notar que la heroína, Julita, es un espejo de la propia existencia de Ana María Moix. Este fenómeno se muestra, no solamente en la relación y coincidencias entre novelista y protagonista expuestas con anterioridad, sino también por las alusiones a sucesos históricos que se presentan en la novela y por los que la misma Moix vivió y presenció en su vida real. En efecto, el libro es un compendio de las experiencias de la novelista durante el período de Franco. Nichols nos dice al respecto que:

> La novela es, sin duda autobiográfica en parte, lo cual no disminuye su valor literario, sino todo lo contrario: primero porque si fuese pura ficción, *Julia* parecería falta de verosimilitud, no debido a incidentes fantásticos (no pasa casi nada), sino a causa de la misma protagonista. ("*Julia*" 113)

El trasfondo de autobiografía ficticia aumenta el valor de la obra de Moix quien nos muestra a una joven de la burguesía catalana, mezclada en un ambiente pesado y agotador, una adolescente enajenada en una atmósfera en la que se ahoga continuamente. Abdeslam Azougarh nos dice al respecto que:

en una autobiografía el protagonista suele ser un 'yo' individual que habla de sí mismo y de los 'otros', y lo hace en su propio nombre. (34)

Si se toman en cuenta estas consideraciones vemos que el texto de Moix bien habla de ese 'yo' señalado por Azougarh pues al narrarnos la vida de una familia afectada por la condición política e histórica del momento nos presenta su propia historia familiar. Por ese motivo, se puede afirmar que el

uso del 'yo' permite gran variedad de enfoques: concentrarse en transmitir una visión inmediata de lo que está ocurriendo o crear una relación retrospectiva. (Ciplijauskaité 18)

La novela de Moix crea una visión de lo que le ocurre a la protagonista y a la vez nos da un recuento de la vida de la escritora durante una época de crisis nacional.

Margaret Jones nos dice a propósito de este tema que en *Julia* "the transfer of autobiographical elements to fictional guise is responsible for several major themes" ("Ana María Moix" 108). Por eso la novela se puede valorar desde diferentes puntos de vista autobiográficos: la autovaloración de la escritora y la justificación de sus acciones como prueba de haber sido protagonista y testigo de hechos históricos que ella misma ha vivido. Así se podría decir que la novelística de Moix no sólo posee las características de autobiografía ficticia con un valor documental sino que también expresa el modo histórico en que la obra se produce. Desde su óptica documental, *Julia* hace resaltar de una manera muy específica la constitución de la identidad de la mujer durante el período franquista y la transgresión de los escritos de Moix con los cuales, la autora usurpa un territorio dominado por el hombre y hasta cierto punto vedado a la mujer.

La característica primordial que marca el texto de Ana María Moix es el intento de criticar el presente y reconstruir el pasado objetivamente mediante la ficción literaria y por medio de la historia de su país. Es por este motivo que en su novela se pueden encontrar alusiones históricas que pertenecen a una realidad de la España de su tiempo y la escritora nos narra muchos eventos que realmente sucedieron en la España de los años cuarenta y cincuenta. La misma Moix nos habla de sucesos reales, concretamente sobre las huelgas universitarias, diciéndonos que en la universidad donde asistía Julia un día

> las paredes aparecieron más pintarrajeadas que de costumbre. De las barandillas del primer piso colgaban enormes cartelones que podían leerse desde cualquier ángulo del patio. Después de la primera clase, un chico subió al estadio y anunció la huelga. (168)

Las huelgas universitarias en la Barcelona de los sesenta son realmente sucesos que han ocurrido en un tiempo y un lugar específico. En este género histórico-autobiográfico la novelista narra y describe eventos y hechos pasados referentes a la vida pública del país natal de la escritora, con el objetivo inicial de poner en evidencia su propia existencia y mostrarnos la situación política y social por la que ella misma pasa.

La literatura de la España moderna, especialmente la autobiografía ficticia, está relacionada con la novela de referencias históricas debido al resultado de la guerra civil del 36 y al consecuente período franquista. Es por esta razón que la memoria de aquella época de violencia domina la atmósfera intelectual de los escritores de la posguerra, como bien lo vemos en la novela de Moix y asimismo en las otras autoras anteriormente mencionadas. Como resultado de esta experiencia colectiva, la cuestión sobre la justicia social, las libertades negadas y la represión del individuo, especialmente de la mujer, han invadido la mente de Ana María Moix y ella misma ha hecho que su obra haya sido una constante alusión al gobierno de Franco. Por esta razón se puede decir que las escenas de agobio y asfixia que se repiten a través de la novela no son sino alusiones al régimen militar, una censura que, según Anny Brooksbank "is at once reflected and magnified in the text's own gaps and silences" (35) y asimismo "the externally imposed censorship that remained in place until a decade after the book was written" (32). En efecto el lector puede presenciar un mundo represivo y ahogante, un ambiente en el que a la protagonista continuamente "le faltaba el aire" y que algunas veces parecía que "iba a asfixiarse" (Moix 9). La sensación de presidio y monotonía de la protagonista es un eco de la vida de Moix quien nos muestra la genuina importancia del período franquista y sus consecuencias. Este fenómeno, ha influido en las preocupaciones intelectuales de la novelista y asimismo ha promovido el florecimiento de la narrativa histórico-autobiográfica como bien se puede apreciar en *Julia*. Como exponente de dicha tendencia histórica se puede declarar que Ana María Moix, como escritora, posee una gran capacidad de aplicar a su novela los conceptos que han formado el pensamiento crítico en una época de represión: el reconocimiento de los derechos del ser humano, el principio de la autodeterminación de las féminas y el rompimiento de las normas franquistas establecidas durante el régimen.

El enfoque histórico y biográfico del presente análisis lo constituye la vehiculización de una novela que surge al azar de la experiencia cotidiana de la autora y que se refleja en el proyecto autobiográfico ficticio. Así, viajes, recuerdos de la infancia, afinidades y pensamientos de la escritora elaboran un pensamiento social coherente que se basa en una crítica implícita a la sociedad en que ella misma vive. Dentro de esta indagadora visión, su trabajo se basa en un aspecto social y está relacionado a la historia, en parte debido a las alusiones históricas expuestas en el libro. El surgimiento de *Julia* cuyo contenido refleja el género de alusiones históricas, reafirma la idea de Bajtín sobre la función de la literatura como una crítica y comentario de la sociedad en que vive el autor, en nuestro caso, la misma Moix. Es por este motivo que el examen de su obra nos ayuda a perfilar la forma de que la novela de autobiografía ficticia es una herramienta característicamente instrumental ya que la autora trata de estimular y formar una conciencia política y social mediante un ente de ficción que es a la vez y hasta cierto punto verídico.

La niñez de Ana María Moix se vio señalada bajo el sello franquista y su adolescencia y juventud marcadas por la esperanza de unas condiciones mejores. Este fenómeno bien lo expresa su narrativa pues vemos que la protagonista de *Julia* nos muestra la vida durante la dictadura franquista y la obsesión que tiene la heroína de descifrar el origen de su degradada existencia. Tiempo y espacio son las coordenadas de la narración autobiográfica de Ana María Moix; un corte en el transcurso de la historia de la península ya que las descripciones históricas son a menudo bien representativas del ambiente social y político en que se halla inmerso su personaje, Julita. La importancia de esas escenas de carácter sociohistórico radica en el hecho de que dichas alusiones forman parte de la inmensa red de metaforizaciones que se extienden por la novela de Moix. En *Julia* tenemos una alusión histórica concreta a la Barcelona de la preguerra cuando la misma Julita hablando de los recuerdos de su abuelo, Don Julio, hace mención a la Semana Trágica. La autora nos dice que "Barcelona era un río de sangre" (74). Las terribles jornadas de este evento se hacen visibles en la obra de Moix para representar la mezcla entre un ente de ficción y la historia de la España y darnos así un ejemplo de la teoría expuesta por Mijail Bajtín de que el autor no expresa en sus escritos sino su propia vida y su misma existencia.

EL CUARTO DE ATRAS

C. Y CARMEN MARTIN GAITE

Como las novelas de Moix, Laforet y Medio, el libro de Martín Gaite también se puede considerar como una novela autobiográfica de ficción. *El cuarto de atrás*, obra tan polifacética que bien se puede describir como una enciclopedia de la literatura durante el período franquista en varios discursos, es sin duda un cuadro de la misma vida de la novelista. Esto se puede notar mediante afinidades entre escritora y protagonista respecto a elementos biográficos similares y a través del esclarecimiento de sucesos narrados en la novela y que son comprobables en la vida real de la autora. Aparte de ser una especie de auto escritura biográfica, la obra también se puede considerar como una recuperación o reintegración de la historia del país de la novelista. En efecto, aunque en el libro, "el tiempo se reduce a una sola noche que sirve para recordar o, más bien, evocar toda una vida" (Alemany Bay 58), también nos muestra clichés de la España de Franco, el tema de la liberación del yugo que se le había impuesto a la mujer o el asunto freudiano de los sueños, así como la cuestión psicoanalítica y mitológica. Pero la idea principal de la autora es el mostrarnos la vida y la cultura popular española durante el franquismo mediante una memoria histórica y una autobiografía ficticia. Según Carmen Alemany Bay, en el libro, Martín Gaite:

> recurre a la primera persona narrativa y, por primera vez, la narradora es ella misma, con su carrera literaria y su biografía personal a cuestas. (52)

Numerosos críticos están de acuerdo al considerar la obra de Carmen Martín Gaite como un ejemplo de una novela autobiográfica. La misma escritora confirma dicho fenómeno al mostrarnos afinidades entre la ficción y la vida real y asimismo al decirnos que *El cuarto de atrás* "refers to a real room from my childhood, the game room that was in the back of my Salamanca house" (Gazarian Gautier 178).

Emma Martinell Gifre reafirma el elemento autobiográfico señalado anteriormente al decirnos que:

> muchos de los textos novelescos de Carmen Martín Gaite cuentan con personajes de características similares a las que se suponen propias de la autora. (17)

Efectivamente, a través de sus escritos, se puede encontrar casi siempre la huella personal de la novelista. Esto bien lo expresa Isabel Butler de Foley cuando declara que:

> Tal vez leer las novelas de Martín Gaite sea conocer a la autora, ya que, deliberada o fortuitamente, ésta parece ofrecernos, corporeizados en sus diversos personajes, todos los rasgos que, como fichas de un rompecabezas, van finalmente a encajarse para presentarnos una coherente visión de conjunto de su temática. Temática, por añadidura coloreada por una cierta afectividad, lo que nos hace pensar en una involucración personal. (18)

Esta mezcla de lo personal y de lo ficticio nos lo comenta la misma autora de *El cuarto de atrás* en una de sus obras titulada "Un bosquejo autobiográfico por Carmen Martín Gaite" al hablar de sí misma y cuando nos explica que todo lo referente a su vida está

> descrito con todo detalle en mi última novela *El cuarto de atrás*, durante la conversación con el hombre vestido de negro que me visitó una noche. (Brown 201)

Si seguimos de cerca estas declaraciones vemos que el libro no es una excepción en el género autobiográfico ya que, como se ha mostrado anteriormente, Philippe Lejeune expone que la autobiografía es un relato en el que el autor es el narrador y el protagonista o personaje principal al mismo tiempo. También en nuestra novela se confirma la idea de Lejeune al mostrarnos una narradora, una protagonista y una autora que son sin duda las mismas. Dicha identidad ya se puede confirmar desde el principio del libro si notamos que Carmen Martín Gaite relata en primera persona. Ridell nos dice al respecto que:

> *El cuarto de atrás* está narrada en primera persona. La protagonista nos ofrece el mundo real de una autora española. Todo lo que cuenta de sí misma la narradora de esta novela es

> biográfico de Carmen Martín Gaite. En esta recreación textual de
> la realidad, la narradora se convierte en personaje de su
> imaginación y de su ficción. (154)

En efecto, ya desde las primeras páginas del libro, la autora, con ese "yo juraría que la postura era la misma, creo que siempre he dormido así" (9), nos pinta ese yo individual que habla de sí misma. Pero se puede apreciar que la novela presenta un giro autobiográfico especialmente, en cuanto al nombre de la protagonista se refiere, pues es tiene la misma inicial que el nombre de la autora, Carmen. También coinciden las fechas de nacimiento de ambas. En *El cuarto de atrás*, la protagonista le dice a su interlocutor, el hombre vestido de negro:

> Nací en plena Dictadura de Primo de Rivera, el 8 de diciembre
> de 1925, el mismo día que murieron Pablo Iglesias y Antonio
> Maura. (130)

Esta es la misma fecha de nacimiento de la escritora ya según Falcón y Siurana, "Martín Gaite nació en Salamanca en 1925" (181). Aparte de dichas semejanzas, existen también otras similitudes entre la escritora y la protagonista que dan a la narrativa un aire autobiográfico, ya que el personaje ficticio que Carmen Martín Gaite ha creado en su novela comulga con la misma autora en numerosos aspectos. Esto se puede apreciar por el hecho de que ambas mujeres, autora y personaje principal, son novelistas, tanto en la vida real como en la ficción, presentando coincidencias varias entre escritora y narradora. En la obra, la protagonista le dice a su interlocutor a propósito de su profesión:

> Hace dos años empecé a tomar notas para un libro que pensé que
> podría llevar ese título, un poco el mundo de *Entre visillos*. (73)

Ya se ha expresado con anterioridad que este es, precisamente, el título de la primera novela larga escrita por Carmen Martín Gaite y también ganadora del Premio Nadal.

Asimismo, tanto en el plano privado y familiar, como en el novelesco, la autora y protagonista coinciden en numerosos aspectos. Ambas están solteras. Martín Gaite "se casó con el escritor Rafael Sánchez Ferlosio del que se separó al cabo de unos años" (Falcón y

Siurana 181). Ambas tienen una hija, en la ficción y en la vida real y en la novela, como en la realidad, dicha hija es una parte importante en la vida de Carmen, autora y protagonista. Así se puede declarar que la misma escritora, o el 'álter ego' del personaje principal, funciona de vehículo para explorar no sólo la realidad interior de la heroína sino también del mundo exterior en que vive la novelista. Como afirma Blas Matamoro, en *El cuarto de atrás*,

> la autora se permite señalar fechas históricas que actúan como mojones simbólicos y como hechos catárticos en la vida española y en la circunstancia personal de Carmen Martín Gaite. (581)

Según estas consideraciones, se puede decir que no hay duda de que la novela nos lleva hacia una narrativa que está preocupada por la exploración de los problemas personales, la verificación de la sociedad mediante el conocimiento individual y la búsqueda de la identidad en un período de crisis y de represión. Pero asimismo la autora convierte el espacio discursivo de su autobiografía en un campo de batalla donde dirime no solamente sus conflictos personales con el poder sino que también expresa un proceso de duelo que implica a la sociedad española de la época franquista.

La novela autobiográfica ficticia de Martín Gaite, así como las de Medio, Laforet y Moix, nos muestran la vida de cuatro escritoras que narraron sus obras durante cuatro décadas diferentes. Las autoras tienen una resonancia especial en el contexto de la literatura española durante el régimen de Franco, donde el linde entre la realidad y ficción se oscurecía debido a las reglas de la censura militar y gubernamental impuesta. Sus libros, a la vez que obras autobiográficas de ficción, son una herramienta para criticar un régimen y una pauta para entender un período histórico y social en la vida de la España del siglo XX. En una etapa donde el trabajo de los escritores—y especialmente de las escritoras—estaba estrictamente controlado por la consistencia ideológica fascista y donde los literatos que no se ajustaban al canon eran oficialmente sancionados o exiliados del país, un puñado de autoras reivindicaron sus derechos y rompieron con la tradición impuesta. Esta ruptura marca un impacto, no solamente en la literatura durante el período franquista, sino en los años posteriores al término de la dictadura. La muerte de Franco propicia una dramática mutación en los criterios que fundamentan la cultura y la literatura española así que ya a finales de la década de los setenta la novela escrita por mujeres experimenta un peculiar cambio, como ya podemos ver en la obra de Carmen Martín Gaite. La dialéctica del discurso de nuestras cuatro autoras introduce perspectivas hasta cierto punto renovadoras tanto en la literatura escrita por mujeres como en el rechazo y distanciamiento de las estéticas del canon franquista, rehusando la subyugación femenina impuesta por el régimen de Franco. Por este motivo, bien se podría afirmar que el impacto que estas cuatro mujeres tuvieron en la literatura femenina en España ha sido, y aún hoy es, tan fuerte, que todavía se pueden percibir esos ecos de resistencia y libertad en la ficción contemporánea española de hoy día.

EPILOGO

Las novelas de Dolores Medio, Carmen Laforet, Ana María Moix y de Carmen Martín Gaite que se han estudiado en los capítulos anteriores son un botón de muestra para considerar la imparable ascensión de la mujer española en el mundo de las letras hispanas. Las últimas décadas del siglo XX en España se destacan por la proliferación de novelas escritas por autoras. Mediante los numerosos estudios literarios que nos presentan el tema podemos ver y verificar dicho fenómeno. Desde Rosa Chacel hasta Mercé Rodoreda, escritoras redescubiertas, pasando por Montserrat Roig, Rosa Montero, Esther Tusquets, Lourdes Ortiz, Almudena Grandes o Carme Riera, por sólo citar a algunas, la historia de la literatura española escrita por mujeres hoy día es más que abundante. Al hablar la narrativa de autoras, Ramón Buckley nos dice al respecto que:

> La voz femenina—el discurso narrativo de la mujer—alcanza su madurez en los años sesenta y setenta, aunque en España habría que esperar a la muerte del dictador para alcanzar su plenitud. (xiv)

Estas afirmaciones se pueden confirmar si se echa una ojeada a los escritos sobre la literatura peninsular de autoras previa a la transición y asimismo si se tienen en cuenta las afirmaciones de algunos estudiosos y críticos del tema. Buckley nos dice al respecto que "la literatura escrita por la mujer durante el franquismo, aunque abundante, nunca fue brillante" (130). Pero, ¿debemos tener en cuenta estas—y otras muchas más—declaraciones, aún cuando tres de las autoras mencionadas en el presente libro-Medio, Laforet y Martín Gaite- fueron las ganadoras del Premio Nadal y el cual, según Lezcano, "es considerado como uno de los más prestigiosos premios literarios otorgados en España"(9)? Ramón Buckley señala al respecto que "el discurso femenino y feminista de la transición española nace de un silencio" (xv). Como contrapartida a las explicaciones anteriores, es necesario añadir que en el mencionado silencio, aunque haya existido, siempre ha habido un mensaje implícito sobre el desacuerdo de la situación impuesta por el régimen.

Dicho mensaje ha estado presente en la literatura de las autoras mencionadas y concretamente en *Nosotros los Rivero*, *Nada*, *Julia* y *El cuarto de atrás* y ha sido correspondido con una gran crítica al régimen y al patriarcado.

Las novelas de Dolores Medio, Carmen Laforet, Ana María Moix y Carmen Martín Gaite son un ejemplo para apoyar dichas declaraciones ya que durante el franquismo esas mujeres-autoras toman la palabra y, mediante su pluma, invierten y subvierten la tradición hegemónica impuesta. Sus obras—como bien diría Bajtín— son el arma que las novelistas usan para poner en evidencia el descontento, las injusticias y la represión que impera en esos largos años de la dictadura. Por este motivo, se podría afirmar que *Nosotros los Rivero*, *Nada*, *Julia* y *El cuarto de atrás* bien podrían considerarse como la forja de la novela de autoras a la vera del nuevo milenio. Desde su posición como una protagonista rara y hasta cierto punto excéntrica, reflejada por Lena, Andrea, Julia o C. y en una cultura totalmente controlada por el hombre, nuestras heroínas luchan contra el patriarcado y poco a poco van estableciéndose en el lugar que les corresponde. El reclamo de ese 'lugar' en un mundo con un patrimonio masculino imperante fue una tarea un tanto ardua para la mujer española y especialmente para la literata. Según declara Buckley, escribir en la España franquista

> ha sido siempre escribir «sobre» y «desde» la patriarquía, es decir, desde ese mundo de valores tradicionales que el hombre ha creado a su imagen y semejanza. (127)

Pero a partir del término del régimen franquista, la mujer escritora va encontrando un hueco, un lugar que antes le había sido vedado y rompe con una sociedad en la que "la escritura femenina era «imposible» en un mundo en que la escritura era patrimonio del varón" (Buckley 129).

Como hemos visto en los capítulos anteriores, Medio, Laforet, Moix y Martín Gaite inician su carrera literaria en condiciones políticas y sociales muy adversas. En el momento que empiezan a escribir, y a publicar algunas de ellas, ya está fuertemente arraigada una dictadura militar que promociona y favorece una cultura patriarcal y que restringe la libertad del individuo, especialmente de la mujer. Por este motivo nuestras escritoras, por el mero hecho de escribir, subvierten las normas impuestas por el régimen y la autoridad, desplegando así una pauta en el desarrollo de la novela femenina. Con *Nosotros los Rivero, Nada, Julia* y *El cuarto de atrás*, asistimos al alumbramiento de la propia voz de la novelista, el eco de una mujer que quiere estar libre de ataduras. Esta libertad no fue fácil de alcanzar, pero finalmente se consigue con la muerte del franquismo, en las últimas décadas del siglo XX.

Debido al cambio sociopolítico, así como al trabajo de nuestras autoras, y muchas otras más que no se han mencionado, la escritora española actual ya no tiene atadas las manos, ya no se le niegan esas letras y armas que le fueron prohibidas a María de Zayas, ya no es la marisabidilla, 'la loca de la casa', ni está condenada a someterse a una literatura patriarcal cuyas leyes son exclusivamente masculinas. Las novelistas españolas de hoy día escriben en catalán, gallego, vasco, castellano y otros dialectos regionales y sus temas son asimismo muy explícitos y variados. Los escritos de la autora del nuevo milenio son la voz femenina que habla por ella misma, sin imposiciones, sin censura militar, de una mujer que contempla la historia de su propio país. Ese lamento, es el eco de alguien que ha pasado por a una dictadura, los gritos de una protagonista que al final sobrevive y domina todos los obstáculos que se imponen en su vida. Es la voz de Lena, Andrea, Julia y C., quienes con sus libros vindicaron los derechos de las féminas y a la vez formaron y moldearon la nueva narrativa de autoras de la España actual. Hoy en día, la novela ha recuperado los ideales que defendieron y en cuya defensa lucharon Medio, Laforet, Moix y Martín Gaite. Y aún hoy, sus obras rinden homenaje a ese legado que su pensamiento nos ha dejado mediante su patrimonio intelectual y para mostrarnos la rectitud y el avance social de unas escritoras que vivieron durante el período franquista con ese tan marcado tono bajtiniano.

ENTREVISTA CON ANA MARIA MOIX

Ana María Moix nació en Barcelona en 1947. Es novelista y narradora precoz a la vez que poeta. Su obra ha sido incluida en la antología de Josep María Castellet *Nueve novisimos poetas españoles*. La autora catalana ha escrito tres libros de poesía, *A imagen y semejanza*, recogidos en un volumen y publicados por la Editorial Lumen. En novela, Moix ha publicado *Julia* -su primer libro- así como, *Ese chico pelirrojo a quien veo cada día, Walter, por qué te fuiste?* También ha escrito una colección de cuentos titulada, *Las virtudes peligrosas, Vals negro, 24 horas con la Gauche Divine* y su ultimo libro de cuentos cortos llamado *De mi vida real nada sé*.

Me encontré con Ana María Moix en su casa, una mañana húmeda y calurosa del verano barcelonés. Con una amable sonrisa, ella misma me abrió la puerta y me guió hasta una sala inundada de libros y papeles por el suelo y decorada con cuadros impresionistas que llenaban las paredes. Moix es una persona con quien rápidamente uno se puede sentir a gusto. Tuve esa impresión nada más conocerla debido a su sencillez y simpatía. Bajo la mirada de Pato, su perro, me habló, me dedicó y me regaló una copia de su último libro, a punto de publicar, *De mi vida real nada sé*. Con una voz baja, casi susurrante, un pitillo entre los dedos, Pato en su regazo y el ruido callejero de la ciudad como fondo, empezamos nuestra entrevista. Enseguida me dice que le hable de tú.

Char Prieto-Antes de nada, quería agradecerte tu amabilidad por concederme esta entrevista.

Ana María Moix-A tí, por interesarte en mi obra.

CP-Empezamos con la primera pregunta. ¿Qué es para tí la literatura?

AMM-Bueno, pese a como están los tiempos en el mercado del libro, la literatura en principio es un arte, y debería seguir siendo un arte.

Otra cosa es que el oficio haya degenerado en esta entrega, a las leyes del mercado. Pero en principio la literatura es un arte.

CP-¿Qué significa para tí escribir y cómo elaboras tu obra?

AMM-Bueno, yo soy bastante caótica. No bastante, muy caótica. En teoría, creo en la frase de Baudelaire que decía que no sabía si las musas existían, pero que a veces le llegaban a uno. Pues yo, en teoría, creo en esto. Si me gusta algo, me pongo a trabajar cada día las horas que puedo. Pero realmente escribo cuando tengo una necesidad muy grande, cuando se me ocurre algo y me insiste mucho en la cabeza hasta el momento de ponerme a escribir. Así que, de repente puedo hacerlo durante días muchas horas seguidas. Pero aquello de dos, tres o cuatro horas cada día, eso no soy capaz. No soy nada disciplinada.

CP-¿Qué es lo que te llevó a la literatura, a escribir?

AMM-Para ser sincera, yo empecé a escribir a los doce años. Entonces no creo que tuviera ninguna idea, ninguna teoría respeto a la literatura, ni al hecho de escribir, de ningún tipo. Simplemente escribía por una pulsión, supongo. Y yo creo que he seguido actuando así. Otra cosa es que con la edad me haya interesado, de una manera especial, por una cierta literatura. Pero digamos que el hecho en sí de ponerme a escribir, a esa edad, pues debe ser una pulsión propia de la adolescencia, o de la casi infancia, claro. Leía mucho, y yo supongo que me llevó este deseo que todo el mundo tiene cuando empieza a escribir a una edad muy temprana, pues de imitar lo que le gusta y de decir: "Bueno, yo también lo haré". Al mismo tiempo me llevó a escribir la idea de descargar una carga pulsional fuerte.

CP-Se dice que escribiste un libro a los doce años que no fue publicado y que se titulaba *Todos eran unos marranos*. Habla de las influencias de tu escritura, inspiraciones, trayectoria literaria y de cómo empezaste a escribir.

AMM-Yo empecé a a esta edad. Recuerdo que esto de, *Todos eran unos marranos*, era un cuaderno que tenía este título, y abajo ponía "Caligrafías". No recuerdo exactamente qué seguía, para nada, sólo recuerdo esta primera página. Supongo por el titulo, pues que es esta acusación al mundo, típica de la adolescente, del sentirse traicionada cuando descubre el mundo de los adultos y que no es como se había imaginado. En fin, descubrir las imperfecciones de los demás, de los adultos que te rodean y del mundo en general e iniciar este largo proceso que es el de la adaptación a eso, ¿no? Al mundo que no le gusta a uno. Cuando yo empecé a escribir a esta edad, recuerdo que en poesía leía mucho a Gustavo Adolfo Bécquer, que me sigue gustando. En narrativa leía muy mezclado. Me gustaba mucho, y me sigue gustando, Ana María Matute, que empecé leer a esa edad. Un poco más tarde yo leía clásicos que me tocaba leer por los estudios. Pero también lo que leía mi hermano mayor, Terenci, que me lleva cinco años. Entonces tenía toda su biblioteca a mi disposición. Me pasaba libros, o sea que a los dieciséis años o así, pues yo tenía una mezcla de lecturas que iba desde la novela realista del siglo XIX francesa, a Balzac, Flaubert y Stendhal, sobre todo o a los rusos, Dostoevski, Tolstoi, Chekhov. Este último es uno de los autores que me sigue gustando más. Y también empecé a leer a americanos como Fitzgerald, Carson McCullers, Faulkner, que me también me sigue encantando. Y al mismo tiempo, por supuesto, la literatura comprometida francesa, que entonces era el momento en que aquí interesaba mucho; Sartre, Simone de Beauvoir, Camus y todo esto mezclado y los neorrealistas italianos, Vasco Patolini y en otro sentido Pavesse, que también me sigue gustando mucho. En fin...

CP-¿Cómo definirías tu escritura?

AMM-Esto si que yo no lo sé. Yo creo que el autor es el que menos conoce lo que hace, ¿no? A veces hay lectores que me dicen, o leo cosas sobre mí, que yo no había pensado y digo:"Pues es verdad". Y tampoco me interesa mucho, esta la verdad. Porque yo creo que el escribir es como ir descubriendo cosas. Por eso quizá, no pueda tener nunca, una historia hecha en la cabeza. Cuando tengo un relato o un argumento muy desarrollado, no sé escribirlo. Sólo si lo que tengo es una idea muy vaga y es una frase o un tono, un tono musical, que me arrastra, aunque sea muy escueto o muy simple. Pero si tengo la historia formada en la cabeza, ya no. Ya no la voy a escribir. Porque ya la tengo. Ya no. Ya no me interesa seguir buceando en ello.

CP-Has hablado de varios escritores antes. Ahora te voy a preguntar cuales son tus favoritos.

AMM-En el relato, el mejor autor que aún no se ha superado es Chekhov. Tiene esta capacidad de, sin contar nada, explicarlo todo, ¿verdad? Creo que esto es una manera clara y muy simple de expresarlo todo. Pero siempre hay en su obra una doble historia en la que te cuenta y la que se desarrolla por detrás, que es más profunda y que siempre te descubre algo, algún mecanismo del ser humano. Yo creo que su relato es excepcional. Katherine Mansfield también me gusta, y está muy influenciada por él. Julio Cortázar, de Argentina, Carson McCullers, Carver... Y en novela, mi novelista preferido es Proust. Cada dos o tres años vuelvo a él y siempre descubro algo. Creo que es la novela total. Proust hace novela, hace psicología de personajes, hace teoría del arte... En fin. Siempre descubro algo nuevo. Dostoyevsky, Thomas Mann me gusta mucho, Joseph Roff, Pavese... En narrativa y en poesía Rilke, aunque en alemán lo leo poco. Y por supuesto Henry James.

CP-¿Cómo surgen los temas de tus obras?

AMM-Pues yo creo que antes ya he contestado un poco a esta pregunta. Decía que no lo puedo tener todo hecho en la cabeza porque si no, sí es ya como escribir por obligación, ¿verdad? Algo que ya me sé. Ya sé que no lo escribiré. Entonces es muy vago, normalmente es una frase o intonación verbal que me arrastra. Uno de mis escritores preferidos, Henry James, decía que un relato o una novela es como un grano de semilla que dentro ya contiene lo que va a ser, el fruto. Yo creo mucho en eso. Entonces se trata de holgar en este grano, en esta semilla a través de lenguaje, ¿no? Yo creo que a través de las palabras se me va formando la historia. A partir de algo muy vago.

CP-¿Cómo describirías tu propia trayectoria literaria?

AMM-Yo empecé escribiendo a los doce años relatos y poesía, y durante algunos años alterné esto con las primeras novelas. Entonces publiqué *Julia*. Lo escribí antes de los veinte. Y luego publiqué muy seguido una serie de relatos *Ese chico pelirrojo a quien veo cada día* y después *Walter, por qué te fuiste?* Y luego estuve como diez o trece años sin publicar nada para mayores, aunque escribí unos libros para jóvenes. Pero sin publicar. Y entonces la gente me decía: "Hombre, pero no escribes" Yo no tenía la necesidad a escribir y supongo que hice bien porque me hubiera arrepentido mucho y si me aburría a mi misma, pues supongo que al lector le aburriría mucho más. Entonces pasó el tiempo, y sentí la necesidad de ponerme a escribir otra vez pero no lo hice. Pensé, bueno, pues si no escribo más, da igual. Ya se escriben muchas cosas en el mundo. Y así fue. Más tarde escribí *Vals negro*. A pesar de no haber escrito, nunca me aparté de la literatura. Seguí leyendo, colaborando en prensa y traduciendo. Yo he traducido bastante. Pero, pasó eso. Si no sentía la necesidad, no me iba a forzar cada dos años para editar algo simplemente para estar en el escaparate literario. O sea que la mía ha sido una trayectoria de unos años de no publicar ninguna novela.

CP-¿Tienes un interlocutor ideal? ¿Cuál es tu lector o lectora idóneo/a?

AMM-Hace años, tenía un grupo de amigos, algunos de ellos formaban parte de la antología de los nueve novísimos y entre nosotros nos leíamos nuestros trabajos. Después ya no. Sigo teniendo mucho contacto con el poeta Pedro Guiferrer, que además es un gran lector. Bueno, cuando escribo algo siempre se lo doy a leer a un par de personas que no son de la profesión, pero que son muy buenos lectores. No son escritores, pero me fío mucho de ellos. También tengo una interlocutora para asuntos literarios que es una poeta argentina que vive aquí, Ana Becciu, que es muy buena lectora.

CP-Tu obra, y especialmente *Julia*, ha sido el tema de mucha investigación e incluso tesis doctorales. ¿A qué dirías que se debe esa popularidad?

AMM-Pues, claro, lo que he dicho antes que uno mismo nunca sabe, pero quizá en este caso sea el hecho del personaje, quizá sea una experiencia de un momento dado, de la biografía de todo el mundo, ¿no? Es esa adolescencia, ese despertar a la vida tan doloroso, que creo que nos pasa a todos, a esta edad. Pero no sé...

CP-¿Cómo se gestó *Julia*?

AMM-Yo que soy muy lenta escribiendo, escribí *Julia* de un tirón, en un mes o menos. Y después, claro la corregí mucho. Antes había escrito otras cosas, pero aquí sí que sentí que iba saliendo lo que yo quería. Esto, aparte de que la novela sea buena o mala. Y fue saliendo así. A raíz del personaje, tenía vagamente, la escena con la que empieza, que es en la cama, y de ello fue surgiendo un poco la historia y el argumento, que quizá sea lo de menos, pues lo que me interesaba era la experiencia del personaje.

CP-Se ha dicho que *Julia* es un testimonio de la literatura del franquismo, de un pasado reciente de la historia de España. ¿El hecho de escribir la novela fue para ti una especie de terapia, una catarsis?

AMM-¿Una purificación personal? No lo sé.

CP-¿Una purificación personal de la época franquista donde predominaba la represion y...?

AMM-Quizá, no porque *Walter, por qué te fuiste?* también es otra vez ese mismo tema. Hay más personajes, pero el transfondo de la familia y la historia de estos primos vuelve a salir otra vez en el fondo. Fue censurada, y tuvo bastantes cortes de censura y después en la última edición, que va a salir ahora de nuevo, en septiembre, está completa, incluidos trozos que cortó la censura. Pero, claro, era inevitable. Era la sociedad de aquel momento, una burguesía hipócrita que había pactado y aceptado la doble moral franquista. Y claro estaba eso de la educación católica y la convivencia familiar. Era muy importante. Con la represión de costumbres, mentalidad y todo aquello. No sé, quizá el hecho de escribir ya sea en sí una catarsis, ¿no? Cuente lo que se cuente. Quizá sí porque si no ¿para qué lo hacemos?

CP-Al leer *Julia*, tuve la impresión de que se usa el ancla como un *Leifmotiv*, un objeto o símbolo que se repite numerosas veces. ¿Está allí por casualidad? ¿Qué es lo que representa? ¿Recuedas que Julita siempre llevaba ese jersey con el ancla en el pecho?

AMM-Bueno, en los vestidos veraniegos de la época se llevaba el ancla. Eran típicos los motivos del mar. Pero claro, es eso que antes comentaba. Me señalan detalles que ahora, de repente descubro, ¿no? Y ves, te he de confesar que lo del ancla nunca lo había pensado. Pero claro, por supuesto Julita es un personaje anclado. O sea que supongo que en el escribir, hay una parte consciente. No es que cuando uno escribe no sepa lo que hace. Por supuesto que sí se sabe, pero van surgiendo cosas que pueden ser vividas, leídas, que han contado o que las has visto en una película A veces son detalles sin importancia, pero que se quedan dentro de uno. Es como el disco duro del ordenador, que a veces se cree olvidado y de repente te salen cosas pues como esto, símbolos y todo eso que surge de una manera no premeditada. Pero, claro, nunca lo había pensado. Pero realmente es muy curioso porque en lugar de un ancla, también podría haber puesto un erizo o una estrella de mar, que también se llevaban en aquel entonces y supongo que ahora es lo mismo. Hace años, a los niños les ponían motivos marinos en verano. Pero claro, el ancla es sintomático de un personaje anclado. Te agradezco mucho la observacion. Está allí sin haberlo pensado.

CP-Sí, yo he estudiado el tema del ancla, del anclamiento de Julia y la representacion de este símbolo que siempre lleva ella y que además se repite con mucha frecuencia en la novela. O sea que yo pensaba que tu lo habías puesto allí a propósito. Pero ya sabes como somos nosotros con la crítica literaria. Le buscamos tres pies al gato.

AMM-No, pero en este caso está muy bien y es buena observación, porque Julia, es realmente un personaje anclado. Lo de la representación del ancla es excelente. Y claro, esto de la repetición yo lo hago mucho. No sé si en la poesía también, pero creo que no. Me gusta bastante usar las mismas palabras porque es una cosa rítmica, ¿no? Y porque también me parece que es una explicación que sirve mucho para situar personajes. Por exemplo, de Julia, queda mucho esta imagen del ancla en el traje que se repite. Yo creo que esto sirve para identificar a los personajes y que de paso me ahorra estas descripciones un poco retóricas, que sobran en toda buena novela. En todo libro podemos eliminar mucha paja, muchas cosas que son necesarias que estén allí, pero que son demasiado digresivas. En cambio, en la poesía, me interesa más...una prosa menos descriptiva y menos así...de recursos muy tradicionales, que son necesarios para empalmar una cosa con otra pero que, a veces, si se pueden saltar, es mejor. A mí interesa más eso. Quizá sea una idea que venga de la construccion de un poema y no de la novela pero que, aplicado a la novela, también a mi me interesa mucho.

CP-¿Piensas que *Julia* es una novela generacional?

AMM-Sí. Yo creo en ella hay una experiencia en común, sí, muy comun de la adolescencia.

CP-Y seguimos con *Julia*. Se ha dicho que se puede considerar como un libro autobiográfico. ¿Existe alguna relación entre protagonista y autora?

AMM-Bueno, quizá las anéctodas no, pero claro, sería absurdo negar que sí, que el personaje tiene muchas cosas en común conmigo cuando era una adolescente, incluso cosas como el hermano que muere. Todo eso, sí. Hay bastante de autobiografia. Sobre todo digamos que el personaje, psicologicamente, sí, es autobiográfico.

CP-En *Julia* vemos a una joven insatisfecha, solitaria, abandonada, angustiada y anclada en una sociedad represiva. ¿Se podría decir que aún hay *Julia*s en España? ¿Conseguiría tu personaje ahora escapar de ese destino angustiado?

AMM-Bueno, yo creo que sí, que hay muchas Julias hoy. De otra manera, pero sí hay lo que es la base del personaje. Yo creo que sí porque es la adolescencia. Es la adolescencia en sí misma. Es este despertar doloroso y eso creo que sigue siendo igual que antes. En cuanto a la otra pregunta de que si hoy se podría escapar de un destino angustiado...Bueno, la sociedad represiva no es la misma pero también es represiva de otra manera, ¿no? Hoy Julia, por ejemplo, no tendría que ir a misa, pero tendría otros motivos de desdicha. Se tendría que enfrentar en una sociedad más competitiva, que ahora forma a los jóvenes para un modo de vida muy duro, ¿no? Yo creo que cualquier persona sensible podría acusar esto. La sociedad española, afortunadamente, ha cambiado en los ultimos años. Con con la victoria del PP ha vuelto a cambiar un poco, para mal, pero no hay ni comparación con la época franquista, esto es evidente. En cambio hay una manera de vivir que yo creo que para los jóvenes es más dura que entonces.

CP-¿Más dura ahora que en los sesenta?

AMM-Sí, sí porque la Julia de entonces era una persona joven que despertaba a la vida. Era la rebelión contra los padres, contra la educación, no permisiva, católica y todo eso. Era algo generacional, una lucha generacional. Aunque Julia fuera un personaje solitario, la lucha era generacional. En cambio hoy, la lucha de los jóvenes es más individualista. Porque los han educado así. En los colegios les hablan del paro y los educan para una sociedad laboralmente más competitiva y dura. Entonces, se tienen que enfrentar a una lucha por la supervivencia, incluso menos idealista que la de entonces, una batalla en la que se enfrentaran solos porque tienen que ser competitivos. Yo esto lo veo muy duro para los jóvenes. El que no es así, competitivo, apunta a la marginación. Si no a la marginación social del todo, sí un poco a la soledad social. O sea que Julia también tendría las de perder hoy en día.

CP-Así que tu protagonista aun hoy, estaría envuelta en ese destino angustiado debido a la competencia laboral que existe actualmente en España.

AMM-Sí. Hoy tendría otros problemas, entre ellos, por el carácter y por la manera de ser del personaje. Yo creo que hoy estaría más solitaria que antaño. Profundamente sola.

CP-Tanto en tus novelas como en tus poemas, se nota la presencia del amor como algo difícil de alcanzar. ¿Por qué? ¿Qué significa dicho fenómeno?

AMM-Siempre me hablan de esto y de la presencia de la muerte; del amor y de la muerte. Es verdad, siempre. Bueno, por una parte, no lo sé. Pero en los personajes muchas veces existe el amor como algo que lo va a arreglar todo, como una necesidad salvadora. Claro, esto realmente no existe. Quizás sea, más que una búsqueda posible, una indagación de lo imposible. Es el amor como perfección y como solución vital, como un estado de plenitud, que es más mental que real.

CP-O sea que dicho sentimiento es algo muy espiritual.

AMM- Sí. Es verdad. Mucho.

CP-Una presencia casi constante en tu obra es el nucleo familiar, expresado como elemento no muy positivo. Siempre hay una especie de familia desunida. ¿Cuál es el mensaje que intentas diseminar mediante este núcleo familiar que no es positivo?

AMM-Bueno, la familia donde uno nace evidentemente tiene una importancia capital en la vida de una persona, ¿no? Son los primeros años y que te marcan terriblemente. Yo creo que la de *Julia* no está especialmente desunida, pues incluso cuando no hay separaciones, la familia es un nido de todo lo bueno y lo malo. Es el primer núcleo social donde el ser humano vive. Se puede decir que no existe la familia perfecta ya que en esta institución es donde se libran todas las batallas y todos sentimientos que llevamos dentro. Por eso, esta batalla puede ser más o menos fuerte y más o menos acentuada, pero las luchas existen en todos los casos. Lo que ocurre también es que hay niños que lo perciben más o menos. Por ejemplo, en una misma familia, hablas con hermanos que recuerdan la infancia como algo maravilloso y otros que, aunque se hayan educado en el mismo seno familiar, te cuentan que era horrible. O sea que depende de las necesidades que tenga cada niño. No todas son iguales, claro. Todos los hermanos han sido educados igual, con las mismas personas y en cambio cada uno tiene una vivencia y experiencia diferente. Pero, claro, creo que es eso, que la familia es la primera experiencia que tenemos en una organización social, ¿no?

CP-Por favor habla de temas e imágenes recurrentes que aparecen en tu obra literaria y por qué los usas. Aunque, ahora pienso que, cuando dijiste lo del ancla...pero esta es la pregunta: Habla de los símbolos e imágenes recurrentes en tu obra y por qué los usas.

AMM-En *Walter, por qué te fuiste?*, me parece que hay varias imágenes repetidas. El personaje que vuelve donde ha pasado su infancia, a su hogar. El libro tene algunas imágenes recurrentes. Lo del regreso a su casa se repite a menudo. En poesía, en el primer libro, el mar está muy presente. El mar, pero como imágen inquietante, de muerte quizá. La muerte es un tema que se repite con frecuencia en mi obra.

CP-Habla, por favor, de la relación entre tu poesía y tu prosa. ¿Hay algunos puntos en común entre los dos géneros?

AMM-Bueno, se puede comentar lo que ya hablé antes sobre la metáfora de la semilla donde está todo. Cuando empiezo a escribir algo, no sé si será un poema, un relato o una novela. O sea que, incluso, de una manera muy intuitiva, se puede decir que hay géneros en extincion. Lo de no saber lo que voy a escribir es realmente un misterio. A parte de esto, yo creo que me influye esa totalidad que siempre necesito para arrancar. También está la influencia de la poesía porque es algo muy rítmico. Mi obra surge a veces del ambiente musical, de una musicalidad, de un tono. Creo que mi musa me viene de las lecturas poéticas. Además existe ese interés que tengo por evitar toda esa prosa innecesaria para enlazar un motivo con otro. Yo creo que es una influencia o una correspondencia que no es algo mental.

CP-¿Qué reivindican y subvierten tus protagonistas?

AMM-Bueno, yo creo que en la literatura siempre tiene que haber algo de subvervisión. Si no, no es buena. A veces sólo el señalar algo es ya subvertir. Entonces, mediante la escritura siempre hay una protesta. Hay en mis protagonistas una declaración de inconformismo con la realidad. Nunca están contentos. Hay una insatisfacción existencial de no estar a gusto en el mundo. Debe considerarse que, para mis protagonistas, el mundo no está bien hecho. Eso ya es subversión.

CP-Según tu opinión, ¿qué crees que ha contribuído tu obra a la narrativa de autora del Siglo XX?

AMM-Ah, eso realmente no lo sé.

CP-¿Ha contribuído algo? Y si es así, ¿qué es lo que ha contribuído?

AMM-Eso, en todo caso, lo tienen que decir los demás. Yo no lo sé.

CP-La siguiente pregunta. En tu libro, *Extraviadas ilustres*, se narra la historia de mujeres que se adelantan a su época. Creo que hay diez personajes femeninos y diez historias sobre sus vidas respectivas. ¿Por qué todas esas mujeres son extranjeras? Este aspecto siempre me ha llamado la atención. Explica por qué no has escogido heroínas catalanas o españolas sino del extranjero.

AMM-Es verdad. Bueno, escribí sobre varias mujeres-españolas y extranjeras-y entonces la editoral escogió la selección. Yo escribí también sobre Rosa Chacel y Carolina Coronado, una poeta del romanticismo. Pero en mi libro no están, porque las seleccionó la editorial, quizá porque llamarían más la atención, ya que eran menos conocidas cuando yo hice este proyecto. Este libro surge de una serie de artículos escritos por mí y que fueron publicados en un periódico.

CP-Sí, recuerdo que eran artículos tuyos que habían sido publicados en *La Vanguardia*. ¿O sea que la editorial fue la que escogió e hizo la selección de las autoras extranjeras?

AMM-Exacto. Creo que la razón fue porque yo sólo escribí sobre un par de mujeres españolas. Quizá en aquel momento, en España no se conocía muy bien a Joan of Arc aquí o a Katherine Mansfield. Se había editado mucho sobre ellas en los años cincuenta, pero después ya no, aunque ahora se ha vuelto a editar, pero cuando yo escribí el reportaje, no. Por ejemplo, Tamara de Lempicka hoy en día es más conocida, pero cuando yo escribí el reportaje, no lo era. Asimismo, de Frida Kahlo ahora salen cosas hasta la saciedad, pero en aquel momento tampoco se oía mucho de ella. Contestando a tu pregunta, creo que en la selección sólo había mujeres extranjeras porque eran menos conocidas en España.

CP-¿Te parece que la sociedad española ha cambiado en las últimas dos décadas?

AMM-Sí. La sociedad española empezó a cambiar mucho al principio de los años setenta. Por ejemplo, unos años después de morir Franco salió la ley del divorcio. Hace unos meses leí un reportaje que decía que ahora, que el divorcio es legal, la gente se divorcia muy poco. Bueno, es que antes, muchos estaban separados, de hecho, sin estarlo legalmente. Pero sí, la sociedad española ha pasado por una evolución, un cambio a finales de los sesenta, pero sobre todo, a principios de los setenta, al margen de las leyes y de lo permitido por el régimen franquista. Se ha hablado mucho y ha habido programas especiales sobre la transición española, en los que se explica el cambio político y los pactos de Suárez, el partido comunista, el rey y como se realizó el cambio. Pero nunca se habla de la transición civil ni del cambio de la gente. La sociedad española ya había hecho esta transición, sin leyes. Porque en aquel momento, los hijos ya se iban de casa, se abortaba, los homosexuales se lo decían a sus amigos y a su familia. Hubo una liberalización de las costumbres.

CP-Una liberalización que ya existía antes, pero que no flotaba a la superficie.

AMM-Exactamente, pero que sí existía, ¿no? Y esto fue en los últimos años en que vivió Franco. Después se institucionalizó esa forma de vida. Pero antes, ya existía. Y esto fue muy curioso porque lo hacían muchos jóvenes y sus padres no tenían más remedio que aguantarse. Pero yo supongo que era porque ya estaban hartos de tantos años de franquismo. Los padres cerraban los ojos y decían que sí a todo lo que hacían los hijos rebeldes que se iban a vivir a comunas o a viajar por el mundo. En fin, hubo un cambio muy fuerte en ese momento. Yo recuerdo que un poeta amigo mío me decía: "En este país han evolucionado mucho la mujer, la tercera edad y los niños. Siguen siendo retrógrados e imbéciles los hombres universitarios y los de traje y corbata". Y aún es un poco así. La mujer ha evolucionado muchísimo. De la tercera edad, supongo que aún quedan esos que estaban hartos del régimen franquista y que, aunque fueran católicos, aunque no fueran de izquierdas, les daba igual, pues estaban realmente saturados por la historia de la Guerra Civil y una posguerra tan mala. Yo creo que este fenómeno cambia mucho el ambiente y la mentalidad de un país. Por ejemplo, mi madre, que murió en el noventa, hace doce años, a veces me llamaba para que fuéramos juntas al bingo. Recuerdo que cuando la acompañaba escuchábamos unas charlas nuevas en las mesas que había al lado nuestro. Se podían oir discusiones entre dos o tres mujeres mayores que hablaban sobre la separación de sus hijos y decían que así era mejor. O también se oían conversaciones sobre la nieta que había abortado. Cosas que antes nunca se habían escuchado en este país. Me chocaba bastante oir esas conversaciones en las bocas de unas personas mayores. Sí. Esto era muy sorprendente para mí. Este fenómeno, con los socialistas se acentuó, aunque ahora se haya dado marcha atrás. Los modelos políticos-y la televisión-influyen mucho en el pensar y en el actuar de la gente. Yo creo que ahora se ha vuelto a la hipocresía en general. Pero durante toda la época socialista el cambio fue espectacular, por ejemplo, el vicepresidente del gobierno estaba separado y tenía una amante con una hija fuera del matrimonio. Esto se sabía y se aceptaba. No era como en Inglaterra o Estados Unidos, que un presidente con una amante, era un escándalo. Aquí no pasaba nada. Si se corría el rumor de que el rey tenía una amante, salían chistes, pero nadie se escandalizaba.

CP-Como escritora metida en el ambiente literario desde los sesenta, ¿cómo describirías la evolución y transición de la autora española?

AMM-Bueno, hay muchas mujeres que escriben, y bien, en España y ya las había antes también. Esto no tiene nada que ver con el cambio político. Esto, más bien es un fenómeno de editorial. Como en todas partes, hoy hay más mujeres que escriben y aquí también, como asimismo hay más mujeres médicas o ingenieras. La mujer se ha incorporado más a la vida cultural y laboral y en todos los aspectos y esto yo lo veo muy bien.

CP-Según tu opinión, ¿cuáles son los logros que las mujeres en este país no han conseguido aún? ¿Cuáles son algunas de las cosas que todavía están por conseguir?

AMM-Muchos. Yo creo que muchos. Por ejemplo, antes, en los años setenta había numerosos movimientos feministas y ahora ya no los hay.

AMM-¿Ahora no?

CP-No. Porque dicen que ya se ha conseguido todo. Y no es verdad. Esto hoy en día lo dicen editoras o alguna que otra mujer que ya está instalada. Claro, esto no es valido, porque hay muchas mujeres desventajadas. Un gran porcentaje de la pobreza mundial es de mujeres con niños o mujeres solas. Esto es horrible. Por eso, yo creo que el feminismo ha dado ese paso atrás. Por una parte, hay más escritoras, pero el feminismo se concentra más en el estudio de la literatura propia de la mujer, en vez de pararse a pensar en cuestiones sociales y temas que implican a la mujer. El tema de los derechos del individuo y de las cuestiones sociales se ha abandonado mucho aunque aún hoy en día exista la desigualdad. Es un hecho sabido de que las mujeres siguen cobrando menos que los hombres. Que ahora existe el divorcio legal, pero sin embargo el crimen y la violencia doméstica es muy predominante en España. Las mujeres hoy día pueden ir a denunciar un abuso doméstico, pero sin embargo no tienen mucha protección. Hay mucho crimen. En España, el número de mujeres que mueren debido a la violencia doméstica es más alto que el de las víctimas de ETA. Yo no defiendo a ETA, por supuesto. Pero el problema de la violencia doméstica es terrible y es como si no pasara nada, no se le da gran importancia. Salen casos en la prensa y en los medios de comunicación, pero no hay movimientos para solucionar el problema, aunque haya bastantes casos como para hacer una manisfestación diaria. Pero esto no ocurre. Además, hoy hay mujeres que ocupan cargos importantes, no hay duda de ello, pero tienen más presión que los hombres, pues deben desenpeñar su trabajo y hacer todo excepcionalmente bien. O sea que no se ha ganado todo, en absoluto, aún hay muchos logros por conseguir. En la cuestión laboral, se puede ver que hay más mujeres desempleadas que hombres.

CP-¿Existe en Barcelona en la actualidad un buen ambiente literario? ¿Hay tertulias o intercambios intelectuales?

AMM-No. Que yo sepa, muy poco.

CP-Pero hay muchas editoriales aquí, la mayoría de las editoriales españolas están en Barcelona. Pero sin embargo tu crees que no hay ambiente literario.

AMM-No, que yo sepa, no.

CP-¿Se ha comercialidado mucho la literatura?

AMM-Exacto. Ahora es una profesión. En una comercialización.

CP-¿Por eso no hay tertulias o intercambios intelectuales?

AMM-Muy pocos. Esto creo que es producto de la entrada en la cultura del capitalismo. Se tiene que producir en masa. Se tiene que vender para que haya ganancias. Se hace demasiado caso del mercado literario.

CP-¿Te consideras una escritora política o sea comprometida sociopoliticamente con la realidad actual de tu país o no?

AMM-Yo creo que el escritor en principio no tiene ninguna obligación de comprometerse políticamente, ni de que su obra refleje una ideología u otra. Pero pienso que sin querer esto se refleja en su literatura. Es una cuestión inevitable.

CP-Tu obra refleja tu propia ideología. O sea que te consideras una escritora comprometida.

AMM-Yo diría que sí. Soy una ciudadana comprometida y entonces inevitablemente creo que esto se refleja de una manera u otra en mis obras.

CP-¿Crees que un escritor debe incluir, denunciar o incluso cuestionar la situación socio política en que vive como una labor reindivicatoria?

AMM-Ciertamente no tiene obligación de hacer esto y el no hacerlo no le quita que sea buen escritor o escritora. Pero por lo general, es inevitable reflejar las ideas de uno en lo que se escribe. Ahora bien, para denunciar un caso o una situación, yo creo que la escritura de prensa es más eficaz que la de la novela, la poesía o la escritura creativa. Para exponer o denunciar quizá sea mejor hacerlo en los periódicos, en un artículo de opinión.

CP-Me gustaría que comentaras tu opinión sobre la escritura de autoras actuales en España. ¿Qué piensas sobre la literatura de autoras del nuevo milenio?

AMM-A mí la escritora que me gusta más es Ana María Matute. Es una autora excepcional. Creo que la mejor.

CP-¿Y las escritoras de ahora? ¿Las autoras del nuevo milenio, las más jóvenes? ¿Cuál es tu opinion sobre ellas y sobre sus obras?

AMM-Hay una escritora que me gusta mucho que es Cristina Fernández Cubas. Tiene unos cuentos buenísimos. Después, latinoamericanas que viven aquí, Ana Becciu, una poeta excelente. Luego están Nuria Mass, que es un poco más joven que yo, Cristina Peri Rossi que es uruguaya pero que vive aquí. Este año se oye sobre una nueva autora, Ana Prieto Pascual que me gusta mucho. Hay una autora muy buena en Madrid, Belén Copegui. Y Esther Tusquets, que es mayor que yo.

CP-¿Cómo se podría describir a esa nueva generación de literatas del nuevo milenio? ¿Cuál es lo que caracteriza a ese grupo de escritoras?

AMM-Son muy diferentes entre sí. Algunas autoras escriben desde el punto de vista del comercio literario sin poner énfasis en el hecho argumental de ser mujeres. Hay otras escritoras jóvenes que también me interesan como Espido Freire y Lucía Echevarría. Algunas autoras actuales han entrado más en la vorágine comercial, en lo cual yo no juzgo si son buenas o no. Yo creo que la situación de la escritora joven hoy día es mucho peor que cuando yo empecé a escribir porque está el problema del mercado y de las ventas. Muchas escriben una buena novela y entonces el editor ya les está pidiendo otra para el año que viene. Si no la escriben, dejan de existir. Esto, en el mundo del arte y de la cultura, es fatal, pero así es la cuestión literaria hoy día.

CP-O sea que hay mucha presión para publicar.

AMM-Sí, una presión horrible. Esto es fatal claro. Yo estuve trece años sin publicar un libro y no pasaba nada. Claro que me presionaban, pero bueno, yo no, no me dejé. Dudo que una persona joven ahora pueda hacer lo mismo. Lo que pasa hoy es anti literario.

CP-Se puede decir que es capitalismo literario, ¿no?

AMM-Sí, lo único que importa son las ventas y las ganancias. Y claro, esto es fatal.

CP-¿Qué representa ser mujer escritora en la España del nuevo milenio?

AMM-Yo diría que hoy en día, una mujer no tiene problemas para escribir y publicar por el hecho de ser mujer. En España siempre ha habido escritoras, incluso en la posguerra, Ana María Matute, Carmen Martín Gaite, Dolores Medio escribieron y publicaron. Una diferencia de consideración entre ayer y hoy es que, aunque las autoras tuvieran buenas críticas por sus obras, se decía que la obra era sensible o que había un mundo poético. Antes se solía hablar de la sensiblilidad y nunca se comentaba la buena escritura o la inteligencia de la autora. Se usaban esos adjetivos femeninos. Hoy día raramente se habla de una mujer escritora en esos términos aunque la mujer autora aún ocupa un papel secundario en la literatura. En la academia y en las críticas literarias siempre hay más hombres que mujeres. Sigue existiendo esta omisión femenina en los jurados hoy en día.

CP-...Y le dan más premios a hombres. El otro día, leyendo una revista literaria, me di cuenta de que había un concurso y todos los ganadores eran hombres. Yo, como soy muy sensible a esto, primero porque soy mujer y segundo porque trabajo con literatura femenina, lo noté y estoy de acuerdo en lo que tu dices de que en los jurados hay una inmensa mayoría de hombres. Entonces, que representa ser escritora en España en el nuevo milenio ¿representa una desventaja o no?

AMM-Sí. Es una desventaja. Hay discriminación.

CP-Y en el aspecto editorial, cuando una autora presenta su libro o novela para que sea publicada, ¿tiene desventaja o no?

AMM-Ahora hay mujeres que venden mucho. Entonces, como mandan el capitalismo y las ventas, yo creo que hoy no hay desventajas por ser mujer para editar. Ahora, para la crítica y para los premios, sí, hay desventajas.

CP-¿En qué estás trabajando en este momento? ¿Tienes planes, alguna obra nueva? ¿Proyectos para el nuevo milenio?

AMM-Estoy escribiendo un libro sobre Gustavo Adolfo Bécquer. Además tengo una novela empezada, pero aún no quiero hablar de ella porque está empezada, es muy reciente el proyecto.

CP-Y el libro de Becquér, de qué es, sobre la poesía? ¿Es crítica literaria o no?

AMM-No, es medio biografía, aunque es una biografía muy libre.

CP-¿Has pensado en la posibilidad de crear una novela que sea la continuación de *Julia* y que esté basada en la actualidad, sobre el desarrollo y crecimiento de la protagonista?

AMM-No.

CP-¿No? Creo que es un proyecto muy interesante. Porque como te dije antes *Julia* me parece una novela autobiográfica en cierta manera. Entonces crear la continuación de esta novela sería interesante. Julia, ya mayor.

AMM-Bueno, Julia volvía a salir en *Walter, por qué te fuiste?* y allí yo la maté.

CP-Sí, es verdad, Julia está muerta.

AMM-De todas maneras, cuando la maté, pensaba que la podría resucitar en cualquier momento. Pero, en caso de que decida resucitarla, creo que sería una adolescente. No la haría un personaje mayor, de momento. Esto no quiere decir que con el tiempo...

CP-Creo que era la última pregunta. Nada más. Me alegro mucho de haberte conocido personalmente. Gracias por concederme esta entrevista.

AMM-No, gracias a ti. ¿Quieres tomar algo?

CP-Muchísimas gracias, me gustaría quedarme un rato pero es que me tengo que ir. Voy a tomar el tren a la una. Y todavía no...

Con el pitillo entre sus dedos, una sonrisa en los labios y Pato en sus brazos, Ana María Moix me acompañó hasta el ascensor para despedirme y a la vez agradecerme de nuevo mi interés por su obra literaria. Mujer fascinante, la autora y creadora de *Julia*.

BIBLIOGRAFIA

Alamo Felices, Francisco. *La novela social española. Conformación ideológica, teoría y crítica*. Almería: Universidad de Almería, 1996.

Alborg, Concha. *Cinco figuras en torno a la posguerra: Galvariato, Soriano, Formica, Boixadós y Aldecoa*. Madrid: Ediciones Libertarias, 1993.

Alegría, Fernando. "Memoria creadora y autobiografía en Latinoamérica." *La autobiografía en lengua española en el siglo veinte*. Lausanne: Hispánica Helvética, 1991. 11-26.

Alemany Bay, Carmen. *La novelística de Carmen Martín Gaite*. Salamanca: Ediciones de la Diputación de Salamanca, 1990.

Azougarh, Abdeslam. "Biografía de un cimarrón: autobiografía por interpósita persona." *La autobiografía en lengua española en el siglo veinte*. Lausanne: Hispánica Helvética, 991. 27-35.

Bajtín, Mijail. *Estética de la creación verbal*. México D.F.: Siglo Veintiuno Editores, 1982.

---. *Problemas de la poética de Dostoiesvski*. México: Fondo de Cultura Económica, 1979.

Bakhtin, Mikhail. *The Dialogic Imagination: Four Essays*: Ed. Michel Holquist. Austin. University of Texas Press, 1981.

Bellver, Catherine G. "Division, Duplication, and Doubling in the Novels of Ana María Moix." *Nuevos y novísimos: Algunas perspectivas críticas sobre la narrativa española desde la década de los 60*. Ed. Ricardo Landeira y Luis González del Valle. Boulder: Society of Spanish and Spanish-American Studies, 1987. 29-41.

Booker, Keith M., and Dubrava Juraga. *Bakhtin, Stalin, and Modern Russian Fiction*. Westport: Greenwood Press, 1995.

Brooksbank Brown Jones, Anny. "Ana María Moix and the Sacrifice of Order." *Letras Femeninas*, 1-2 (1997): 27-40.

Brown, Joan L. "Carmen Martín Gaite: Reaffirming the Pact between Reader and Writer." *Women Writers of Contemporary Spain. Exiles in the Homeland*. Ed. Joan Brown. Newark: University of Delaware Press, 1991. 72-92.

---. *Secrets from the Back Room: The Fiction of Carmen Martín Gaite*. University, Mississippi: Romance Monographs, 1987.

---. "Women Writers of Spain: An Historical Perspective." *Women Writers of Contemporary Spain*. Ed. Joan Brown. Cranbury: Associated University Press, 1991. 13-25.

Buckley, Ramón. *La doble transición: Política y literatura en la España de los años setenta*. Madrid: Siglo Veintiuno de España Editores, 1996.

Bush, Andrew. "Ana María Moix's Silent Calling." *Women Writers of Contemporary Spain*. Ed. Joan Brown. Cranbury: Associated University Press, 1991. 136-158.

Butler de Foley, Isabel. "Hacia un estudio de la obra narrativa de Carmen Martín Gaite." *Insula*, n.452-453, Madrid, julio-agosto 1984.

Cerezales, Agustín. *Carmen Laforet*. Madrid: Closas-Orcoyen, 1982.

Cixous, Hélène. "The Laugh of the Medusa." *New French Feminism*. Ed. Elaine Marks and Isabelle de Courtivron. Amherst: University of Massachusetts Press, 1980. 245-264.

Ciplijauskaité, Biruté. *La novela femenina contemporánea (1979-1985)*. Barcelona: Editorial Anthopos, 1988.

Cirlot, Juan Eduardo. *Diccionario de símbolos*. Barcelona: Editorial Labor, 1981.

Clark, Katerina and Michael Holquist. *Mikhail Bakhtin*. Cambridge: Harvard University Press, 1984.

Díaz-Plaja, Fernando. *Nueva historia de la literatura española*. Barcelona: Plaza & Janés 1974.

Domingo, José. *La novela española del siglo XX*. Barcelona: Labor, 1973.

Eberenz, Rolf. "Enunciación y estructuras metanarrativas en la autobiografía." *La autobiografía en lengua española en el siglo veinte*. Lausanne: Hispánica Helvética, 1991. 37-51.

Fagundo, Ana María. *Literatura femenina de España y las Américas*. Madrid: Editorial Fundamentos, 1995.

Falcón, Lidia y Elvira Siurana. *Mujeres escritoras: Catálogo de escritoras españolas en lengua castellana (1960-1992)*. Madrid: Imprenta de la Comunidad de Madrid, 1992.

Febo, Giuliana di. *Resistencia y movimiento de mujeres en España 1936-1976*. Barcelona: Icaria Editorial, 1979.

Ferreras, Juan Ignacio. *La novela española en el siglo XX (Desde 1939)*. Madrid: Taurus, 1988.

Folkart, Jessica. *Angles on Otherness in Post-Franco Spain*. London: Bucknell University Press, 2002.

Fox-Lockert, Lucía. *Women Novelists in Spain and Spanish America*. Metuchen: The Scarecrow Press, 1979.

Frye, Joanne S. *Living Stories, Telling Lives. Women and the Novel in Contemporary Experience*. Ann Arbor: University of Michigan Press, 1986.

García-Nieto París, María Carmen. *La palabra de las mujeres. Una propuesta didáctica para hacer historia (1931-1990)*. Madrid: Editorial Popular, 1991.

García Viñó, Manuel. *Novela española actual*. Madrid: Editorial Prensa Española, 1975.

Gazarian Gautier, Marie-Lise. *Interviews with Spanish Writers*. Elmwood Park, IL: Dalkey Archive Press, 1991.

Gil Casado, Pablo. *La novela deshumanizada española (1958-1988)*. Barcelona: Editorial Anthropos, 1990.

Godoy Gallardo, Eduardo. "*Nada*, una incursión en un mundo de pesadilla." *Letras de Deusto*, VI, 11 (enero-junio), 1976. 161-170.

Hajdukowski-Ahmed, Maroussia. "Bakhtin, Mikhail and Feminism: Two Solitudes?" *Critical Studies. Mihhail Bakhtin and the Epistemology of Discourse*. Ed. Clive Thomson. Amsterdam: Ropodi, 1990. 153-163.

Hart, Stephen H. *White Ink: Essays on Twentieth-Century Feminine Fiction in Spain and Latin America*. London: Tamesis Books Limited, 1993.

Herzberger, David K. "Narrating the National Identity: Myth, Power and Dissidence." *Romance Languages Annual* 8 (1996): ii-vi.

Hooper, John. *The New Spaniards*. London: Penguin Books, 1995.

Johnson, Roberta. *Carmen Laforet*. Boston: Twayne Publishers, 1981.

Jones, Margaret E.W. "Ana María Moix: Literary Structures and the Enigmatic Nature of Reality." *Journal of Spanish Studies: Twentieth Century*, 4 (1976)

---. "Del compromiso al egoismo: La metamorfosis de la protagonista en la novelística de la posguerra." *Novelistas femeninas de la posguerra española*. Ed. Janet Pérez. Madrid: Ediciones José Porrúa Turanzas, 1993. 125-134.

---. *Dolores Medio*. New York: Twayne Publishers, 1974.

---. "Dolores Medio: Chronicler of the Contemporary Spaniard's Interaction with Society." *Women Writers of Contemporary Spain*. Ed. Joan L. Brown. Newark: University of Delaware Press, 1991. 59-71.

Jordan, Barry. *Laforet: Nada*. London: Grant & Cutler Ltd, 1993.

---. *Writing and Politics in Franco's Spain*. London: Routledge, 1990.

Laforet, Carmen. *Nada* . Barcelona: Ediciones Destino, 1995.

Lejeune, Philippe. *Le pacte autobiographique*. Paris: Editions du Seuil, 1975.

---. *On Autobiography*. Minneapolis: University of Minnesota Press, 1989.

Lezcano, Margarita. *Las novelas ganadoras del Premio Nadal-1970-1979.* Madrid: Editorial Pliegos, 1992.

Levine, Linda Gould. "Behind the 'Enemy Lines': Strategies for Interpreting *Las virtudes peligrosas* of Ana María Moix." *Nuevos y novísimos: Algunas perspectivas críticas sobre la narrativa española de los 60*. Ed. Ricardo Landeira y Luis González del Valle. Boulder: Society of Spanish and Spanish-American Studies, 1987. 97-111.

---. "The Censored Sex. Woman as Author and Character in Franco's Spain." *Women in the Hispanic Literature. Icons and Fallen Idols*. Ed. Beth Miller. Berkeley: University of California Press, 1983. 289-315.

López, Aurora y María Angeles Pastor. *Crítica y ficción literaria: Mujeres españolas contemporáneas*. Granada: Universidad de Granada, 1989.

Lopez Molina, Luis. "Ramón Gómez de la Serna o el autobiografismo totalizador." *La autobiografía en lengua española en el siglo veinte*. Lausanne: Hispánica Helvética, 1991. 95-103.

Matamoro, Blas. "Carmen Martín Gaite: El viaje a *El cuarto de atrás*." *Cuadernos hispanoamericanos*. 351 (1979): 583-5.

Martín Gaite, Carmen. *El cuarto de atrás*. Barcelona: Ediciones Destino, 1980.

Martinell Gifre, Emma. *El mundo de los objetos en la obra de Carmen Martín Gaite*. Cáceres: Universidad de Extremadura, 1996.

Martínez Cachero, José María. *La novela española entre 1936 y 1980. Historia de una aventura*. Madrid: Editorial Castalia, 1985.

Medio, Dolores. *Nosotros los Rivero*. Barcelona: Ediciones Destino, 1953.

Moix, Ana María. *Julia*. Barcelona: Editorial Lumen, 1991.

Molino, Jean. "Interpretar la autobiografía." *La autobiografía en lengua española en el siglo veinte*. Lausanne: Hispánica Helvética, 1991. 107-137.

Morson, Gary Saul and Caryl Emerson. *Mikhail Bakhtin: Creation of a Prosaics*. Stanford: Stanford University Press, 1990.

Nichols, Geraldine Cleary. *Des/cifrar la diferencia: Narrativa femenina de la España contemporánea*. Madrid: Siglo Veintiuno de España Editores, 1992.

---. *Escribir, espacio propio: Laforet, Matute, Moix, Tusquets, Riera y Roig por sí mismas*. Minneapolis: Institute for the Study of Ideologies and Literature, 1989.

---. "*Julia*: «This is the way the world ends...»" *Novelistas femeninas de la posguerra española*. Ed. Janet Pérez. Madrid: Ediciones José Porrúa Turanzas, 1983. 113-124.

O'Connor, Mary. "Chronotopes for Women Under Capital: An Investigation Into the Relation of Women Objects." *Critical Studies. Mikhail Bakhtin and the Epistemology of Discourse*. Ed. Clive Thomson. Amsterdam: Rodopi, 1990. 137-151.

Ordóñez, Elizabeth. "Multiplicidad y divergencia: voces femeninas en la novelística contemporánea española." *Breve historia feminista de la literatura española (en lengua castellana). V. La literatura escrita por mujer (Del s. XIX a la actualidad)*. Ed. Iris M. Zavala. Barcelona: Anthopos, 1993. 211-237.

---. *Voices of Their Own*. Lewisburg: Associated University Press, 1991.

Otero, Luis. *La sección femenina*. Madrid: Editorial EDAF, 1999.

Patterson, David. *Literature and Spirit: Essays on Bakhtin and His Contemporaries*. Lexington: The University Press of Kentucky, 1988.

Pérez, Janet. *Contemporary Women Writers of Spain*. Boston: Twayne, 1988.

Pope, Randolph D. *La autobiografía española hasta Torres Villarroel.* Berna: Herbert Lang, 1974.

---. *Novela de emergencia: España, 1939-1954.* Madrid: Sociedad General Española de Librería, 1984.

Puente Samaniego, Pilar de la. *La narrativa breve de Carmen Martín Gaite.* Salamanca: Plaza Universitaria Ediciones, 1994.

Riddel, María del Carmen. *La escritura femenina en la posguerra española.* Nueva York: Peter Lang, 1995.

Rubin, Louis. *The Teller in the Tale.* Seatle: University of Washington Press, 1975.

Ruíz Arias, Carmen. *Dolores Medio.* Oviedo: Gráficas Summa, 1991.

Scarlett, Elizabeth. *Under Construction. The Body in Spanish Novels.* Charlottesville: University Press of Virginia, 1994.

Scalon, Geraldine M. *La polémica feminista en la España contemporánea (1968-1974).* Madrid: Siglo Veintiuno de España Editores, 1976.

Schumm, Sandra. *Refection in Sequence. Novels by Spanish Women, 1944-1988.* Lewisburg: Bucknell University Press, 1999.

Schyfter, Sara. "The Fragmented Family in the Novels of Contemporary Spanish Women Writers." *Perspectives on Contemporary Literature* 3.1 (1997): 28-48.

Shuman, Amy. "Appropriated Personal Experiences: The Case of Abortion Junk Mail." *Critical Studies. Mikhail Bakhtin and the Epistemology of Discourse.* Ed. Clive Thomsom. Amsterdam: Rodopi, 1990. 165-187.

Shumway, Suzanne Rosenthal. "The Chronotope of the Asylum: *Jane Eyre*, Feminism, and Bakhtinian Theory." *A Dialogue of Voices.* Ed. Karen Hohne and Helen Wussow. Minneapolis: University of Minnesota Press, 1994. 152-170.

Smoot, Jean. "Realismo social en la obra de Dolores Medio." *Novelistas femeninas de la posguerra española*. Ed. Janet Pérez. Madrid: Ediciones José Porrúa Turanzas, 1983. 95-102.

Sopeña Monsalves, Andrés. *El florido pensil*. Barcelona: Grupo Grijalvo-Mondadori, 1994.

Soto-Fernández, Liliana. *La autobiografía ficticia en Miguel de Unamuno, Carmen Martín Gaite y Jorge Semprun*. Madrid: Editorial Pliegos, 1996.

Soufas, Christopher C., Jr. "Ana María Moix and the 'Generation of 1968', *Julia* as (Anti) Generational (Anti) Manifesto." *Nuevos y novísimos: Algunas perspectivas críticas sobre la narrativa española desde la década de los 60*. Ed. Ricardo Landeira y Luis González del Valle. Boulder: Society of Spanish and Spanish-American Studies, 1987. 217-228.

Stam, Robert. *Subversive Pleauses: Bakhtin, Cultural Criticism, and Film*. Baltimore: Johns Hopkins University Press, 1989.

Thomas, Michael. "El desdoblamiento psíquico como factor dinámico en *Julia*, de Ana María Moix." *Novelistas femeninas de la posguerra española*. Ed. Janet Pérez. Madrid: Ediciones José Porrúa Turanzas, 1983. 103-111.

Todorov, Tzvetan. *Introducción a la literatura fantástica*. México, D.F.: Premiá, 1987.

---. *The Fantastic: A Structural Approach to a Literary Genre*. Cleveland: The Press of Case Western Reserve University, 1973.

Uría, Paloma, Empar Pineda y Monserrat Oliván. *Polémicas feministas*. Madrid: Editorial Revolución, 1985.

Zayas y Sotomayor, María de. *Novelas amorosas y ejemplares*. Ed. Agustín G. de Amezúa. Madrid: Biblioteca Selecta de Clásicos Españoles, 1948.

Zylko, Boguslaw. "The Author-Hero Relation in Bakhtin's Dialogical Poetics." *Critical Studies. Mikhail Bakhtin and the Epidtemology of Discourse*. Ed. Clive Thomson. Amsterdam: Rodopi, 1990. 65-76.

INDICE DE AUTORES Y MATERIAS

Aislamiento, 27, 43, 44, 70, 76, 77, 89, 95, 99, 121, 124
Alamo Felices, Francisco, 98
Alborg, Concha, 100, 101
Aldecoa, Josefina, 25, 105, 173
   Historia de una maestra, 25
Alegría, Fernando, 114, 123
Alemán, Mateo, 115
   Guzmán de Alfarache, 115
Alemany Bay, Carmen, 20, 84, 87, 88, 143
álter ego, 118, 119, 134, 137, 146
Angustia, 43, 51, 56, 57, 66, 68, 70, 75, 77, 104, 138
Autobiografía ficticia, x, xi, 22, 27, 70, 108, 113, 115, 117, 118, 119, 120, 124, 127, 135, 137, 138, 139, 140, 141, 143
Ayala, Francisco de, 116
   Recuerdos y olvidos, 116
Azougarh, Abdeslam, 138, 139

Bajtín, Mijail, 5, 8, 9, 10, 23, 27, 29, 30, 31, 32, 33, 34, 36, 37, 40, 41, 43, 45, 46, 47, 52, 53, 54, 55, 56, 63, 70, 73, 77, 78, 85, 86, 87, 88, 95, 113, 141, 142, 150
Cronotopo, x, 36, 39, 40, 41, 45, 47
Estética de la creación verbal, 32, 85
Heteroglosia, x, 32, 36, 70, 71, 72, 73, 78, 79

Novela de desarrollo, x, xi, 32, 36, 85, 86, 89, 95, 96
    Polifonía, x, 32, 36, 47, 48, 54, 55, 71
    Problemas de la poética de Dostoevski, 32, 54
Bakhtin, Mikhail, 9, 37, 174
    The Dialogic Imagination, 30, 32
Balzac, Honoré de, 47, 155
Baroja, Pío, 98
Barral, Carlos, 21
Baudelaire, Charles, 154
Beauvior, Simone de, 14
    Le deuxième sexe, 14
Becciu, Ana, 157
Beckett, Samuel, 103
Bécquer, Gustavo Adolfo, 155, 171
Bellver, Catherine, 66
Benet, Juan, 116
    Volverás a Región, 116
Bildungsroman, 6
Boll de Faber, Cecilia, 106
Booker, Keith, 31, 33, 39, 40

Brecht, Bertolt, 103
Brooksbank Jones, Anny, 69, 80, 138, 140
Brown, Joan L., 2, 19, 20, 34, 82, 144
Buck, Pearl S., 103
Buckley, Ramón, 75, 79, 89, 149, 150
Bush, Andrew, 19, 69
Butler de Foley, Isabel, 144

Cadalso, José, 72
Calderón de la Barca, Pedro, 88
Camus, Albert, 103, 155
Casa de Trastamara, 114
Castellet, Jose María, 19, 153
    Nueve novísimos, 19, 157
Castro, Rosalía de, 2
Caudillo, 101
CEE, 16
Cela, Camilo José, 104
    La familia de Pascual Duarte, 103, 104
    Tremendismo, 17

Cerezales, Manuel, 21, 132, 133, 134
Cervantes Saavedra, Miguel de, 47, 97, 115
Don Quijote, 47, 88, 97
Chacel, Rosa, 149, 164
Chekhov, Anton Pavlovich, 155, 156
Ciplijauskaité, Biruté, 5, 49, 95, 122, 124, 131, 139
Cirlot, Juan Eduardo, 42, 50, 76
Diccionario de símbolos, 42
Ciudad Condal, 132
Cixous, Hélène, 4, 22
The Laugh of the Medusa, 21
Clark, Katerina, 8, 9, 10, 29
Conde, Carmen, 105
Conquista, 114
Copegui, Belén, 169
Coronado, Carolina, 2, 164
Cortázar, Julio, 156
Cronistas, 114
Cueva de Montesinos, 88

De Gaulle, Charles, 74
Díaz-Plaja, Fernando, 53
Domingo, José, 17
Dostoevski, Feodor Mikhailovich, 32, 54, 155

Eberenz, Rolf, 124
Edad Media, 113
Emerson, Caryl, 39, 40, 48, 55, 71
Escritura fantástica, 90
España posfranquista, 33, 120
Espina, Concha, 20, 102
La esfinge maragata, 102
Esquizofrenia, 67
Estoicismo, 61
ETA, 167

Fagundo, Ana María, 3, 4
Falange, 100
Falcón, Lidia, 3, 21, 145, 146
Faulkner, William, 155
Fernández Cubas, Cristina, 169

Fernández de Moratín, Leandro, 72
Ferreras, Juan Ignacio, 16
Fitzgerald, Francis Scott, 155
Flaubert, Gustave, 155
Fox-Lockert, Lucía, 2, 6, 17, 50, 59, 62, 131
Franco, Dolores, 72
Franco, Francisco, 2, 4, 5, 6, 15, 16, 26, 27, 34, 43, 46, 47, 54, 57, 59, 63, 64, 66, 67, 68, 74, 81, 82, 86, 98, 99, 100, 102, 103, 111, 117, 124, 138, 140, 143, 146, 147, 164, 165
Frye, Joanne, 4, 6, 7, 71, 88
Fuertes, Gloria, 106

García Viñó, Manuel, 25, 98, 103, 104
  Novela española actual, 25
García-Nieto París, María Carmen, 16, 75
Gazarian Gautier, Marie-Lise, 131, 133, 143

Generación de Medio Siglo, 19, 21
Generación del 68, 74
Generación del 98, 73, 98
Gil Casado, Pablo, 49, 72
Ginocrítica, 13
Godoy Gallardo, Eduardo, 18
Golpe de estado, 24
Gómez de Avellaneda, Gertrudis, 2
Gómez de la Serna, Ramón, 116
  Automoribundia, 116
Góngora, Luis de, 72
Goya, Francisco de, 52
Goytisolo, Juan, 116
Grandes, Almudena, 149
Guerra civil española, 9, 24, 44, 116
Guerra de Vietnam, 74
Guiferrer, Pedro, 157

Hajdukowski-Ahmed, Maroussia, 37
Hart, Stephen, 2, 27, 53, 58
Hemingway, Ernest, 131

Héroe literario, 30, 63, 85
Herzberger, David, 99
Holquist, Michael, 8, 9, 10, 29

Ibarruri, Dolores, 100, 106

Jiménez, Juan Ramón, 13, 49
Johnson, Roberta, 17, 34, 48, 53, 122, 131, 133, 134
Jones, Margaret, 9, 13, 18, 41, 69, 80, 104, 122, 127, 128, 129, 137, 138, 139
Jordan, Barry, 26, 48, 55
Jovellanos, Melchor Gaspar de, 72
Julio César, 113
Juraga, Dubrava, 31, 33, 39, 40

Kahlo, Frida, 164
Kazakhstan, 9

Laforet, Carmen, ix, x, xi, 2, 3, 7, 8, 9, 10, 13, 14, 15, 16, 17, 18, 19, 20, 21, 25, 27, 29, 32, 33, 35, 48, 49, 50, 51, 52, 53, 54, 55, 56, 57, 61, 64, 71, 79, 84, 85, 95, 97, 101, 104, 105, 106, 107, 110, 111, 117, 118, 119, 120, 121, 122, 124, 131, 132, 133, 134, 143, 146, 150, 151
Nada, ix, x, xi, 2, 3, 5, 8, 17, 18, 21, 25, 32, 34, 35, 48, 49, 50, 51, 52, 53, 54, 56, 62, 66, 74, 75, 79, 83, 101, 104, 106, 108, 117, 118, 119, 131, 132, 134
Larra, Mariano de, 73
Leitmotiv, 8, 43, 50, 75, 76, 85
Lejeune, Philippe, x, xi, 107, 108, 109, 110, 111, 113, 124, 144
Pacto autobiográfico, xi, 107, 108, 110, 111
Lesbianismo, 67, 77

Levine, Linda Gould, 14, 26, 63, 64, 65, 72, 80, 123, 137
López de Córdoba, Leonor, 113
López Molina, Luis, 116
López, Aurora, 4, 5

Mann, Thomas, 156
Mansfield, Katherine, 156, 164
March, Susana, 18
Martín Gaite, Carmen, ix, x, xi, 2, 3, 7, 8, 9, 10, 13, 14, 15, 16, 19, 20, 21, 27, 29, 32, 33, 36, 64, 81, 82, 83, 84, 86, 87, 88, 89, 90, 91, 92, 93, 94, 95, 97, 101, 105, 106, 107, 109, 110, 111, 117, 118, 120, 121, 124, 143, 144, 145, 146, 150, 151, 170
  El balneario, 83
  El cuarto de atrás, ix, x, xi, 2, 3, 5, 8, 19, 20, 27, 29, 35, 36, 64, 81, 82, 86, 87, 88, 92, 95, 106, 120, 123, 150, 151
  Entre visillos, 83, 101, 145
  Nada, 151
  Ritmo lento, 83
Martín Santos, Luis, 19, 105
  Tiempo de silencio, 19, 105
Martinell Gifre, Emma, 144
Martínez Cachero, José María, 19, 101
Matamoro, Blas, 146
Matute, Ana María, 25, 67, 106, 155, 169, 170
  Primera memoria, 25, 67
Medio, Dolores, ix, x, xi, 3, 7, 8, 9, 10, 13, 14, 15, 16, 19, 20, 23, 24, 27, 29, 32, 33, 35, 37, 41, 42, 43, 44, 45, 46, 64, 79, 84, 85, 95, 97, 101, 105, 106, 107, 110, 111, 117, 118, 119, 120, 121, 122, 124, 127, 128, 129, 130, 131, 143, 146, 150, 151, 170
  El pez sigue flotando, 130

Nosotros los Rivero, ix, x, xi, 3, 5, 8, 16, 20, 23, 26, 29, 32, 34, 35, 37, 41, 43, 44, 45, 62, 64, 74, 75, 79, 83, 84, 86, 101, 106, 108, 117, 118, 119, 121, 122, 125, 127, 129, 130, 150, 151, 177

Modern Language Association, 20

Moix, Ana María, ix, x, xi, xii, 3, 7, 8, 9, 10, 13, 14, 15, 16, 19, 20, 21, 26, 27, 29, 32, 33, 35, 36, 63, 64, 65, 67, 68, 69, 70, 71, 72, 73, 74, 75, 76, 77, 78, 79, 80, 81, 84, 85, 95, 97, 101, 105, 106, 107, 110, 111, 117, 118, 120, 121, 123, 124, 137, 138, 139, 140, 141, 143, 146, 150, 151, 153, 172

De mi vida real nada sé, 153

Ese chico pelirrojo a quien veo cada día, 153, 156

Extraviadas ilustres, 164

Julia, ix, x, xi, xii, 3, 5, 6, 8, 19, 20, 26, 27, 29, 32, 34, 35, 36, 49, 63, 64, 65, 66, 67, 68, 69, 70, 72, 73, 74, 75, 76, 77, 79, 80, 81, 84, 86, 95, 106, 108, 109, 111, 117, 118, 120, 121, 123, 125, 137, 138, 139, 140, 141, 142, 150, 151, 153, 156, 157, 158, 159, 160, 161, 162, 171, 172

Poética, 137

Todos eran unos marranos, 154

Vals negro, 153, 157

Walter, por qué te fuiste?, 153, 157, 158, 162, 171

Molino, Jean, 115, 116

Montero, Rosa, 149

Montseny, Federica, 100, 106

Morson, Gary Saul, 39, 40, 48, 55, 71

Nelken, Margarita, 100

Nichols, Geraldine, 13, 14, 21, 66, 75, 101, 137, 138
Novela autobiográfica, xi, 8, 28, 106, 114, 116, 122, 123, 143, 146, 171
Novela femenina, 30, 33, 102, 108, 151
Novela social, 26, 27, 73

O'Connor, Mary, 30
Oliván, Montserrat, 100
Ordóñez, Elizabeth, 17, 18, 81
Ortiz, Lourdes, 149
OTAN, 16, 74
Otero, Luis, 4

Pardo Bazán, Emilia, 2, 106
Pastor, María Angeles, 4, 5
Patolini, Vasco, 155
Patterson, David, 29, 71
Pedro el Cruel, 114
Pérez, Janet, 5, 123
Peri Rossi, Cristina, 169
Picaresca, 97, 114, 115, 116

Lazarillo de Tormes, 114, 115
Pineda, Empar, 100
Plan de Estabilización, 78
Pope, Randolph, 26, 41, 113, 114
Portal, Marta, 18
Posguerra española, 4, 5, 8, 10, 11, 16, 17, 18, 19, 23, 24, 25, 27, 48, 49, 73, 74, 76, 82, 87, 98, 101, 102, 103, 104, 105, 119, 124, 135, 140, 165, 170
Premio Café Gijón, 21
Premio de los Libreros, 21
Premio Fastenrath, 101
Premio Nacional de Literatura, 21
Premio Nadal, 18, 20, 101, 128, 145, 149
Premio Príncipe de Asturias, 21
Prieto Pascual, Ana, 169
Primo de Rivera, José Antonio, 100, 145
Primo de Rivera, Pilar, 4

Protagonista ficticia, 107, 118, 132
Proust, Marcel, 131, 156
PSOE, 16

Quevedo, Francisco de, 72, 88
Quiroga, Elena, 25
La enferma, 25

Realidad y fantasía, 87, 90, 91, 92, 94, 117, 123
Realismo existencial, 103
Realismo social, 21, 104, 105
República, 15, 98
Restauración, 98
Revolución rusa, 9
Riddel, María del Carmen, 100
Riera, Carme, 18, 149
Río, Angel del, 72
Rodoreda, Mercé, 149
Roig, Montserrat, 149
Romá, Rosa, 18
Rousseau, Juan Jacobo, 113
Rubin, Louis, 121

Ruíz Arias, Carmen, 13, 17, 34, 37, 42, 43, 122, 127, 128, 129
Ruiz, Juan, Arcipreste de Hita, 114
Libro de buen amor, 114

San Agustín, 113
Sánchez Ferlosio, Rafael, 21, 146
Santa Teresa, 106, 114
Sartre, Jean Paul, 103, 155
Scanlon, Geraldine, 100
Scarlett, Elizabeth, 3
Schumm, Sandra, 64, 67, 69
Schyfter, Sara, 64
Sección Femenina, 4, 100, 102
Sender, Ramón, 116
Réquiem por un campesino español, 116
Séneca, 61
Shuman, Amy, 73
Shumway Rosenthal, Suzanne, 39
Siberia, 9

Siglo de Oro, 97, 114
Siurana, Elvira, 3, 145, 146
Smoot, Jean, 43, 129
Sopeña Monsalves, Andrés
   El florido pensil, 99
Soto-Fernández, Liliana, 117,
   118, 119, 120, 123
Soufas, Christopher, 74
Stam, Robert, 40, 48, 53
Stendhal, Marie Henri Beyle,
   155

Thomas, Michael, 19, 65, 67,
   68, 156
Todorov, Tzvetan, 88, 90, 91,
   95
   The Fantastic, 88, 91
   Introducción a la
      literatura fantástica, 90
Tolstoi, Leo Nikolaevich,
   155
Torrente Ballester, Gonzalo,
   116
   Dafne y ensueños, 116
Torres Villarroel, Diego, 116

Transición, xi, 8, 20, 24, 32,
   81, 85, 86, 87, 89, 95, 96,
   149, 165, 166
Tusquets, Esther, 18, 106,
   149, 169

Unamuno, Miguel de, 98,
   117
Uría, Paloma, 100

Vindicación Feminista, 21

Wolf, Virginia, 13
   A Room of One's Own, 14

Zayas y Sotomayor, María
   de, 1, 106, 151
Zylko, Boguslaw, 30, 31

NIGHT WATCH

Bilingual Press/Editorial Bilingüe

General Editor
  Gary D. Keller

Managing Editor
  Karen S. Van Hooft

Associate Editors
  Brian Ellis Cassity
  Cristina de Isasi
  Barbara H. Firoozye
  Linda St. George Thurston

Editorial Consultant
  Shawn L. England

Editorial Board
  Juan Goytisolo
  Francisco Jiménez
  Mario Vargas Llosa

Address:
  Bilingual Press
  Hispanic Research Center
  Arizona State University
  P.O. Box 872702
  Tempe, Arizona 85287-2702
  (480) 965-3867

NIGHT WATCH

REINALDO BRAGADO BRETAÑA

TRANSLATED FROM
THE SPANISH BY
DAVID WILLIAM FOSTER

BILINGUAL PRESS/EDITORIAL BILINGÜE
Tempe, Arizona

© 2004 by Bilingual Press/Editorial Bilingüe

All rights reserved. No part of this publication may be reproduced or transmitted in any form or by any means, electronic or mechanical, including photocopy, recording, or any information storage and retrieval system, without permission in writing from the publisher, except in the case of brief quotations embodied in critical articles and reviews.

ISBN 1-931010-16-1

Library of Congress Cataloging-in-Publication Data

Bragado Bretaña, Reinaldo, 1953–
   [Noche vigilada. English.]
   Night watch / Reinaldo Bragado Bretaña ; translated from the Spanish by David William Foster.
      p. cm.
   ISBN 1-931010-16-1 (alk. paper)
    I. Foster, David William. II. Title.

PQ7390.B69 N6313 2002
863'.64—dc21

2002026162

PRINTED IN THE UNITED STATES OF AMERICA

Cover/interior design by John Wincek, Aerocraft Charter Art Service
Back cover photo by Pedro Portal

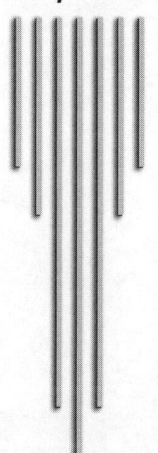

PART ONE

HAVANA

I

From the moment I made the decision to go out I knew I had quite a night in store for me. And I was not wrong.

Despite the dictatorship, Havana is a beautiful city, especially at night. I usually go out after ten when it's cooled off a bit, although it never cools off completely, which is either the bane or the benefit of the island. The streets are emptier then, with only an occasional night owl, especially in the network of streets and alleys in Old Havana. The bad lighting from the handful of streetlights that are working makes for a jungle of shadows, a map of liberated phantoms who are the owners of the night and for whom strolling is an adventure full of hidden meanings and erratic astrolabes. There among the columns and cobblestones struck by a chance ray of light coming from houses with dignified and republican façades, along with what the pedestrian adds on his own, a lot happens in the early hours of the Havana night. It also depends on the individual in question and his sense of how to speculate about the unknown elements produced by the movement around one, with the individual in the center and the rest as a reflection, first as awareness and then as something tangible or vice versa. Life, simply put, is perceived in different ways and, depending on the person observing it, being a castaway can be either a fun-filled party or an interment in oblivion, a monotonous flow of frozen time or a whirling tornado such as those the island has known since the time of the pirates . . . and even long before that.

The routine is to stroll toward the Plaza de la Catedral, the Parque Central, with its statue of José Martí and the gold spike in the center, or along some stretch of the seawall, the Malecón, in a quest for the first lost souls of the night who wander along the narrow streets among the columns or across the cobblestones. The areas where you can find interesting people are always the same ones. It takes about twenty minutes by bus to get to the Vedado neighborhood, and the arrogance of its vanquished capitalism can be identified in the look of those who begin their lives at this time of the day, also vanquished. Capitalism, like liberty, is nocturnal. All those who stroll aimlessly along La Rampa or 12th or L Streets are, unbeknownst to them, accomplices in a past they know is long gone, at least for them; and the intense quest they undertake outside themselves to find one—just one—reason for their existence in the midst of the chaos is touching. That past knows that its noctambulant admirers are almost lost in their individual dichotomies, in their lack of a compass and the way they are made for either the past or the future, but never the present. Matter first and awareness second . . . or vice versa.

The places of greatest corruption, to use some sort of designation, are known to those who specialize in them. I have been one of those specialists since before I landed in jail. Temptations exist and so do dangers, always varied and multiple and in living color. But there is a kind of total freedom in going out at night to stroll and living it up until dawn while the rest of the world marches against its will toward its routine occupations. It is also a gamble that could land you in prison. The police are on the hunt for those minuscule integers that refuse to be treated like cattle by a totalitarian regime that, so some say, is the people's democracy. My best friends are just like me, professionals at opposing whatever. In my mind, on my body, and on my ID card I bear the mark of having been in prison for political reasons. I am a perfect candidate for a return visit. My friends play on my team and we all know what we are doing and how much it could cost us. But people are profoundly stubborn and never miss a chance to do themselves harm, and to be free in Havana is to desperately seek a jail sentence for being a dissident or a deviant or, with a little bit of bad luck, for the worst of all crimes, attacking the powers of the state.

The year is 1986 and it's been six years since almost all of my friends left the country, passing through the port city of Mariel, on Cuba's northern coast, for the United States, almost 125,000 Cubans, making up the most massive exodus in a short period of time since Moses in the Bible. At the time of that feast of flight I was in jail, and the authorities, as was the case for all political prisoners, did not allow me to be a passenger on one of the much sought-after boats that left for Florida burdened with broken people in search of some sort of relief far from the night watch of Havana. When I got out of prison in 1981,

I knew no one in the city except for a couple of people who were not among my most intimate friends. In each nighttime gathering place, in every forgotten corner of whatever park or plaza, I would only find faces who had nothing to say to me, who did not know me, and who looked at me with distrust as though I had never been a part of the capital city's nightscape. It was, to a certain extent, an insult for a professional night stalker like me. And sometimes it would get to me. But I had to realize that times change and the lovers of the night—those I knew—had gotten out in time or as soon as they could, leaving me alone, and at that very moment, perhaps, they were walking the night in another country. I felt joined to them when I looked up at the sky. I was left with the same geographic dawn with no chance of change on the horizon. Fortunately, there is always someone left behind, and if you are really hurting, all you need is a single link to pull on the chain that will lead you to the worst company, which in the case of the Havana night is the best of a country that has, after all, a coat of arms, a national anthem, and a flag. Some would exaggerate and say that it also has a constitution, but that remains to be seen.

By ten-thirty I was seated at the entrance to the restaurant El Patio, an ancient palace on the Plaza de la Catedral that had once been the property of the Count of Aguas Dulces, drinking a cup of tea. That was all I had money for. The colonial appearance of the entire architectural setting is impressive. When it rains and the water rolls down the stones of the frontispiece of the cathedral it is hard to know in what century you are living. The cobblestones shine, stretching from one sidewalk to the other, binding together the ancient palaces that surround the plaza and enclose it in a space seemingly fortified against the advances of time by masonry and architecture. The bell towers dominate the scene in unquestionable foreshadowing, as though assuring with their salient presence that no one, at least not in this place, can rise above them. Balconies, full of colonial half-point designs, smile with their wood shutters and flowerpots full of ferns hanging from the grilles dividing one neighbor from the other. It is one of the loveliest places in Havana. And this is the refuge of elegance and illustrious lineage where, as though drawn by a secret call that can only be heard by initiates, those who refuse to acknowledge what their lot has been, those who refuse to go on living or march to someone else's tune, all show up. It is forever the same, what everyone in every part of the planet has experienced. The fact of the matter is that someone else's experience doesn't count, and you have to pay dearly for your own with a currency that so far no one has been able to specify with much accuracy.

I was busy with my tea and cigarette, the tables around me filled with young people happily united in their anonymous rebellion, which you can spot by their way of dressing and their hairdos. This almost always means long hair (the Beatles made it to Cuba in secret and stayed) and an invisible but apparently evident brand on their faces that only they can recognize. Some of them, both men and women, looked like streetwalkers—*jineteros*—a word describing those who have sex with tourists, looking for dollars or escape from the country by way of an invitation to go abroad or an arranged marriage. Others looked like homosexuals—more or less discreet ones—others students, but all were brought together by the look that lets you know from a single glance that you were one of them, they were your kind, and they all were looking to be protected by the night from so much desolation and vigilance.

I like the El Patio restaurant because it is a watering hole for snobs and aspiring intellectuals and artists. You find any and everything at tables that night after night fill up with more or less the same brigade of lost souls: painters, writers, novelists, many—very many—poets, and even a philosopher or two with aspirations to understand reality and an intolerable mania to want to explain it to others.

That night, to my misfortune, I again met up with those who thrive on the Havana dawn, and my gut feeling was about to be confirmed. It was easy. Because the tables are always crowded and there is a long line of people waiting for a place to open up, if you end up like me alone at a table that seats four, you will be thronged by those looking for a place. So it was that I was approached by a singular trio. Two young men and a girl. None of them over twenty years old. The taller of the two men asked for permission to sit down at my table with his friends. The others smiled, awaiting my approval as though I were the owner of the restaurant. Of course I told them to join me. That was just what I wanted. Then I started to worry. The taller one introduced himself as Johnny, omitting his last name, and Johnny was undoubtedly nothing more than a mask for the Juan that his parents had given him at his baptism. He pointed to his companions, Lourdes and Raúl.

"My name is Alberto." I smiled and pointed to the chairs.

They sat down with obvious relief and placed their things on the table.

Lourdes carried a book with a very worn light-brown cover. I didn't dare ask what the title was. Her curly hair fell in a cascade over her shoulders and I was immediately reminded of a Brazilian samba singer. She oozed eroticism from her head to her toes. Her checkered dress, made out of a light and somewhat transparent material, contributed to the sensation of a stroll through paradise on Earth. She was wearing sandals and her right wrist had at least six bracelets of different materials including silver, leather, and copper. I would have given anything for a playful spirit to whisk her clothes off right then and there. Johnny's distinguishing feature was his long, straight hair, parted in the middle like John Lennon's. It was apparent that he liked to look like the dead ex-Beatle. All he was lacking were the round sunglasses and, of course, to be as good a musician as the Brit. He was wearing jeans and black moccasins. He had a small leather document case and various pens in his shirt pocket. Raúl had a sickly appearance, just the opposite of Johnny, and he looked a wreck. His fingers were so long that he looked as if he were wearing an octopus on each wrist. A white pullover, very large on him, black pants, and high boots. A real sight. He was carrying a stack of spiral-bound papers, letter size, and he carefully set it down on the table, taking care that the marble top was not wet.

"It's my novel," he said by way of explaining his meticulousness. "It's the only copy I have."

Lourdes smiled and Johnny interjected, "Raúl writes. He's a poet." His way of saying it sounded like Lennon introducing his fellow musicians at a concert in Madison Square Garden.

"He is too," Lourdes added, pointing to Johnny and making her bracelets clang together. "But he's very timid and never reads what he writes, despite the fact that it's excellent. Many people believe he's the best poet of his generation. There's no doubt in my mind he is."

She finished her comments with an expression whose meaning I wasn't sure of at the time, whether it was a burst of laughter or something else. Her dilated pupils indicated to me that something was going on. She also made rapid gestures, very rapid ones that had nothing to do with the slowness of her other movements, which seemed appropriate to an English court.

So, without meaning to, I found myself sipping tea surrounded by twenty-year-old intellectuals. The night was promising, at least in terms of an unexpected conversation. But later I found out that it promised a lot more in a way that bore out my presentiment.

When the waiter came over—a man in his fifties, straight black hair combed back, one of the countless counterfeits of Rick in *Casablanca*—my companions also ordered tea and, seeing my empty cup, offered me a refill, something I accepted on the spot.

"And do you write?" Johnny asked me when the waiter had left the table, arranging his hair with both palms in a gesture I later discovered was a nervous tic.

"No," I answered.

"No?" Lourdes exclaimed, as if it were the most natural thing in the world for people to write books.

"No," I repeated.

"Not even poetry?" Raúl asked in a paroxysm of astonishment.

"Not even poetry."

They looked at me as if I were an alien who had escaped from some spaceship and all they needed to do was ask me for the name of the planet I had come from. It made sense in a place like El Patio: anybody who drank tea there was an artist or an intellectual or was on the way to becoming one. To ease their minds I explained that yes, I had written things, but I was no longer writing and that many years had gone by since I had given up the mania of writing. My explanation only made things worse, and at that point they asked me how old I was.

"Four hundred thirty years old," I answered.

"You're the Count of Saint-Germain?" Raúl asked to show off his knowledge of the world of esoterica.

"No, just Alberto," I said modestly.

I took the opportunity to find out that all three were twenty-four years old and, without my asking, they told me that Lourdes was an Aquarius, Raúl was sponsored by Gemini, and Johnny belonged to Virgo. They were a whole constellation.

"Sagittarius," I informed them as a specialist in astrology would, or at least someone who should be in the know or pretended to be. Not to do so would be to end up looking ridiculous.

Then Johnny asked, almost as though making an accusation, "How could someone who is a real writer stop writing? That's inconceivable."

"There are a lot of reasons . . . ," I began without knowing what to say. "Sometimes one . . . Perhaps it is a matter of . . ."

I couldn't go on, so I took out my pack of cigarettes, offered them around, and asked for a light. Lourdes, lighting hers, looked at me in a way that her companion might have disapproved of but which seemed to me to be promising.

"So, what happened? Why aren't you still writing?" Johnny asked insistently.

Instead of answering, I took out my identity papers and showed them the last page in the small, absurd booklet that every citizen has to carry on him at all times and show the police when they ask for it. I opened it on the marble top of the table to the page of special notes. In the middle was the stamp of a former political prisoner engraved with all the formality of the police bureaucracy. The color of the ink was perfect and there was no room for error: I was branded like a piece of cattle and I knew they understood the significance of the stamp from the expression on their faces.

"So then you could leave the country with a visa as a political refugee?" Lourdes asked in admiration, with her bracelets clanging more than ever.

"Exactly."

"And are you going to?"

"You ask too many questions," I whispered.

Johnny looked at her hard, reproaching her insistence, and Raúl touched her on the arm discreetly, suggesting she change the subject. It was impossible for me at that moment to determine which one was her partner. But she didn't shut up, although she did change the subject. "I know what your exact age is."

That rang in my ears as a little sexual game.

"What is it?"

"You're thirty years old."

"How did you know?"

"My guess is that you were in jail for four years and you counted each year as a century. Hence four hundred thirty."

"You're brilliant. I served four years. Sherlock Holmes would turn green with envy if he were here."

"Moreover," she went on, ignoring my compliment, "there's no way you could be the Count of Saint-Germain."

"Why?"

"You're missing the cape."

I had to laugh. But that wasn't the problem. What bothered me was that she laughed too, but while looking me in the eye.

The tea was brought by another waiter, another Rick, who was fed up from waiting on strange persons with barely decent habits like reading books and, what was worse, writing them. Johnny, apparently the ringleader, served everyone sugar. Lourdes, after stirring her cup, reached over for Johnny's leather document case. He stopped her and took the case from the table and placed it under his left thigh.

"You're being really *atorrante*," she said.

"You're not Argentine, so don't go using any Buenos Aires slang on me," Johnny warned her.

"No way. And you're not Borges, Mujica Laínez, or Bioy Casares. Give it to me."

"You can't do it here and besides that's enough for today." I understood from his determination that he was unquestionably the natural director of the trio. At first I had no idea what mystery the leather case contained, but then I caught on.

I sipped my tea and set myself to studying them. They continued to chitchat until they came to film. First they commented on an Italian film or something like that, and then a French one. There was a scene in which someone had wrapped a string of dynamite around his head and set it off. That had impressed Lourdes.

"That's *Crazy Pete*," I said. Jean Paul Belmondo was the one blown to bits.

"Did you see it in jail?"

I thought she was pulling my leg.

"There are no movies in jail. I saw it before going in."

"Do you like Belmondo?" Lourdes tried another question.

"He's fine," I said noncommittally because I knew none of her questions lacked an ulterior motive.

"They say he's the most charming ugly madman in the world," Lourdes observed, and Johnny nodded in agreement.

Raúl chimed in to say that if his novel were filmed by a director like Jean Luc Godard, it would be the best film on the planet made in recent decades. When he finished his favorable prediction regarding his own work, he looked at me as though expecting some commentary, but I remained silent because I was terrified he might try to force the reading of a chapter on us.

"I'm certain that Alberto would love to read your novel," Lourdes said as she lifted her cup to her lips to hide a smile. She looked at me over the edge of the porcelain cup through the thin screen of mist given off by the tea. This girl knew a lot for someone in her early twenties, and she wanted to test me, check my limits, and see how I would extricate myself from the business of Raúl's novel and the literary trap.

The budding writer took advantage of the situation and held the manuscript out toward me. I had to take it. I fumbled for my glasses in my shirt pocket and put them on, which produced in Lourdes an amused reaction something like scorn.

"Hey, you wear glasses!"

And she laughed out loud. I just stared at her.

"You look interesting in glasses . . ."

When I said nothing, she insisted, "Has anyone ever told you that you look interesting in glasses?"

"No."

"Well, they're all blind."

"I don't think the world pays much attention to my glasses," I explained.

"Well, that's a mistake," she uttered.

"Lourdes!" Johnny exclaimed.

"It's no big deal, Johnny. Please," Lourdes defended herself. "Let's see what you think of Raúl's novel."

Evidently, Lourdes ran the show and when she decided she had had enough, they all heeded her. I began to doubt my first impression about Johnny's leadership.

I finally opened the manuscript to the first page with Raúl watching me closely.

"What do you think of the title?" the author asked anxiously.

"*The Dawn and the Last Rest*," I read out loud, adding, "Not bad."

"Did you write poetry?" Lourdes asked, finally having gotten me involved in a literary conversation, to the satisfaction of her puckish eyes.

I was really torn whether or not to answer. Finally I let it out.

"Fiction," I whispered.

"Really?" Raúl exclaimed with enthusiasm over his good luck in meeting a colleague. "What was it called? Was it very long?"

"The title doesn't matter," I said and closed the manuscript, returning it to Raúl.

My gesture was a bit abrupt, without meaning to be. They noticed it and there was silence at the table.

Finally Raúl broke the ice. "You can take a look at it some other time. I like to get the opinion of other writers. It always helps your writing, or so I think."

"Sure. I'd really like to," I lied and added immediately, "But I'm not a writer. I only tried to write once and it turned into a novel, period."

I thought the literary chapter was over because of my abruptness, but Lourdes shot off a question. "Why were you in prison?"

Her two friends looked at her in surprise. I remained silent.

"Why were you in prison?" Lourdes repeated, challenging the lot of us.

I gave her an answer, but I took my time. In reality, I was very much afraid. I know how dangerous the game of "intellectual" was in a country like mine. I knew that young people (and we were all young, me included) fail to weigh the consequences of what happens to catch their fancy at a particular moment. I knew because I had paid the price for it with a free trip to hell, including lessons that I would have preferred never to have learned and being a witness to things I would never have wanted to see.

"I was in jail for writing a novel."

The silence was complete, as though they were trapped in a cabin of the *Titanic* beneath tons of water in the Atlantic. They looked at each other. They looked at me. And while I sipped my tea, I took note of how admiration for me grew in Lourdes, such that the night became complicated in a vertiginous advance of a spiral of danger that, like any legitimate danger, is always erotic.

"For writing a novel?" Lourdes asked.

"For writing a novel," I repeated.

"What was it called?" Raúl asked.

"*The War on the Rooftops.*"

Johnny chimed in, "So you're a real writer."

"Nice title," Raúl observed.

I had no choice but to laugh. "Why am I a real writer?"

"Because if you were jailed for writing a novel it's because it was for real, something good, and therefore it got you into trouble."

I laughed even more because of the simplified logic that Johnny applied to my case. In reality, the aura of literary prisoner accompanying anyone who is marginated by the cultural authorities is often unjustified, even if defiance and the courage of writing from the margin warrant a medal. Also, of course, there are those who really stand out, although never farther than the thickness of their file in the archives of the political police.

"It's wrong to think that literature is better for the mere fact of going against the grain," I pointed out.

"Was yours very . . . ," Johnny asked, but looking all around before finishing the sentence, "counterrevolutionary?"

The conversation was getting more and more dangerous, but without ceasing to have the measure of erotic danger I felt to be quite attractive. To be honest, I had no idea who they were, who they kept company with, or who their parents were. I could just as well be talking to three sons of bitches in their twenties formed by almost three decades of institutionalized lies.

"In reality, no . . . but I'd rather not talk about it, please. It's something that is over and done with, impossible to duplicate, never again."

"Are you afraid?" Lourdes challenged me, always going after what she wanted.

But I decided to disarm her. "Yes, I'm very scared."

Lourdes asked Johnny for the document case with such an imperious tone of voice that he didn't hesitate a second in turning it over to her. Once she had it, the girl got up and said she was going to the bathroom and would be right back. Johnny gave her a warning. "Be careful no one sees you."

Lourdes simply looked at him and smiled.

When we were alone, Raúl was the one who spoke up.

"Was it rough?"

"Prison is rough no matter where in the world."

"That's not what I meant," Raúl corrected me.

"What did you mean?"

"Losing the novel."

"What makes you think I lost it?"

"Because the political police confiscate novels they claim have ideological problems. Everybody knows they don't return them and that they store them very carefully in archives, pulling them out when it's convenient for them, even years and years later."

I sighed.

"Was it rough?"

"A book is like a child," I confessed.

"Can you reconstruct it from memory?"

"Maybe I could, but it wouldn't be the same novel."

"There are those who have been able to do it," Johnny said.

"I don't know any."

"Just the idea that it could happen to me scares me," Raúl interjected. "If the police confiscated my novel and I lost the only copy I had, I think I'd commit suicide."

"I wouldn't recommend it."

"What, for me to allow them to confiscate it or for me to commit suicide?"

"Both."

"The problem is that my novel deals with a young man who . . ."

"I don't want to know what your novel deals with." I interrupted him before it was too late. "In reality, there are few things I want to know about."

Raúl felt as if he had been hit. I could see it in his face, but there was no way I was going to allow a kid with pretensions to being a novelist to get me involved in a crime that could cost me five more years' loss of freedom, according to the legal code in effect. If his novel were critical, oppositional, with ideological problems or whatever you want to call them—and the specialists at State Security had enough categories to cover every case—that was his problem and not mine. I had had my own problems, untransferable and unique, and I didn't want him to have any of them, but I didn't want to take on his, either. The mere fact that I knew the plot of his novel (his novel, his world, his position from his side and not mine) would brand me an accomplice and I knew it. The Havana night watch was getting more and more dangerous for my stroll and my personal security. Perhaps it was a total mistake to allow them to occupy the empty chairs at my table, but it was too late, and besides, there were Lourdes's eyes, her hair, and her body. My only option was to get up and run off without any explanation. But I knew I couldn't even if I wanted to.

Johnny intervened. It seemed as if he always knew when to intervene to calm tensions. He arranged his hair over his ears before saying, "Lourdes is taking too much time in the bathroom."

"Do you want me to go see what's going on?" Raúl asked.

"OK, but be careful. Call her from outside."

As Raúl was getting up to go, Johnny stopped him. "Never mind, I'll go." He added as a kind of justification, "I've finished my tea and you've still got some left in your cup."

Johnny walked away, leaving me alone with the novelist who wanted to tell me the plot of his novel.

"Lourdes is a very good friend," Raúl said, and I was silently grateful that he moved the conversation away from his novel.

"Are you all students together?"

"We don't go to school."

"What kind of work do you do?"

"We don't work."

That was the moment when I realized that these three kids were heavy-duty social time bombs.

"You don't go to school and you don't work?" I asked, hoping I had heard wrong.

"We don't work and we don't go to school."

"Do you realize what could happen to you? The police are always rounding up young people. Do you know that?"

"Of course we do."

"And you're not afraid to be stopped? You must also know how the authorities look upon young people who are not integrated into society, as they say."

"Yes, we do, and we don't care."

Maybe they didn't know it well or had never had any direct experience in this matter. The roundups occurred at any time, with no warning, at any place. A theater, a cafeteria, or a park could be the field of action of the police. They would close the area off and begin to ask the young people for their identification. They would have buses parked nearby to haul suspects off to various prisons or work camps. They would try them quickly with no constitutional guarantees. The crime of being "dangerous" stipulates in the penal code that a citizen, without having actually committed a crime, could be sentenced to one to four years just for manifesting signs of being dangerous to society. These signs could be the length of hair, the manner of dress, the music being listened to, or, in their case, for not working or going to school. With all this in mind, I asked him again, "You really know the risk you're taking?"

"We do. We're on the fringes. But the society they have to offer is just good garbage. We prefer to be on the margin and, believe me, we're doing well—I'd even say we're doing great."

I looked at him with pity and remembered the title of the James Dean film. As though reading something in my face, he added, "We're happy this way."

"And your parents?"

"I haven't seen them for three months and that's fine with me."

"Do they . . . support the revolution?"

"They do."

"And Lourdes and Johnny?"

"They're luckier. Their parents aren't into anything. They live on the margin too, but in their own way."

"Where do you live?"

"I spend some time at a friend's house, then I move on to another one and another one and that's the way time goes by."

"Time never returns."

Raúl dismissed my words with his hand and roundly declared, "I hope not."

I decided to change the subject to explore what most interested me. "Lourdes is very attractive."

"She's one of a kind."

"I can see you love each other," I said, expecting to get back more than I offered.

"We're like three siblings."

"Three?"

"Johnny, her, and me."

"No, I meant that you and she love each other," I said, pointing at him.

Raúl began laughing.

"Boyfriend and girlfriend?"

"Yes."

"Lourdes and me?"

"Yes."

"She's not to be had," he said and instinctively caressed the cover of his manuscript. "It's too bad."

"You've never gone to bed with her?"

"A year ago."

"And what happened?"

"Nothing . . . She's like that."

I reached out and took the novel from him, put it on my lap, and opened it. His eyes shined. I had won his confidence.

"Johnny?"

"They also had something going, but that was a long time ago."

"Before or after you?"

"After." He watched how my fingers turned the pages of his novel. "But now we're like brothers and sister. No one's pissed off with anyone else and we get along just fine."

I stopped at a page at random and asked what I knew he would agree to. "May I?"

"Of course."

"Out loud?"

"If you want," he answered, pleased.

I began to read for the two of us. "The mouth of the hangman seems sometimes not even to shout, while an arch of triumph is the proper road to reach its interior. It is not a question of pretense, of the simple fact of a communication between the exterior and the hangman's universe via that which is overlooked, what is evident but ignored. Any surprise can assault us if the roads are of straw. An armadillo in the shadows that moves imperceptibly, the transcendence of the hay discerning the horizon, scolding the sinking, the fatal shipwreck that satisfies us without having to think about luggage. The threat comes from another place and no one suspects it. We all know what is going on although no one recognizes it: it is the dangerous game of attempting to trap the ephemeral reality of the surroundings, the work, and convert it into something definite that will never be.

"The afternoon of the alamedas, when the light split over the stone and wounded my cup, it was a universe. Moreover, unquestionable. Thus these sentences read: fucking English is not enough. I was in France. Of course, the floors of the castle beneath me came up to kiss the earth, and I could make out another door I'll never forgive myself for not having seen before. The basements, those undergrounds that connect countries. And I understood another proposition: traveling from one country to another is like penetrating it, entering it from my side, like echoes in the hay, the uncertain limits of the surface of the picture, the spiraling voices, the belated ringing of the bells, the lights of the back patio, the dead calm, the wrong station, the anchor of hay, the inverted tops, the snow revealing the lamb . . ."

I stopped and looked at him.

"So what do you think?" he asked anxiously.

"I would have to read it from the beginning, but it seems fine to me." I added cautiously, "Does it have to do with Lourdes?"

"She's in everything I do . . . But as you know, that was a long time ago, and now everything is literature."

"But even though it's literature, she's still attractive and you're both young like her."

"No . . . Nothing ever happens and I don't think it ever will . . . We're just friends . . ."

But his face showed he wasn't very thrilled with the situation. As for me, I now knew what I wanted to know.

"Are you going to continue reading?" he asked, pointing to the book.

"I'd prefer to go on talking. Besides, I don't think this is the right place, Raúl," I said by way of an excuse and returned the novel to him. "Sometime when the place is right."

At that moment Johnny and Lourdes returned from the bathroom. I realized as they came down the two steps from the restaurant's door that Lourdes was leaning on Johnny and walking gingerly, while Johnny looked this way and that, afraid that someone would notice the state the girl was in. At that moment, I recalled some of her disjointed gestures during our conversation and her eyes. I also recalled that her breath did not smell of alcohol. Raúl also saw that something was wrong and that I knew it. We looked at each other, but just when I was about to ask what was wrong, Raúl stood up to help Johnny. They guided her to her seat, where she collapsed rather than sat down. She was pale.

"Was she able to vomit?" Raúl asked.

"Very little," Johnny said as he sat down. "There's a lot of fresh air here. Maybe she'll feel better soon."

"Indigestion?" I asked, knowing that wasn't why she felt bad.

Raúl shot me a dirty look. Johnny was the one to say it. "She took too many pills."

"How many?" Raúl asked.

"The same as always."

Raúl scowled.

"How many is 'the same as always?'" I asked timidly.

"It's not a matter of quantity. It means that, as usual, she doesn't remember how many she took."

I sighed.

"It's no big deal unless she mixes them with alcohol," Johnny pointed out.

Lourdes protested from the fantasy realm she had attained thanks to the drugs, "Don't treat me as if I were crazy . . ."

"That's not it . . . ," Johnny started to say.

"I take pills," she said with absolute clarity in her voice. "You know it, poet." She pointed to Johnny. "And you too, novelist," she said, pointing to Raúl. "And you, who used to write and don't any more, know it too now. I pop pills. Is there any problem?"

I shrugged. "You don't have to shout in people's faces that you take . . ."

"The angel of the plaza will guide their spirits so that all of those who are nonbelievers will begin to have faith before it is too late. Come with me and together we will make the bell towers vibrate in unison." Lourdes ended her speech with a smile.

"I think we should go," Johnny announced. "She doesn't feel well."

"Where are you taking her?" I asked.

"To her house in Vedado," Johnny answered. Her parents are at the beach on vacation. The house is empty and no one will bother us."

"In the state she's in, it's going to be very hard to go anywhere where there are a lot of people," I warned. "She looks very pale to me. She could vomit on the bus."

"Or say a bunch of crap," Raúl pointed out. "And that would be worse."

Johnny stood up and grabbed her under the arm.

"Come on, Lourdes, it's time."

"Time for what?"

"Time to go."

"Who says so?"

"The stoned state you're in."

I hesitated quite a bit, but I finally said, "I live alone, right here in Old Havana . . . If you want you can spend the night at my house. It's close enough to get there on foot."

Johnny looked at Raúl and the latter shrugged his shoulders.

"OK?" I asked, now on my feet.

The one who decided the game was Lourdes herself. "Let's go home with the guy who doesn't write anymore."

I saw some jealousy in Raúl's expression. Johnny also saw it for an obvious reason: he was jealous too.

"Lourdes, the point is we just met Alberto this evening . . . Perhaps if you made an effort, you'd make it to the bus stop and manage to . . ."

Lourdes interrupted him with a heave that didn't quite end in vomit.

"Let's go to Alberto's house," Raúl said with determination, taking Lourdes by the other arm. "Which way?" he asked me.

I couldn't answer because the sound of screeching brakes coming from the three streets that run into the Plaza de la Catedral—Empedrado, San Ignacio, and Avenida del Puerto—filled the night, displacing the more or less trivial conversation of the patrons. Suddenly the entrance was filled with police dressed in uniforms and street clothes making the rounds of the tables and asking for identification. The atmosphere froze and the waiters drew back, ranging themselves along the walls, witnesses to another raid on the premises of this restaurant known to be a gathering place for youths with "ideological problems" and, therefore, the scene of periodic police roundups. When I saw myself surrounded, I knew I was lost. Raúl's novel and the stamp on my papers as a former political prisoner assured me a one-way ticket to court and from there to the opposite shore of the bay, to the prison located at the La Cabaña fortress, a colonial castle constructed by the Spanish after the taking of Havana by the English in 1762, where I spent almost three years during my sentence as an unofficial writer.

But I was very quick, just as I had been during the high point of my years in prison, and I knew how to assert myself over the rest of the group, who showed evident signs of confusion. I took advantage of a brief moment of distraction on the part of the police owing to an attempt by a young man to escape by jumping over pots filled with areca palms. A policeman yelled out when he saw the young man attempting to flee. The others looked at him and then set off in hot pursuit. In the middle of the momentary confusion, I grabbed Lourdes's wrist, the one covered with bracelets, and dragged her toward the interior of the restaurant in search of the kitchen. Raúl and Johnny followed behind and I told them not to let themselves get trapped and that they should go through the kitchen looking for the door that led out to the side street, Empedrado, right next to the restaurant next door, La Bodeguita del Medio, and that they should later separate from me. We would meet up at my house, Curazao 24, between Luz and Acosta, by different routes. I pushed the revolving doors to the kitchen and dragged Lourdes in under the astonished gaze of the cooks, who just stood there quietly in obvious solidarity. I could see that Johnny was close behind and when I reached the door to the side street, I looked back and saw that an olive-green uniformed arm was dragging Raúl off by the neck of his T-shirt: they had gotten him. Once out in the street, I repeated the address to Johnny and insisted he take a different route from mine, using the Central Railroad Station as his guide. I yelled after him before disappearing around the corner of Cuba and Empedrado, "When you get to my house, don't knock: the door'll be open!"

"I need to splash water on my face."

That was the first thing Lourdes said after entering my house. I led her directly to the sink I had installed in the small roofed-over patio that provided me with privacy, even though it made the house dark. I preferred the dark. I left her bent over, sweating and heaving, with the water faucet turned on, and went in search of a towel. When I returned she was vomiting a runny yellowish liquid. Her eyes were filled with tears. I waited patiently for her to finish. Without question, the quantity of pills she had consumed in the process of drugging herself was excessive. Once she realized her stomach was clean and she couldn't get anything else up, she rinsed her mouth out several times and splashed water on her face. She turned toward me—she was a little embarrassed—and I handed her the towel.

"I was lucky something made me vomit . . . Maybe it was the tea, I don't know."

"Is your head clear?"

"It appears there's nothing left inside me. The last heaves were clear."

"You have to be careful with that stuff."

"It almost never happens to me."

"Johnny and Raúl don't seem to think so."

"They always exaggerate a little."

"It's probably because they love you so much," I ventured.

Lourdes smiled and finished wiping her face. I noticed her eyes were shining again when she handed me the towel. A pale blue vein ran across her forehead.

"I'm sorry to be such a bother," she whispered.

"No problem."

"And the others?"

"Johnny must be on his way here. I gave him the address twice. Does he know Old Havana?"

"Not well, but he can ask somebody in the street. Are we far from El Patio?"

"No . . . fifteen or twenty minutes by foot. Apparently you didn't see how you got here."

"I don't remember much. I really felt sick. Did you also give Raúl the address?"

"You didn't see a thing?"

"What do you mean?"

"On our way out through the kitchen, the police managed to nab him. I saw them dragging him off by the neck of his T-shirt."

"Good God!"

I remained silent.

"Did he have his novel with him?"

"I think so."

"Good God!" she repeated.

"He must be in some police station."

"I hope he managed to throw it away before they grabbed him. That novel is dynamite."

I nodded, but I knew it would have been difficult for Raúl to let go of the only copy of his novel.

"Did you see them haul him off?"

"No. I was busy dragging you, looking for places to hide, portals and doorways, to escape from the roundup. It's a miracle we made it. The cruisers were coming out of every intersection. It was a major roundup."

"God damn!" she exclaimed furiously.

I didn't say a thing.

"If they confiscate Raúl's novel, you'll never get to read it."

"It's not important for me to read it."

"Perhaps it is."

"Why?"

"Is your real name Alberto?"

"Ever since I was born."

"He would have liked for you to read it. You could clearly see it in his eyes."

"You're exaggerating. I'm no one as far as literature goes and besides, nothing's going to happen. I'm sure he got rid of it," I said without any conviction. "And the police will let him go right away," I said with even less conviction.

"Do you have some cold water?"

"Sure."

I invited her to go into the living room and wait. I pointed to one of the armchairs, the only one whose wicker arms weren't broken. I returned with a glass of water and surprised her as she was looking admiringly at the pictures and posters that filled the walls. Her attention was particularly drawn to one that took up the whole main wall over the sofa. A large chimney sprang from the head of a girl. The torrent of smoke was composed of hundreds of birds interwoven with flowers. Along the top left there was a dedication, the signature of the artist, and the title *The Dream of Smoke*.

"A friend of yours?" she asked, pointing to the name.

"Yes."

"Young?"

"A little younger than me."

"How much younger?"

"She's twenty-eight."

"Pretty?"

"Yes."

She finished the water in the glass before asking, "Have you slept with her?"

My answer was another question. "Would you like some coffee?"

"I asked you something." She looked at me, waiting for me to answer.

"I never slept with her. We're only friends."

"I don't believe you." She set the glass on the table in the middle of the room.

I shrugged. "Should I make some coffee?"

"OK, but I sweated a lot when I vomited. I still feel a bit queasy," she said and added, "A bath would settle me."

"No problem. While you're bathing, I'll make the coffee."

I led her to the shower. She followed me cautiously and carefully checked the lock on the bathroom door. I laughed at her apprehension because her whole manner told me, despite only having met her an hour ago, that she did or allowed only what she wanted.

I could hear the shower running from the kitchen. Every now and then she whistled a tune or sung a few lines from a song I couldn't identify. I asked her from outside the door if she wanted a clean pullover, but she refused it.

When the coffee was almost finished dripping, I carried the pot to the living room and set it on the table in the middle of the room along with three porcelain cups in case Johnny made it in time, a sugar bowl, and three small spoons. I sat down in one of the armchairs and lit a cigarette and stared at the picture with the chimney. I was always discovering some new detail and wondering whether I had seen and forgotten it, whether I had ever noticed it, or if the picture produced new situations resulting from a type of magic exercised via long distance. From the living room you could hear the muffled sound of the shower. I checked my watch over and over again, concerned over Johnny's tardiness. It was not hard to find my house from El Patio. Besides, I had given him the Central Train Station as a point of reference, and it was easy to find it.

Suddenly the sound of the shower stopped and I heard Lourdes calling me from the bathroom. I went and stood outside the door. She spoke to me without opening the door. "Hand me my bracelets, please."

I was disappointed.

"Where did you leave them?"

"They're next to the washbasin on the patio where I vomited."

I went in search of them and brought them to her. Lourdes opened the door a crack and stuck her hand out. I placed the bracelets in the palm of her hand, and she shut the door and I returned to my armchair in the living room. Everything had been very formal, respectful, and without the slightest room for imagining anything. I lit another cigarette.

Her voice behind me startled me.

"Do you like my clothes?"

I discovered her game when I turned around. She was completely naked, barefoot, and showing me her bracelets.

Noises at the door indicated to me that Johnny had arrived. Lourdes jumped off the bed and ran to the bathroom. I saw her buttocks jiggling in hot retreat. I pulled on some pants and a shirt more quickly than I ever had in prison or when I was doing my obligatory military service. The living room was dark and at first I couldn't make out the slowly moving figure that was tripping over the furniture. I heard my name whispered.

"Is that you, Johnny?" I asked.

"Thank God," Johnny's voice said. "Where's the light switch?"

"Don't move and wait a minute," I ordered him and went over to the light switch, but slowly enough to give Lourdes time to get dressed.

When I turned the lights on, Johnny was standing in the middle of the room next to the small table containing the coffee service. He had a startled look on his face and you could tell he knew it was a miracle he had escaped the pack of hounds.

"Good God, Alberto!" he exclaimed. "I thought I would never find this back street."

"If you seek, you shall find," I joked, not knowing what to say until I got a bright idea. "What about Raúl?"

"The last I saw of him he was being dragged to a bus where they were shoving those they had arrested on board."

"Did he have his novel with him?"

"I couldn't see clearly without running the risk they would get me, but I don't think so. Maybe he threw it away in the street, beneath a car, who knows . . ."

"I just hope the police don't find it. All they would have to do is test the typeface, and a check of his house to find the typewriter would end up being enough to send him to prison for several years."

Johnny had apparently recovered from his fright and was feeling more sure of himself, and he noticed Lourdes was not to be seen.

"Where's Lourdes?"

"She's in the bathroom."

At that moment she returned to the living room completely dressed, as though nothing had happened and, in a wild display of acting, she threw herself into his arms. He replied in kind, but with a certain coldness. Obviously he suspected something. Then he saw the coffee service.

"Three cups?"

"We were waiting for you," I hastened to point out and motioned for him to sit down.

Johnny took one of the armchairs and looked around suspiciously. Lourdes remained silent and the whole place fairly shouted out the fact that we had made love. Johnny was smart enough to catch on. I limited myself to serving his coffee, adding sugar to taste. When Johnny lifted the cup to his lips he understood everything. "It's cold."

"I'm sorry, but it's now been a while since I made it," I explained, adding without conviction, "We were waiting for you."

"Why is it cold?"

"Would you like me to warm it up?" I asked.

"Why is it cold?" he repeated.

"I don't understand you, Johnny . . . It's cold because we were waiting for you."

"And why didn't you drink yours while it was still hot?"

I didn't know where he wanted this to go. "What does that mean? What are you trying to get at?"

"Something kept you from drinking your coffee while it was still hot like every human being in this fucking country," Johnny said and got to his feet.

It looked to me as if the night was going to get particularly dangerous for me. Johnny set the cup back down on the center table and went on, "You went to bed with him, Lourdes."

Lourdes's face looked like a wild beast's, although she exclaimed with a softness that betrayed her expression, "Please, Johnny!"

"You went to bed with him," he repeated as if he had forgotten the rest of the language.

I remained silent.

"We're apart for only an hour and you go to bed with him!" He pointed his index finger at her face accusingly as though he were a stern and angry judge. "You're a fucking whore."

When he grabbed her by the arm, the one with the bracelets, I stood up, and that immediately earned me a formidable blow to the face that made me stumble backwards. I fell on the armchair, and my weight sent it skidding. My nose was bleeding. Lourdes slapped Johnny and it sounded like a holiday firecracker. She leaned over to help me.

"It's all right, really," I hurriedly said. "It's all right."

Lourdes dried my blood with a napkin and Johnny watched the scene with his arms crossed, perhaps a bit sorry for his reaction. Then it was my turn to speak. "Buddy," I said looking him in the eye, "that's the only time you're going to get away with something like that without paying the consequences. I think that's enough. Now you calm down, drink your cold coffee, and decide what you're going to do. I don't want to hear another word about this."

My little speech must have been good because Johnny immediately sat down and drank his cold coffee in a single gulp. Then he repeated, but now muttering to himself, "You went to bed with him," he said without looking at her, with his gaze fixed on the bottom of the empty cup.

Lourdes sat down on the arm of the chair where Johnny was sitting. She put her arm around his shoulders and kissed him on the forehead.

"Johnny, it's me, Lourdes, your friend, the same as always . . . Do you know that?"

"Sometimes I get confused and I can't see you clearly," he said.

"Don't get confused. I'm your friend and now we have to think about Raúl. Do you think he's in jail?"

"Who knows?"

I was relieved to see that the matter was closed, or almost closed.

"We've got to go and find him."

"You mean go to the police station?" Johnny asked with alarm.

"You've got to go, Johnny, there's no other way."

Johnny looked resigned to the fact. I realized that he bore me no ill will and that he forgave Lourdes for the supposed crime of having gone to bed with me, although in reality, unless they had fooled me, neither of the two kids had a stable relationship with her. Lourdes, then, was a free woman.

We had to get Johnny ready for his round of visits to the police stations. The most difficult part was cutting his hair. Lourdes took charge of the task with a pair of scissors I gave her. It was out of the question for Johnny to show up at a police station with long hair. If he did so, he would be arrested on the spot. I lent him a pair of my most conventional pants to replace his faded jeans. We sent him on his way, I shook his hand, and Lourdes kissed him on the lips. I didn't have a shred of confidence in the success of the undertaking, but he had to do it. It was the least he could do. He went out into the night by the alley at the back of my house, and Lourdes and I watched him go until he turned the corner of Acosta Street without looking back. What most impressed me were the tears that ran down Johnny's cheeks when Lourdes's scissors began to shear away his dream of honoring John Lennon.

Once we were back in the house, Lourdes burst into tears. The embrace came, the kiss on the forehead, then on the mouth, and finally I took her over to the bed. It was the logical thing to do.

"The best thing is hot tea," I said, "with lemon."

I went to the kitchen to heat the water. The night had turned into total danger and there was no nook or cranny for reason or peace. I was wound up in the lives of those three kids and she, perhaps now naked once again, was in my bed and was waiting for me and the tea.

When I returned with the steaming tea in my hand, I had to shout, "Who gave you permission to go through my nightstand?"

I set the cup on the floor and grabbed the manuscript of my novel out of her hands. Just as I thought, she was naked, and she raised her hands to her breasts to hide them, closing her legs, a bit startled by my violent reaction. My novel, recently completed, was always hidden away at the bottom of the water tank on the patio, wrapped up tightly in a waterproof plastic box, weighted down by an old hammer. It was a normal precaution: if the police found it, I could expect a long sentence for writing counterrevolutionary books. Reinaldo Arenas hid his in the eaves. This was a common precaution among those who risked writing on their own in a totalitarian regime. I had been working the night before on the final revision, which was why one of the copies—there were only two, and the other lay at the bottom of the tank—was in the drawer of my nightstand, within reach of some snoopy kid like Lourdes, something I should have easily foreseen. I acted like a complete dope and the consequences would soon pile up around me, no doubt about it.

"Why did you do that?"

"You said you were no longer writing. You're a liar."

I was beside myself. This busybody had discovered the secret I had been hiding for two months, when I had completed the novel I considered to be definitive. It was only a question of time and opportunity before I could get it out of the country. Lourdes turned to the ancient and supreme technique of breaking out in tears but, thank God, her pretense only lasted a few minutes. She contritely asked my forgiveness, drying her tears with the back of her hand, and then immediately added, "What I read was terrible."

"It's more terrible to have read it without my permission . . ."

"I was only looking for a comb. I tried the drawer . . ."

"That's a lie," I interrupted her. "How far did you get?"

"I was skipping pages . . . I read the part where the girl commits suicide."

"You had no right . . . You had no right."

Lourdes rose from the bed until she was standing, with her body in front of me, her waist at my eye level. She stretched her arms out and took the manuscript from my hands without my putting up any resistance. She flipped through the pages until she came to a stop at a page. "I really liked this part . . . Let's see, let's see . . . Here it is. There's a lot of passion going on on this page. Just listen."

Astonished, I allowed myself to be carried along by the words read by that naked goddess standing alongside my bed, with the air of someone declaiming, a speaking statue and eroticism in all its glory:

". . . it's a pity you're such a whore because your big eyes, playful and perfect, drive me wild, drive me to distraction without pity. It's terrible for me to know that you are such a slut because you drive me crazy when you wear white, all elegant, with your hair drawn back in a bun like a dancer from my Old Havana driven by the speaking fever, the dreams of a crazed pirate and the laments of all the seasons lost in the galaxy we're forced to live in. It's painful that you are such a slut because your voice drives me to distraction in my sleeplessness and the way you treat the moon makes me believe I'm still young. It's too bad you're such a slut, because listening to the Beatles at certain hours of the afternoon is dangerous, and of course it's because everybody has something to hide. And when I hear that song at that time of the afternoon that you marked forever, I cannot help but think about you with me, doing terrible things to each other, and now in my sadness, my deep sadness on realizing that despite your eyes you are a real slut. No matter, I forgive you—assuming that is within my power—because you and I, both of us, are victims of an age full of uncertainty and boredom. But believe me, my darling slut, my American dream, with your battalion of animals and your army of incongruences, your eyes will always be in some gaze of the moon, real or imaginary, because that's what life wants, and life is, after all is said and done, the only winner of this roulette. Don't think that I or you are the victims. We both are: we are joined by the same hangman we share. If we find ourselves in another and less unpropitious galaxy, where good fortune will provide us with a garden and many singing birds, everything will be unquestionably different and there will be neither stains nor doubts in your insomnia . . ."

When Lourdes finished I was breathless. "You write like Raúl."

"You had no right," I said when I got over my sense of astonishment.

"You seem to have loved her."

"Who?"

"The pretty slut."

"You shouldn't have rummaged around in my drawer."

"Is this real or is it literature?"

"You had no right!" I struck the nightstand twice with my closed fist, fed up with her interrogation. I was ready to strangle her. "You had no right. You had no right to read it. Now you are an accomplice, now you know, now others can know through you, including the police."

"I'll let you in on my secret so we're equal."

"What are you talking about?"

And before I could stop her, she said, "Raúl, Johnny, and I have to be at Guanabo beach by three A.M. We're taking a raft to Miami, to the United States. It's hidden in a cove in the sand. Nothing can go wrong. All the details were carefully worked out. Come with us and bring your novel."

That was the last thing I needed to hear that cursed night in Havana. Finding out about the illegal exit attempt of those kids was my complete perdition. I collapsed because I realized I was involved with no way out. Even if I weren't involved, if one of them were arrested, he would sing like a canary to the political police. I sat on the edge of the bed and, like a robot, began to drink the tea I had made for her. I recalled my attempt, years ago, before being sent to prison for my novel, to flee the country with four other persons who shared my failure on that occasion, when we had to return to the Cuban coast because we were unable to make any headway and the expedition was, by all accounts, a total failure. Preparations had begun a year in advance. The collective fury to leave the country that had infected the population made it difficult to acquire the elements necessary to construct a raft because there was an enormous demand on the black market. Little by little, I stored up in my house the essential ingredients to undertake the design I had invented: a reproduction in miniature, very free, of the *Kon Tiki* raft of the Norwegian Thor Heyerdahl, which he used to cross the Pacific Ocean to demonstrate his hypothesis that migrations had taken place across the vast ocean. But while Thor Heyerdahl constructed his raft surrounded by publicity and the interest of the entire scientific world, I had to construct my artifice, which was about the size of a married couples' bed, in absolute silence, with all of the attributes implied by a clandestine operation in a police state. Each step was taken on the edge of danger. Even the slightest movement had to be undertaken without the authorities catching on and without the spies of the Committees for the Defense of the Revolution, those popular organizations that imposed a vigilance at every level, having the slightest idea of what was going on.

Little by little, over the course of a year, I set about obtaining inflatable rafts on the black market, trunks of wood four-by-four inches thick, with sturdy canvas for a sail and a good mast, sealed bulwarks and rainproof jackets, binoculars, all the screws and nails that would be needed, and even a compass, which was extraordinarily hard to come by because it's a navigation instrument that only authorized individuals in Cuba can possess (anyone caught with a compass can be accused of the crime of "possessing articles appropriate to the commission of a crime," which means, of course, prison). I also studied the currents close to the island and the gulf currents, along with all the possibilities of ending up in the Gulf of Mexico or in the very middle of the Atlantic Ocean. The raft, in its principal structure, was composed of a cross-work of four-by-four trunks joined together by screws with metal washers and "outriggers" of trunks of lesser thickness. The mast rose up from the middle of the perpendicular joint. Two inflatable rafts served as "decks," while four sets of wheels from heavy-duty Soviet trucks served as a keel. The inflatable chambers were lined with canvas so that the seawater would always keep them wet with a natural reduction of temperature that would keep the sun from causing them to burst. This also protected them from attacks by smaller fish, but if one of the larger ones, a shark or a barracuda, for example, set out to attack them, there would be nothing left of the inflated chambers, no matter how protected they might be. The framework in its totality was literally bound together by ropes that reaffirmed its integrity. One of the members of the expedition, whose job it was to drive a dump truck for a building contractor, stole the truck to transport the raft that was in my house in Old Havana, unassembled but constructed in such a way that it could be assembled on the way to the coast. The point we chose was a desolate northern coastal area of Havana between Guanabo beach and the town of Havana East, where an abandoned petroleum well with an overturned railroad car next to it functioned to hide the truck from the sight of the coast guard, which in that sector made its rounds on a motorcycle with a sidecar along the highway located some two hundred meters from the chosen site and some fifteen meters above the level of the place where we planned to make our escape.

The very act of jumping into the water, between confusion and fear, drenched our food reserves. However, one could realistically consider our escape a success because no one detected us from the time we left my house until our arrival at the beach, and no one saw us enter the sea.

We managed to get some four miles from the coast under the strength of our oars and raise our sail. After three days of sailing and some twenty-two miles to the north of the town of Santa Cruz del Norte, we made the decision to turn back because we had lost our provisions and water. It was hard for us to reach land and, when we were about fifteen meters from the beach, we destroyed the raft by sinking it and swam to the beach completely exhausted. Contact with terra firma was never more pleasurable. We had saved our lives and it was only a question of preparing another flight sometime in the future with more resources and experience.

"What's wrong?" Lourdes asked.

Her question awoke me from the old mental movie of my failed attempt to reach Miami via the Straits of Florida.

She put her hands on my shoulders and repeated the question, but with a tone closer to first aid than interrogation. "What's wrong?"

"I'm lost," I murmured.

"Nonsense. I've found you."

"Please, Lourdes, this is a serious matter. I know what I'm up against. I'm lost."

"I really like you—and I love you. Come with us and bring your novel. We have our whole lives before us outside this hell, and besides, your novel will be a best-seller."

"This sounds like a soap opera."

"Life at times sounds like a soap opera or vice versa."

"My God, more soap opera!"

Lourdes simply sat down beside me in the nude and leaned her head on my shoulder. I don't know why, but I began to cry. I suppose because I really felt trapped. Lourdes, seeing my tears, launched into her speech. "Nothing can keep a man from doing what he wants. You'll never live in peace here. You are branded, you're a political prisoner, a pariah, a 'nonperson' just like Orwell's, but with a tropical flavor. Over there there's hope, a new world, one that is different; everything will be different from what you know. Just thinking about being bored is enough to justify flight. Here you'll never do anything, never be anything. I have faith in your novel . . ."

"Lourdes, give me a break. You never read it in its entirety."

"That doesn't matter. I can see right away that it's a tremendous novel and that it'll be a bestseller and that you'll finally have what you want, which is to see your novel published. Besides, there's something else that's very important."

"What?"

"You'll have me."

"Get serious. We've only known each other for four or five hours."

"That's enough to begin a century."

Heberto Padilla's example was the one to follow. There was no other way. The best way to protect oneself from inside the national territory—and this is assuming that the nation really belonged to me to some degree—was to achieve fame abroad, and the best way to do that was by publishing a book with a publisher outside the country. Of course, the detentions and the interrogations on the part of the political police were inevitable. But it was worth it. Especially after the failure of my attempt to leave the country by sea. In this sense, I began to seek out my friends who had gone abroad. I had my courage up and the only thing on my mind was how to get my novel off the island without being discovered and to whom I could send it who might get it published. In this vein, I wrote a long letter to a friend who had left Cuba in 1980 during the Mariel exodus and who was now involved in literary projects. My letter said the following:

Dear Friend,

While you might well be possessed by doubt, fear for my mental health, or check me off as an inveterate liar, I assure you that various dwarves have confided in me the possibility of an earthquake in Averno (I share this bit of news with you). Should such a horrendous event take place, there would escape through the cracks of the ergastula a myriad of voluntary and involuntary prisoners. It's an extraterrestrial threat that the cursed prophet Herbert G. Wells did not forecast, despite his timeless vision, and which no one can undo, not even by invoking the benign genies of the ages. Of course, I find myself among those threatened. Insanity will be let loose on the face of the earth and no one will be saved from abandoning his corporeal entity in the face of the slightest whim of some spirit of expiation. Spurned by the imminence of such events, I went through my drawers with the fear of losing my modest books, those children that one conceives without knowing what age they will attain, whether they will grow wings or not, whether they will have nocturnal flight—Saint-Exupéry—or the ride of Pegasus. I understood that the mountain of paper, which made up inconclusive volumes (for strictly extraliterary reasons), overflowed my drawers with no idea that it could end its days in ashes or in dossiers filed away in some icy archive. It's difficult to conceive of a grimmer fate. Therefore, I decided to construct a novel that would bring together some of my work, even though it might possess no concerted structure and be the hybrid of a lion and a giraffe, a polymorphous and polycephalous monster possessing unheard-of qualities, but ones that make sense in the senseless events of an age that clamors for order to remedy such a confusion of incongruences or anomalies, an organic cosmos that will undo such injustices. Neither you nor I have the power to change anything in this maelstrom, and we have no chance of signing a pact with either pagan gods or demigods. Moreover, the deck is stacked against us and we could never do anything about the monotonous dripping of the echo of the big bang that reaches down to our everyday clocks, and nothing against space, that cursed space without a fifth dimension. The four elements of the naive materialists are jumbled together in a paradisiacal fruit—and it's not the apple—and the offer still holds under the watchful eye of the serpent . . . Meanwhile, as I am writing this, my cat, Sir Arthur Conan Doyle, is resting at my feet, already used to the rat-a-tat-tat of the typewriter. He often strikes surprising poses, such as now, when he looks like a relief from the very temple of Karnak (you know I was always prone to exaggeration, maybe overly emphatic, as Lydia Cabrera might say), more for the mystic air that envelops him than for his position as such.

Although literature needs no explanation, despite opinions to the contrary, and the right to allow the pen to run free is an attribute of patricians and plebeians, I wish to make clear the reason for the title, *The Magical Sewer (Intimate Confessions of Robinson Crusoe)*, courtesy of Daniel Defoe who, I must confess, I admire a lot. No one would dare discuss my status as Robinson, in the same way that no one would doubt the desert-island quality that Cuba has for me (if anyone wants to enter into a polemic with me in this regard, I would respond in a low voice and laughing on the inside that 'I take the Fifth'). I am at a disadvantage with the immortal personage because I don't even have a Friday to keep me company. I desperately seek his tracks in the sand during laborious workdays that always end up the same way: I must continue on alone in my damp cave, accompanied by nature in a pantheistic embrace that no one can take away from me. The business about the sewer comes from the simple idea that a sewer is where anything and everything ends up (even a drunk in the middle of a cyclone, as they used to say in Old Havana), including garbage and an occasional lost manuscript. My works might be nighttime dredge, but maybe the opposite: then the sewer would be magical by the grace of God.

The necessity to salvage what is mine from the aforementioned siege suggests the possibility that the printing press might swallow these originals. It will have to be the presses of the stars you inhabit: mine are not interested in a lost asteroid like this. Did Gutenberg ever have any idea of where his invention would lead? I doubt it. It is impossible to guess what the concerns will be for the pursuers and the pursued as regards access to the printed word. No one can deny that *The Gutenberg Galaxy* changed the landscape between those who are ordered and those who order.

Sometimes I understand and sometimes I pretend not to understand. As the result of intense research here at home, the consequence of which is one more gray hair, I arrive at the intelligent conclusion that (and you will excuse my immodesty) all human beings are equal. (I have been assured that various notable personalities in the history of thought have long come to the same conclusion. This is possible, but no one has paid any attention to them.) As for me, I set out to simplify the problem, if such a thing is possible, in terms of its lowest common denominator. I did the following: I executed the classical drawing children do of the human body, made up of intersecting lines and a circle for the head, but I did two such drawings and placed them side by side. As everyone can see who undertakes such an experiment, the two are identical. The sum of the components of both includes a head, a trunk, and four extremities for each of the drawings.

Let me now give you some facts. Let us suppose that the one on the left thinks in red and the one on the right in blue. The situation would be thus: despite the difference in colors, if you pay attention and are patient, you will see that, taking everything into account, we come to the same conclusion: head, trunk, and four extremities for each drawing.

If we dare to challenge our analytical capacity by inverting the question, we observe the following: the one on the left thinks in blue and the one on the right in red. You count things in the same way and the result is always the same. How strange!

But we can pressure our intellect a bit more: half of the left-side drawing thinks in red and the other half in blue. The right-hand drawing reveals the same dichotomy: they end up equal; what a surprise!

But we can press our intelligence even a bit more: one half of the head in the drawing thinks in red and the other half in blue. The drawing on the right shows the same dichotomy: they are the same! You won't believe me if I tell you that such a simple question is quite difficult for a lot of people to understand. But since I believe myself to possess the truth, I have decided simply to defecate on those who do not share my opinion, defying diatribes and anathemas and without really concerning myself with the consequences.

I think a writer's task is a sacred extension of the mind, a living extension that transcends the base intentions of anyone who attempts to quiet it, even if he or she comes from the most august of the Caesars.

We and humanity are very ancient and we know the film script by heart. We all know posterity's tact when it comes to choosing names. We know which ones it puts on ice and which ones it "thaws out." What is incredible is to see how some who also know the script do everything possible to be among those frozen. Perhaps it's because they are so rotten they only conserve their integrity at low temperatures. No two ways about it: each individual is an enigma.

But after all, returning to the purpose of this letter, I have included in this attempt at a book the most dissimilar of works: poems, almost poems, almost short stories, diary fragments, crossword puzzles, telegrams, letters I never sent, press clippings, and the like. Together they make up an attractive novel, one bound up in my own personal stigma. The compositional thread that binds the heterogeneous lot together is a desperate attempt to save them from being frozen (I like ice only to chill my martinis).

Now that you have an idea of the reasons that motivate me to send you the present volume, all that's left for me to do is to sign off and ask you to do what you can to make me a client of poor Gutenberg. I assure you that there's little to lose and, with a bit of luck, something to be gained.

Of course, this letter is a joke and you should throw it in the fire or throw it down the drain, which salvages everything. The best I have to offer is a brief sentence: Publish my book —it's the only thing that will save me.

Love from your everlasting friend.

I never had the courage to send the letter, out of fear that it would fall in the hands of the political police, and so I finally flushed it down the toilet. The upshot is that there was nothing to it but pseudointellectual blather and the city's sewers bore it away and joined it forever to the sea. I burned my novel *The Magic Sewer* the day after a night of extreme terror that brought an agent of State Security knocking on my door along with two others. They didn't look very friendly. Fortunately, they were looking for someone else and had the wrong address.

Months later, with greater professionalism in hiding, greater coldness, with the water tank ready and waiting and with a greater sense of despair, I began to reconstruct *The War on the Rooftops*, which I thought I might send abroad, and I would have if Lourdes and her friends had not come into my life in such an unusual way during that night watch in Havana that changed the course of my life.

Writing in Cuba under the dictatorial regime is a free ticket to prison. Anyone who writes is suspect, although anyone who doesn't write is also suspect. But I had made up my mind to undergo the Calvary of detentions in order to make sure my life would not be a loss that would sooner or later lead me to suicide.

The roots in my case went way back because rebellion does not appear spontaneously. My parents began to understand that the headaches my behavior was giving them had their origin many years before, a rather unsuspected origin in terms of having consequences in the Caribbean. No one back then could have connected such a long chain of causes and effects with the problems I presented as someone who does not fit in. I had an unlimited capacity to always be absent from the world. My father would say, "Too much music and too much distractedness," and he would on occasion explain his analysis to my mother, who always readily agreed with him.

Perhaps the first link in my misfortunes (along with many others), including of course those of Johnny, Lourdes, and Raúl, began when a young Englishman enrolled in the Liverpool Arts Institute and, impressed with Elvis Presley's success, decided to form a musical group, The Quarrymen, in 1954. That restless youth was always in the world press for a decade and left a lasting imprint on posterity. John Lennon was later joined by three more musicians to create what we all know, and one of their apparently harmless records ended up in my house: "Please Please Me." When my father saw me dancing along to the rhythm of that "wild" music, as he called it, with its unusual and until then unknown sound, he became angry over its irreverence, an irreverence that my father in his day had used for his own liberation (via a different kind of music, of course) and that he only saw now in a bad light because it contributed to the liberation of others, especially mine, with the result that he was unable to appreciate the danger in its true dimensions.

When the businessmen smelled the gold mine, one of them, Brian Epstein, managed to make himself the group's impresario and took them to Hamburg, the musicians' first trip toward the revolution of a decade from which I myself was also unable to escape. Cuba remained on the margins of this musical revolution with sociological dimensions because, as far as revolutions went, the Cuban government was sufficient unto itself. But that music took on a clandestine character, which made it more attractive.

The invasion of rebellion that young people like me experienced, despite the efforts of the government to prevent our contamination, was gradual and step by step, and its genesis is lost in time, going back perhaps to American colonies when blacks of African descent in the North sang their songs of call and response so as to withstand better their backbreaking labor. Theirs was a singing race and the black spirituals fascinated the ears of whites and the sensibilities of the wise. Ritual, by its magnetic nature, sublimates the soul and gives rise to a passion that is religious and pagan, Western and African—in a word, American, a mixture that is found in Cuba in the veritable spicy black stew, to paraphrase Fernando Ortiz. And jazz was born, one of the first things to give my parents headaches and to promote my rebelliousness. Jazz and blues, especially the blues, gave birth to rock and roll with Elvis in the forefront of a multitude of good and bad imitations. My father also listened to Elvis's "Hound Dog" with enthusiasm in his day, unable to imagine the headaches that were just around the corner. The world was upside down, as it always has been, and a lot of people refused to hear the noise. But young people do listen, and I was a young person, so the music of the Beatles was listened to and danced to out of sight, to become, without anyone knowing exactly how, something more than music, something especially harmful in Cuba, where the first song by the quartet to be broadcast officially was nothing less than "Penny Lane," a song that came quite a while after the group had achieved international success. My parents understood that some of this had left its mark on me—I imagine that the same thing happened to the parents of Lourdes, Raúl, and Johnny—and my father felt himself guilty to a certain extent for having promoted the attitudes that were intrinsic to that musical culture. By that time there was nothing my parents could do about my irreverence. It was too late, way too late, both for them as much as for me.

Rock and roll, rigid and somewhat exclusive, became rock, which embraces everyone and everything, giving its blessing to jazz, blues, country, holy music, folkloric music—Arabian, Indian, American—and even the classic forms beginning with Johann Sebastian Bach. It was a new religion that only demanded that you have ears, and therefore it embraced everything.

This whole happening, full of musical notes and strange letters, created an aesthetic that, with good advertising and the attractive stamp of the forbidden, recruited many people, myself included, and I refused, after a certain point in my life, to think in any way other than what I understood to be correct. I was already a professional at being at odds.

So with my new profession I had to say good-bye symbolically to my beloved Havana with its night watch because I was already a free man, a phantom who only through a miracle was not in prison. I could no longer stand anything official, not the strange newspaper headlines, not the absurd articles that on many occasions made me laugh. At other times, when they were very boring and official, the worst kind of lies, I would transform them, putting my own headline across the top with allusions to the worst of national events. A crash between two cars in my hometown could be changed in my imagination into a tragic accident on a rooftop in Old Havana where a sparrow dies by electrocution as the consequence of an old 110-volt wire with frayed insulation. Another news item might be the appearance of the Virgin in Havana Bay and the immediate disclaimer by ecclesiastic authorities. In any event, the people of Havana knew the news was false, because the water was putrid enough to repeat the Biblical miracle of walking across it. Also of interest was the sort of luck one customer had using a public phone in Old Havana one rainy day, when a call he placed to Vedado ended up connecting him with the Kremlin.

As far as epidemics are concerned, the indexes are hair-raising: the cases of acquired memory deficiency syndrome have gone up in the last six months. No one knows the cause of the rise (some insist they know why, but they refuse to say). At times the news in the official press was so funny that it would lodge itself in my memory, such as the following item published in *Granma*, the official organ of the Cuban Communist Party:

Horses Protect Little Girl

Mirangul Bozbaeva, a four-year-old girl from the Soviet Republic of Kazakhstan, was saved from death thanks to the surprising protection provided by three horses. For three days, the child wandered the high pastures of the steppe of that region until she was found on the banks of a canal by a group of shepherds where three horses formed a circle with their heads touching the ground, thereby protecting the little girl by transmitting to her body the warmth of their breath.

Moreover, in order not to have to publish what was going on in Cuba, the official press devoted itself to promoting noble causes—but in distant places on the planet. Here is a lovely example:

SAINT PIERRE. Sixty-three whales of the *globicephalus* species, called blowers, are dying on the deserted beaches of this French *département* after having mysteriously beached themselves two days ago. Experts from the Scientific Institute of Maritime Fishing speculated that the whales, which live in schools with a lead whale, headed for the beach as a result of an error in their directional system, which is like radar, caused by certain parasites. The scientists took note of an unusual number of parasites in the whales and came to the conclusion that this had kept the leader of the herd from determining their course with any precision.

And in order to avoid dealing with the high suicide rate among the Cuban populace, the official press dwells on foreign suicides:

Collective Suicide

Some four hundred whales from Argentine territorial waters died on the Brazil shoreline because of environmental problems, according to a report published by a Commission for Ecological Defense. This type of whale is black in color, measures about 2.5 meters and weighs one hundred kilograms. It is believed that the whales lost their way on the Argentine coast and entered warm water currents off the Brazilian shore, which caused environmental tension in them.

Granma, clearly, takes the death of whales very seriously. Perhaps this news item reflects more the psychology of my magnificent head of state regarding life, and he assures us that the island of Cuba will sink into the sea before it allows him to forfeit his total power:

A Date with Moby Dick

A recent episode belongs to the most ancient of marine traditions and with a little bit of imagination we can associate it with the end of the struggle between Captain Ahab and Moby Dick, the white whale.

Last August, in the Atlantic waters some two hundred miles off Portugal, the factory whaler *Tunna* (543 tons and flying a Norwegian flag) is on a return trip to port. Off to one side, almost within cannon shot, a powerful geyser of water indicates the presence of a great whale. In this sort of situation, Captain Ahab, standing on the prow of the skiff driven by common oarsmen, would have thrown himself in pursuit of the enemy, with harpoon firmly poised and a look of concentrated delirium.

But things don't work this way on board the Tunna. From the command bridge, its weathered captain, K. Vesprhein, fifty-two years old, on seeing the jet of vapor, pushes buttons and sounds alarms, and the harpoonist runs to the cannon. The helmsman heeds the instructions the old sea wolf imparts to him. A hollow explosion rocks the boat and the harpoon is on its way through the air, leaving a zigzagging rope in its wake. A muffled explosion reaches the crew. They hit their target. The tail of the animal, covered with foam and leaving small eddies around it, quickly turns red.

It is said that the moment the harpoon strikes home is always emotional. The rest is just routine. Nevertheless, this time it ends in tragedy. The enormous trapped animal, more than twenty meters long, is tied up in order to raise it onto the boat. Suddenly and inexplicably, the ship bucks and the enormous catch shifts in such a way that the balance of the boat is upset. It lists violently, helped by the 450 tons of frozen cargo in its holds. A mass of water flows into the machine room and the boat begins a slow journey of no return to the depths. The forty-two crew members seek refuge in lifeboats, as ordered by the captain. They implore him in vain to join them. Vesprhein, impassive at his command post, slips into the depths. Perhaps to keep a date with a modern Moby Dick?

The answer to this question lies exclusively with Herman Melville's famous novel. The Captain's gesture belongs, without a doubt, to the oldest tradition of the seagoers of the romantic age of the big sailing ships.

Everyone on this island, in this Havana with its night watch, is subject to the possible harpoon thrust from a maniac who watches us from everywhere like Big Brother. So I invented my own life and my own hallucinations became reality, with no transition, in a definitive escape into the private and personal land of my dreams. In this way, I spoke every now and then by phone with Jorge Luis Borges (I know no one will believe this), or I pored through the books stacked up on my nightstand: Hermann Hesse's *Steppenwolf*, D. H. Lawrence's *The Man Who Died*, Thornton Wilder's *The Ides of March*, Virginia Woolf's *Orlando*, Manuel Puig's *Kiss of the Spider Woman*, Dashiell Hammett's *The Maltese Falcon*. I peed on the selected works of Lenin in Spanish translation, edited by the USSR Academy of Sciences, hardbound, or I contemplated the works standing in a row on a bookshelf that only existed in my mind.

That's how I lived as a nonperson since leaving prison, and Havana was not as it was before when there were still madpeople in its streets like Celia (now in exile in Spain) who assured us she was the reincarnation of an Egyptian priestess or princess (or at least some real person). And she was in fact the third case I found in a relatively tiny city like Havana—only two million inhabitants—who claimed to be an Egyptian princess in a former life. As for Madame Blavatsky, I knew five or six of her reincarnations.

In the end, the natural setting for my rebelliousness would remain behind if I left Cuba, which would only confirm what Lawrence Durrell says in *Balthazar* in *The Alexandria Quartet*: "No one can be a rebel for too long before ending up an autocrat." Unquestionably it was better not to become an autocrat. Also, there would remain behind the permanent quest and the exhaustion that result from always finding the woman you are not searching for. You lose the exquisite pleasure of working for the state, but as Cesare Pavese once said, "To work is tiring." And listening to the Beatles, who deprive me of any desire to work, was the perfect way for me to understand that life is complicated and no one had advised me to this effect. This means that in the end I make a lot of mistakes and come to the conclusion that there are only two types of suffering: yours and someone else's, and the normal condition of the human being is to be at odds, and my concerns increase because, in fact, I am becoming sane.

On the other hand, I have been told that democracy brings about the loss of the charm of rebellion. You can call the president a son of a bitch as long as you have a permit, with the result that your mistakes are regulated: they're false and I am addicted to error. I think I am a true artist, and true artists have no government and, in the worst-case scenario, they choose their own. I wanted to choose my own.

There was no question that the example to be followed was Heberto Padilla's, which meant getting the Western government to recognize me as a writer to save my life, escaping from the hands of the tropical Big Brother who clearly defined what later came to be called official cultural politics: "Within the revolution, everything; against the revolution, nothing."

Lourdes, Johnny, and Raúl, with their unexpected appearance in my life, ruined all my plans, placed me and everything I loved in danger, especially my novel, *The War on the Rooftops*, ready for the printer in other worlds and perfect for the archives of the Cuban political police.

III

The beginning of the century Lourdes was proposing to me was a hell. It wasn't the beginning of any century, but rather the beginning of a century of disasters for me, for my plans, foreign to Lourdes's little head. Her intrusion into my life and especially the fact that I was aware of the escape from the island she was planning, undid the meticulous plan I had drawn up to get my novel out of the country, publish it, and turn myself into a "protected" citizen thanks to the attention I would receive from abroad. If I left the country and reached Florida, assuming that the raft did not sink on the way over, I would become one more exile, an integral part of the more than one million Cubans living abroad. What was really courageous was to be defiant from within, in the very territory of the bearded Big Brother.

Lourdes looked at me, trying to figure out what was going on in my mind and what I would do now that I knew her secret.

"It's the best solution for all of us," she said timidly. "There we can . . ."

"Don't include me in your 'all of us,' Lourdes," I answered, pissed off. "I don't know anything about you, Johnny, or Raúl. You showed up at my table at the restaurant and now we are here, involved in an illegal exit from the country, with me as an accomplice against my will.

"You haven't done a thing. If you'd just let me explain . . ."

"I haven't done a thing, but State Security doesn't care about that. You're a stupid piece of shit. No, maybe not, maybe I'm a stupid piece of shit because I let this happen, even though I've known the score for a long, long time."

Lourdes began to cry. It was the same trick used over and over again and it almost always worked. But I remained silent, sipping my tea and wondering what to do.

"If you remain here in Cuba, you'll end up in prison," she argued between sobs. "They are not going to put up with a dissident writer. There's no room here for a Boris Pasternak, much less another Heberto Padilla..."

"I can run my own life, Lourdes, and I don't need your advice, especially if I haven't asked for it. Besides, I'm not Pasternak or anything like him."

"You publish your novel on the outside and it will be as important as it deserves to be. You know that..."

"I couldn't, Lourdes, even if I wanted to. My goal is to publish the novel abroad while I'm still here in Cuba and to pay the price for it. And I don't care what happens to the rest. They too will pay the price even if I die in prison."

"You're suicidal."

"Someone has to take the first step to put an end to so much insanity on this shit-ridden island."

"It doesn't have to be you. Or you can do it in a more intelligent way, without having to pay with a long prison sentence or with your own life. You're going overboard."

"Someone has to take the first step...," I said mechanically.

"That first step will be the only one you take, Alberto," Lourdes pointed out and she continued to stare into my eyes. "There is no second step. They're never going to give up the complete control they have over society. You and I and Johnny and Raúl are all trapped in this cyclone of madness. We have no other alternative but to escape... We can be happy in another country... There's no need to be martyrs. You only live once. Everything away from here is different. Everything is possible far away from here. When we're in Miami..."

"You don't even know if you're going to make it to Miami."

"Of course I do. We've got everything all planned out."

"I've already been through that, Lourdes, and you don't know what you're talking about. You don't know what it's like to be on the open sea in shipwrecked conditions, clinging to a plank that's staying afloat by sheer miracle."

"Nothing ventured, nothing gained. It's enough to make the effort and try your luck..."

"What I want to risk lies elsewhere, something I've chosen. Do you think that what awaits me when my novel is published there is nothing?"

"That's why I'm asking you not to do it and go with me."

"Forget it."

"I know it's stupid, but I love you, you're nice . . ."

"Don't tell me you're in love with me, because I'll die laughing on the spot."

"We'll if I'm not, I'm getting there." She hugged me. Her lips first kissed my forehead and then my lips. I liked the kid and that was a strike against me and in favor of the danger on the loose in Havana's night watch. In some way, I don't know how, the copy of *The War on the Rooftops* ended up on the floor and we entwined again in the sex that was leading me irremediably to the worst of dangers.

To our surprise, Johnny returned with Raúl in tow. The budding writer had managed to escape from his captors. I never thought it would be the two of them, maybe Johnny but never with Raúl, who had managed to escape and literally fly across the cobblestones to break a speed record. They were drawn and frightened and had met up at the train station. Johnny had gone around to several police stations but without any success. The duty sergeant at each station had checked the list of detainees and told him Raúl wasn't on it. Johnny couldn't help but think about something from a detective novel he had once read, something dredged up from Cuban law: habeas corpus. Finally, frustrated and returning to my house, Johnny got off the number 43 bus coming back from the Zanja Street police station to the train station. There, wandering around and not knowing what to do, he ran into Raúl, who was looking for Curazao Street. Raúl knew the name of the street, but he couldn't remember the number 24, my house. So that's how they showed up like magic, on the lam from the clutches of a roundup directed against the young of Old Havana.

But Raúl was very discouraged because he had lost his novel. Without the police who had him by the collar of his T-shirt realizing what he was doing, he had managed to chuck it in a garbage can belonging to the restaurant Bodeguita del Medio. His mood was a mixture of happiness and sadness. He couldn't contain himself because he was so happy to have escaped, but sad because he had lost his novel. He would have been sentenced to prison and ended up a writer like me, with his identity papers bearing the stamp of ex-political prisoner and with the right to leave Cuba for the United States as a refugee.

There was no denying the fascination for opposition writers in Cuba to be branded as such and thereby receive the backing of the authorities as a consequence of a prison sentence. Unquestionably, the example of intellectuals persecuted within the European socialist camp was considered a small advance, a tiny crack in the wall of a closed society through which you could squeeze to save your life and through which perhaps you could see a ray of light indicating hope. Raúl's plan was more or less the same as mine, but I wanted to carry it out in Cuba and he abroad, with his group of friends, which is the best thing that could happen to a young person: move to another country with his natural group of friends. It's the greatest blessing that can come to a young man. These were three people full of dreams and they wanted—at least Lourdes wanted it—for me to join their dream, but I was not convinced. At that point I didn't know what to do, especially after Raúl confessed what he still hadn't yet said. He and Johnny looked at each other, wondering whether to confess it or not.

"You tell him," Johnny urged him.

"No, you do it," Raúl answered.

Lourdes and I looked at each other. There was a part of the story we did not know. Raúl finally made up his mind.

"They have my identity papers. I ran when the guard released me to look at my identity papers."

"You're sunk."

"Yes, I know," Raúl admitted. "They'll track me down on the basis of the information they contain. They'll catch all of us."

Johnny intervened. "Lourdes, you heard. We've got to go as soon as possible. There's no putting it off anymore."

Lourdes swallowed hard before speaking. "He's going with us," she declared, pointing to me.

Her words released a hurricane. Raúl and Johnny both started talking at once, each maintaining his own point of view, demonstrating his surprise. It was a group secret and I was an intruder. They didn't know I considered them the most inopportune intruders I had ever met. When they calmed down, Raúl asked Lourdes point-blank, "Did you tell him our secret?"

"He's also alone and needs us."

Johnny intervened, mad as he could be. "You just met him, you go to bed with him, and now you're taking him along on our raft!"

It was the outbreak of World War III. Raúl, who knew nothing, tugged at Johnny's shirt and asked him, "They slept together?"

"Right now that's not what's most important," Johnny replied and said accusingly to Lourdes, "What's happened to our oath of friendship, of secrecy? This man is an outsider and can't be trusted. You only met him a couple of hours ago. I don't get you, Lourdes, I just don't get you. I think we've all changed."

Raúl blew his top. "You're a shit, Lourdes."

But the girl had balls. She told everyone to shut up and that she would leave if they continued arguing. She explained that I had taken her in when the police were after them and that they should return the favor, that there was enough space on the raft and that everything would work out fine. She added that when all was said and done, I was one of them, branded as an ex-political prisoner on my identity papers.

"He also deserves a piece of paradise," she said and concluded, "Alberto is going with us."

The two young men stood there silently. It was clear that what Lourdes said went. But I intervened at that point. "I never said I was going with you three."

However, I wasn't altogether sure of that. After all, Cuba's principal product is prisoners and its second is politicians, who are the cause of the first. Thanks to my condition, I would always be raw material for the production that filled the jails and, therefore, a candidate to continue to be forever a national product. After all, the development of a country is measured by its prison population and Cuba in this sense is a developed country.

I would have to bid farewell forever to my Havana because the dictatorship under which we were suffering was of the kind that hangs on until the death of its strongman. Havana would remain forever behind, with its illustrious dead men wandering the cobblestones, doorways, corners, and parks. I would never again see the house that had belonged to José Lezama Lima (that internal exile, an asthmatic with a good appetite and an inveterate cigar smoker) with its window facing the street guarded by a big colorful pot and something absurd, the murmurings of a simple anecdote that was always a story. That house was made of asthma, insomnia, tobacco, coffee, and the smell of books. It was a world always shut off behind blinds that no one ever dared to penetrate.

I would have to renounce the color of the stained-glass windows, the traps of day invented by Amelia that are no more than light made into an explosion, everyday traps that filter through the honey and the sugar of the atmosphere of the city—the makeup of an extraterrestrial city—so the children can play with their unusual reflections.

The arpeggios of the troubadours would be left behind, the swaying women with their hair blowing in the wind and their clear and playful eyes. My house would remain behind, Curazao 24, which is nothing more than a mansion of animals in which the cockroaches stick their antennas out of the cracks before emerging in search of the forgotten crumb. The ants bear their food off to hibernate in the hypocritical cold of the tropics. You can't believe what the rats swarm over in their search for food when they are not being frightened off by the felines. Spiders, lizards, centipedes, flies, butterflies, termites, moths, ticks, and fleas. They all share my captivity, they all love me, they all wait with me beneath the throne of my dog who watches over my insomnia, ready to defend me. I know it when I feel this multitude of animals awaiting my return from whatever errand I have to run, to the point of becoming taciturn from being in contact with me. I know they love me: I am the owner of an honor guard that any sovereign would envy and that I would have to leave behind forever if I went off on that cursed raft of my night watch, which is not the galleon of my refuge, where I steer against the wind and the clouds cover the roof of my brain, where my kneecap rattles and my hypophysis breathes with difficulty so much strange information. Although a startled child exists in the middle of the living room of my house, the past fades away on the walls. No one pays this child any mind, only a dark-robed priest who renounced his face and who converts my house into a shipwreck on terra firma. After all, if I leave it behind, I would also be abandoning the fateful lock that mutters combinations, that predicts universes, and that at times encloses me in a hermetic solitude of books and music and at other times frees me by opening up the only door to the world. I spy through my keyhole and they spy on me and I have the key hanging around my neck, growing older and older by the day along with me. There are locks for every room and it's only a matter of touch to get them to open or close. Man invented locks and man suffers or enjoys them: there is always some inventor of locks for any inhabited room, and I am no exception to that rule in this, my country, which possesses an ordinary geography surrounded by coasts where the sea stands vigil with saltpeter and tender fishes, snails, and other extinct species. The sky covers it from north to south and east to west without leaving a single piece of land without a ceiling—blue, white, brown—according to circumstances. There are few mountains and a lot of palm trees (the ceibas are tremendous and majestic). There are bats all over the place and bored rivers that never sweeten the sea. There are mystic caves and distinguished madmen. Pigeons on the rooftops of naughty children, sparrows in Central Park soiling the unsuspecting passers-by, and the statue of José Martí in the center. The subsoil is a mystery and the earth blesses whatever seeds fall on it by chance. It has its Capitol with the traveling diamond and many statues and columns. My country comes from somewhere unknown—Lemuria? Atlantis?—without poisoned animals, without dangerous insects. You can find pairs of deceitful lovers no matter what park you look into. Two television stations (modern life!), newspapers and magazines, attractive restaurants, comfortable hotels—even a national library—and blind alleys. My country has memory, whether history, philosophy, or letters, according to the circumstances. Its citizens also enjoy identity papers, whether blue or green or red, according to the circumstances. My country had turtles when Sebastian reached the capital, kites and undersea fishermen, iced drink vendors on the Malecón seawall (that summer species) and troubadour bands at dawn. My country has its Hatuey Indian with his twelve-percent beer. Institutions, hospitals, and ambulances. My country seems to be a ship—better yet, a rising cetacean—plying the Caribbean. My country has heroes, whether martyrs, traitors, patriots, or turncoats, according to the circumstances. My country has books (a blessing!) and sappy songs. My country has me right now, uncertain as to whether to leave it or not, according to the circumstances, and the guidebook for studying it has yet to be written. My country has a flag, a national anthem, and a shield no matter what the circumstances, and midnight congas when silence can tolerate it. We also have prisons and beaches, highways, airports and ports—the living and the dead, according to the circumstances. My country simply takes place, as I suppose is the case with all countries, in its time and space, dedicated to its history. My country has some things I have forgotten in this report, description, proceeding, or announcement, according to the circumstances. And it also has—I almost forgot!—circumstances, lots and lots of circumstances.

 Thus it all boils down, even navigating a ship of fortune, to following to the nth degree the manual I had written for surviving until tomorrow, just as it meant inventing various things for staying alive until the next day, such as listening to the Beatles, which always helps, or saying to any woman, "Love me during the night as though I were someone else," until both of you collapse from exhaustion at dawn when the sounds of breakfast take over. Talk to a friend on the phone and hear his happy voice from the other side of the Straits, improvise a bath, a good shave, followed by clean clothes so you can face the world disguised as a sane and suited man. It also helps to drink coffee one sip at a time until I fall down with caffeine poisoning or to smoke too much for my lungs until I cough my boredom up. I can prepare a banquet for beggars, receive a visitor who leaves me empty, sit in the sun, swim on the beach. I can fill another page of an unfinished novel, *The War on the Rooftops*, I can think about God or about someone worse off, and I can also look in the mirror and observe my body disintegrating with time. I can come up with some tricks to live until tomorrow, variants of tricks of other tricks and so on, so at least I make it to tomorrow breathing and able to read these lines like a resource manual on how to make it to tomorrow.

To leave my house because of the simple fact that a group of three young people far too innocent and ignorant of life showed up in my Havana night watch is something serious, quite serious. To leave behind forever my Curazao 24, the perfect address of who-knows-who lives there, with permanently shuttered windows that avoid gossip. The door, always closed, keeps people from looking inside and no one ever surprises me by coming and going (they say that I suffer from internal exile). They know I'm there because they see a light out in back, solitary, reflected in the windows, the clicking of a typewriter at dawn, and the sporadic smell of coffee. They treat me like the neighborhood ghost. They can't even describe my face at the grocery store. The meter reader claims never to have seen me—he always leaves the bill under the door—and the newspaper boy swears he doesn't know me. But they all know I live there, no doubt about it, at my Curazao 24, now in danger because of the incursion of Lourdes and her fantasies.

So I would have to renounce all my streets, this city of Havana with its tatters of wind and secrecy, with its smoky history of clouds and merengues, of strolls through infancy in which I pointed to everything and my mother answered, "I don't know, I don't know." I would have to renounce memory (which protects so much), the bell towers, and being startled. It would mean giving myself up, the spectacle of the cathedral moistened by a downpour that opened the doors of the sublime, allowing the joining together of two heads and the descent of some angels, entranced by so much beauty.

It meant giving it all up.

But I was also afraid.

And I also had my goal: *The War on the Rooftops*.

And everything had gone wrong on that Havana night watch. I sat down in an armchair in the living room and, gazing at the ground, I declared, "I'm going with you."

Lourdes embraced me and the two young men looked at me with resignation.

The first one to die was Raúl. This wouldn't have been difficult to predict with a bit of common sense and the capacity of foresight. We had been at sea for eight days and by my calculations we were some seventy miles north of Cuba on the right course—that is, to the south of Key West. He wasn't betrayed by his physical constitution. After all, he was weak and sickly and a trip like that—pure chance—was not for him. He hallucinated for more than twenty-four hours. The beating sun and the lack of water led him to say strange things. We had lost our sail and our oars and the only hope left was for someone to see us and rescue us.

We were asleep with the raft adrift. We were awakened by the thud of his body hitting the water, or rather, it woke me up. When I opened my eyes and saw him struggling, I began to shout. Lourdes and Johnny woke up.

"He's thrown himself overboard!" I told them and promptly jumped in after him.

But Lourdes's and Johnny's cries interrupted my strokes. I raised my head out of the water to catch what they were saying. "Sharks! Sharks! Come back!"

The waves had carried Raúl beyond my reach. I managed to return thanks to a strength I didn't know I had, and they helped me back on the raft. We saw everything. The beating of the water, the burst of foam, the red stain, the fins and the tails of the dogfish. The most startling part was that he didn't scream once. He died in silence. From that day on, the sharks were with us, awaiting another banquet.

By the twelfth day Johnny was unconscious and Lourdes hardly moved. I was in better shape, although my legs were paralyzed, and when I managed to trap a fish that ventured onto the raft, I ripped it apart with my hands and let a few drops of juice fall into the mouths of the other two. The sun was straight out of a science-fiction film. The sea was a killer mirror of brilliant rays. Thirst twisted us from within.

    We didn't know how it happened, but all I know is I woke up in a hospital in Key West. According to the nurse, we had been picked up after eighteen days at sea. We were unconscious—and Johnny was dead.

    When I tried to say something, the nurse motioned for me to keep still and said, "She made it."

What happens to those who come by raft is almost always the same. Besides the uncertain step, the burned skin, and the evident fatigue, faces overflow with happiness and gratitude. Danger and fatigue are now done with. The goal has been reached and therefore the feat must be celebrated. They still wear rags, their clothes are in tatters, and their unshod toes grip the floor clumsily as though learning to walk all over again. They pose before the cameras—me on television, in the press?—while flashbulbs burst like flashes of lightning and microphones are thrust into their emaciated faces. They utter their first words a bit incoherently and some even kiss the ground that receives them. They are not a group of shipwrecks from a high-seas tragedy; they are not the survivors of an air disaster over the ocean; and much less are they victims of the famous and never adequately explained Bermuda Triangle. They are, although it may seem incredible, followers of Papillon from when he dove into the water with a sack full of coconuts in an escape from Devil's Island. They are another group of Cubans fleeing from a land-locked tragedy, from an island that also belongs to the Devil. It is a fortunate group that managed successfully to cross the Straits of Florida, Hemingway's Gulf Stream and his swordfish, by floating from Cuba on a fragile raft made from inflated tires and pieces of discarded wood, an embarkation favored by the stars, as they saw in the Cuban press, one that competes with the famous *Kon Tiki*. They made it, overcoming the elements, the violent sea tides that manifest themselves in waves capable of swallowing entire rafts with their crew; the implacable sun that burns the skin, leaving your whole body covered with blisters; the persistent brilliance of the light reflected off the water, which ends up blinding those who expose themselves to such a solar exponent; the cold of the night that makes those who take the risk tremble; the hunger, the bouts of seasickness and vomiting; thirst and sudden wind storms; the unexpected contrary winds that send the rafts off toward the Gulf of Mexico or the Atlantic Ocean; and the ever-hungry sharks, always on the watch for those who fall into the sea—attacked by the madness provoked by sunstroke—and ready to munch away at the voyagers' dreams of liberty and happiness. They are a group of Cubans who have won out over this list of inconveniences and are happy and alive—above all alive—and are ready to be interviewed. But they are not the important ones because they arrived. The important ones are those who could not prevail, those who dropped out during the crossing, like Johnny and Raúl with their literary dreams, those perhaps no one will ever know about. No matter how many testimonials you get from the raft people who reach Miami, no matter how much information you can get from those who leave Cuba in search of another world via this route, you can never know the names of the crew on the rafts that reach the Florida coast empty, with the dramatic testimonial of their silence, the evident visual proof that they were at one time manned. That report, that interview no journalist could do, those words no tape recorder could catch, make up the real balance sheet of the success of these expeditions of fortune whose manifest, with the shroud of death, lies at the bottom of the sea.

Some individuals familiar with the subject assure us that only one out of four persons who attempt the difficult trip reaches the United States. Any assertion of this nature is rather tricky, because it could be fewer or it could be many more. To give an idea of the tragedy, I can cite the Brothers to the Rescue organization, made up of private pilots dedicated to scanning the areas around the Florida Keys in search of lost rafts. According to this humanitarian organization, they have on many occasions found a raft with four people on board and six empty rafts. This is a disheartening statistic.

But it is also important to look through recent Cuban history to understand the phenomenon. A little before 1959, during the insurrection against the dictatorship of Fulgencio Batista, Cubans sought refuge in the United States for political reasons. When Fidel Castro triumphed in 1959, the exodus became more intense and its rhythm quickened. Cuban society began to suffer a violent transformation, and the absence of a state of law, along with courts with no constitutional guarantees operating and executing at full speed, obliged many to save their lives by emigrating to Florida, an ideal place because of its proximity and climate. Then came the exit from Camarioca, a small port on the north coast of the island, through which a good number of refugees reached Florida on yachts of all kinds. Later, after Camarioca had been closed, the so-called Liberty Flights were organized, thanks to which many people managed to escape from Cuba after enduring forced farm labor, sometimes for years, in order to obtain the right to leave the country. These were escape valves that the Castro government opened and closed as it pleased in accordance with the demands of the internal pressure created by its closed society. Castro contented himself with the old saying "Give your departing enemy a bridge of silver." In 1980 the massive asylum at the Peruvian Embassy in Havana took place. In only a few hours thousands of people flooded the grounds of the diplomatic seat after the government withdrew the armed guards protecting it. This event led to the Mariel maritime bridge through which more than 120,000 Cubans managed to reach Florida in caravans of all kinds of vessels, departing from another small port on the north coast of Cuba, El Mariel. This tide of people included the incurably mentally infirm and common criminals that Castro mixed in among the refugees. I personally witnessed this event because, at the time of the Mariel operation, I was locked up at La Cabaña precisely for the crime of writing my novel, *The War on the Rooftops*.

La Cabaña, a colonial Spanish fortress, was never any good to the empire because the British Crown lost interest in raiding the Caribbean. The Spaniards built it because they wanted to, but Castro inherited it for his use as a jail, where he could take maximum advantage of its galleries. Thanks to a change in the penal code brought about by the dictatorship, many political prisoners were mixed in with common criminals. I was among them and witnessed the Mariel exodus from the prison. The common criminals posed with startled looks on their faces in front of cameras to get passport pictures of their emaciated faces. The authorities gave them a change of civilian clothes—a pair of jeans, some tennis shoes, and a shirt—and sent them off to a boat waiting at Mariel. There they were shoved off for a life they didn't know on the other side of the Straits of Florida.

The first to go were the most dangerous ones. Assassins, rapists, and drug traffickers said their good-byes to their pals on the patio of Zone 2 of the colonial fortress. The authorities warned them that they couldn't identify themselves as prisoners when they reached Miami. The threat was that they would be returned to Cuba to finish their sentences. I don't know what happened in Miami because I was in Havana, a prisoner in my gallery, watching the departure of hundreds of ordinary prisoners. But what I do know is that somehow some American authorities caught on.

Once I was in the lunch line waiting for the aluminum cup full of tripe when who showed up on the patio but Ferreiro, a criminal against humanity and the prison's chief of security. He selected ten prisoners and ordered them to strip. They did so posthaste, unaware of what awaited them. Ferreiro chose from among the ten the only two without the tattoos customary in Cuban jails. Apparently in Miami they already knew that some of those arriving by boat were coming from the prisons.

But there was a problem, Ferreiro explained: there was room for only one prisoner on one of the boats. The two who had been selected began to argue, both demanding the "right" to leave hell. Ferreiro hesitated for a moment and then hit on the solution. He simply took a five-cent coin from his pocket and tossed it in the air with the well-known formula "shields or stars?"

When the one who won went to put his clothes back on, Ferreiro told him not to bother, because there was a set of civilian clothes waiting for him. The one who lost put on the rags that thrust him back into his condition as a human reject, which he had left behind for a few minutes while standing naked waiting for his fate to be determined.

From the lunch line I looked on with astonishment at how different destinies can be, with only luck to determine their course. The one who went to Miami is perhaps by now the owner of a business, or perhaps he's in prison for some crime, but always to his credit is the fact that he had the chance to change. The other, the one who stayed behind in La Cabaña, maybe got his chance later to leave Cuba, or maybe he was knifed to death in a prison brawl. No one knows.

In this way, I was witness to luck in all its force and to one of the saddest faces I've ever seen in my life, that of the unfortunate prisoner when the side of the coin he had chosen was not the one that came up.

It's hard to know how many times a day we're subjected to the toss of the coin without knowing it, and I don't think this can ever be determined. But what is certain is that life leaves a margin for one to design his own fate. The remedy is not to ban the toss of the coin, but to be the one who owns the coin, although at times, as in Johnny's and Raúl's cases, there's no coin that could have saved them.

Later we found out our tragedy was just one of many like it. In Miami you hear about the tragic testimonies of surviving raft people. One of them tells how, after losing eight family members during the crossing, he saw his sister throw herself in the water seeking the repose of death. At that moment he lost consciousness and came to in the hands of the U.S. Coast Guard. Another tells that he found the head of a man floating in the sea attached to a piece of shoulder and an arm. I met a raft person in jail in Cuba who saw the sharks rip his brother to pieces when the latter jumped into the water, unable to withstand the rigors of the trip any longer after having lost the hope of survival. Another case, this one happy, had to do with the raft person who floated adrift in a small box of foam rubber only a little larger than his body. He was picked up on the open seas by none other than the Queen of England's yacht, where he was a guest until they transferred him to a vessel of the American authorities.

The sea, tied to the history of Cuba from the beginning, acquires a fatal role as protagonist with the tragic destiny of the raft people. That same sea that saw Christopher Columbus arrive on his historic voyage, the Indian Hatuey flee the colonizers, the threat posed by flotillas of pirates with their black flags besieging the island, the sea that provides the breezes that attenuate the ever bothersome tropical heat and that serves to entertain the swimmers along Cuba's beaches, is the one that now provides burial for an undetermined but undoubtedly horrifying number of Cubans like Raúl and Johnny, who are unable to make it to the interview where, exhausted and smiling, they would have fully expressed their happiness over the simple and tremendous miracle of making it alive.

Only two of us were so fortunate. Two stayed behind with their dreams, just like my own left behind in the Havana night watch.

PART TWO

Miami is an explosion of light. Surrounded by the sea, it is a very different city from Havana, without the lineage and enchantment of the aged Cuban city, without its stature and its air of a true and impressive urban setting. Miami is only one hundred years old and feels its way like a bright child seeking its own identity, which it will undoubtedly acquire and can already be sensed. Miami is as close to Cuba as it is remote and unattainable. Miami, moreover, is lighted by the same sun that bathes my former city. It is possible that when Lourdes and I stand under the sun, that same sun is lighting another couple in Cuba and perhaps they are seated on the Malecón; our shadows are children of the same light.

Miami is a modern city full of automobiles, tall buildings made of windows, high-speed freeways, and houses enveloped in air conditioning. It has an unexpected cultural diversity. Refugees from all the Latin American dictatorships end up here, which makes the city into a true depository of individuals with turbulent pasts. Every pedestrian is a drama. There are also many purely economic refugees who came here in pursuit of fabled fortune, the dream, private or general, unattainable in their countries. After all, the first profession in Miami for immigrants is escaping something, whether poverty or political repression. Cubans, Haitians, Nicaraguans, Dominicans, Salvadorans, Jamaicans, Argentines, Chileans, Bolivians, Brazilians, Spaniards, and many more intermingle in a mixture of accents, a diversity of colors and styles and culinary traditions made for every known palate. And also there are Russians, ex-KGB agents and ex-Communist Party agents from the bygone USSR who wander the beaches with suitcases full of dollars, embracing a life of tennis courts, golf, and private swimming pools. After all, Miami is a small world map and you can hear a different kind of music in every bar, from salsa to reggae, as well as merengue, jazz, and rock. People here, aside from the Indians on their reservations like the Miccosukee, are white Anglos (whose forebears were born far away, someplace in Europe) and blacks (whose forebears were also born far away, someplace in Africa).

Among the foreign minorities, the strongest are the Cubans, who began to establish themselves in the area in 1959, and they make up the only ethnic group to achieve economic, political, and social power in a single generation. Suffice it to say that the average income in the United States is $22,081, while that of the Cubans is $19,336. But that's an old story that began long ago, when Pánfilo de Narváez departed Havana in 1528 to conquer Florida and disembarked in what is today Tampa Bay. He was accompanied on that adventure by Álvar Núñez Cabeza de Vaca, who spent eight years exploring the territory separating him from the realm of the Aztecs. Eleven years later Hernando de Soto set sail from Havana and reached what are today the states of Arkansas and Oklahoma. From 1693 to 1700 the Spanish governor of Florida was Laureana de Torres y Ayala, a Havanan who directed the fortification work in San Agustín—the San Marcos Castle, which is almost the twin of the Punta Castle in Havana Bay—to provide a defense against pirate attacks. Bishop Pedro Agustín Morell de Santa Cruz was one of the first refugees from the island to wander around Florida. He fled Havana in 1762 when the English occupied it for a year. The priest Félix Varela went on to become the vicar general of the city of New York and died in San Agustín in 1853, the first Spanish settlement on the peninsula, which still maintains its colonial flavor.

So when all is said and done, Lourdes and I reached a city bored from seeing Cubans arrive dreaming their dreams and fleeing their terrors. Miami is, after all, overwhelming in its light and speed, as befits a first-world city and therefore one that is strange and difficult for someone to understand when arriving from a country like Cuba. In my case, when I saw the expressway for the first time, I thought I would never be able to drive a car.

But to make a long story short, I was in Miami with someone I didn't know, because Lourdes was nothing to me but that: a perfect stranger. In reality, after twenty-four hours we resumed our mutual acquaintance, because the time spent at sea and in the hospital didn't count. In any case, a new world lay before us, and you will observe that I use the first person plural. Beginning with Key West, my capacity to be astonished was assaulted over and over again by new images and sounds, but more than anything else by the new, unknown smells that assaulted me in mixtures of perfume and barbecue.

In Key West they had us board a bus that took us to Miami, not without first giving each of us twenty dollars. We will always have fond memories of those Cubans living in Cayo Hueso. We left the bus on the corner of 27th Avenue and S.W. 8th Street, where a humanitarian agency that worked with refugees would process our cases. But it wasn't necessary. Emilia, Lourdes's aunt on her mother's side, was waiting for us and declared with pride that she would take charge of us in every sense.

"I haven't seen you since you were born," Emilia said, hugging Lourdes and starting to cry. "You have the same body and the same face as my sister. Are you still a communist?"

But she didn't wait for an answer, breaking out in tears again.

Emilia belonged to the part of Lourdes's family that left Cuba with the first tide of exiles to flee Castro. A widow, a practicing Catholic, retired, and a member of various exile organizations, she bore her old age like a badge won with a lot of sacrifice. Her hairdo was perfect and the color hid any sign of gray hair. Her clothes were youthful, but not loud. I didn't dare ask Lourdes, but it was evident that some kind of surgery had taken care of her face, which was too smooth for someone her age.

"Now, you just forget everything," Emilia said when she had contained her tears. "The bad part is over. You're safe and sound now in Miami. Your hair is a mess!"

Lourdes introduced me as her boyfriend, and Emilia analyzed me with a sharp microscope look made possible by the contact lenses she wore.

"You're engaged?" she asked.

"Yes, Aunt, for quite some time," Lourdes lied.

"Well, you come home with me too." And she added, "I have three bedrooms I don't use."

It was evident that her aunt was well off, which I could see when she took us to her car. It was a Cadillac, black with leather seats and it looked like a flying saucer. I had only seen that kind of car in the movies and they were always driven by people with a lot of money or by mafiosi.

After some fifteen or twenty minutes driving through a tangle of freeways, we reached a neighborhood in southwest Miami inhabited almost exclusively by Cubans. The house was enormous, something out of the American movies shown on television in Cuba on Saturday nights. It had two stories and a tile roof. It was surrounded by gardens and iron gates, and it had an enclosed garage and a pool. It looked like an architect's model but it was real and, as I was later to find out, was worth a pile of money.

"Do you live alone in this large house?" Lourdes asked when she saw the mansion.

"Only in spirit since Pedro died," Emilia answered, referring to her husband.

"And my cousins?"

"Juan is in New York. He married an American with long legs and freckles and they're doing fine. He speaks English perfectly. He graduated here from the University of Florida. Mercedes is in California and does something in television; I don't really know what. She was always a little wild," she felt obliged to add. "She's more or less your age. She's darling, like all the women in the family!"

When Emilia opened the door, an electronic sound went off.

"It's the alarm," Emilia explained and punched some keys on a panel located on the wall.

There immediately followed some deep-throated barking. It was Tuti, a darling dog that Emilia said was an Irish setter, something like an Irish pheasant hunter, who approached us wagging his tail and carefully sniffing us.

"Tuti is very loving," Emilia said. "I don't know what would have happened to me without Tuti. He cost me a fortune because he's pedigreed. But it was worth it."

The hair and health of the animal were far superior to how Lourdes and I looked. I leaned over to pet the dog and he slobbered all over my face. Unquestionably, when I recalled the conditions in which people live in Cuba, I thought things were very poorly apportioned in the world, and I said by way of a compliment, "This dog is healthier than we are."

"You can imagine what he costs me between the veterinarian, special diets, and shampoo. But it doesn't matter because I have the money, thank God. My husband and I worked hard and we deserve it . . . and Tuti does too. Luckily those days are over and I'm enjoying the rest I deserve."

When the dog heard Emilia say his name, he went up to her immediately, wagging his tail. She patted him on the head.

And it was true. When I was living in Cuba and someone from Miami came on a visit to the island, I heard quite a bit about doctors washing dishes in beachside restaurants for starvation wages. But they had a goal: to revalidate their medical licenses and resume practice. Meanwhile, doctors' wives sewed clothes in factories in Hialeah, an industrial area, for starvation wages, and after class their children had all sorts of part-time jobs to bring in a few extra dollars. The same thing happened to lawyers, engineers, and all sorts of professionals. In reality, the Cuban emigration combined capital with backbreaking work. Also, as Octavio Paz says, they had the advantage of coming from a modern country. Another element that aided them in getting a foothold was the type of nuclear family they had, as Toffler calls it. The family stayed together and everyone worked. A nucleus of four, for example, no matter how little each one of its members earned, could pool their wages and buy a modest piece of property that would increase in value over time. The immigrant, by nature, is more aggressive as a consequence of knowing that the deck is stacked against him with reference to the natives, beginning with the language. In the case of Cubans, there was an additional goad: the age at which a lot of them came told them that they didn't have many years left and they had better get busy.

"Let me show you the house," Emilia said cheerily. "Just remember that from now on you are in your home."

She began with the living room, large and done in Mexican tile, full of expensive antique furniture mixed with rustic elements like wood, ceramics, and iron and with an elegance that enveloped everything. The walls were filled with oil paintings and ink drawings, done almost exclusively by Cuban painters whose names were familiar to me, like Wilfredo Lam and René Portocarrero. There were also two by Mijares, a watercolor by Amelia Peláez, and an enormous Cundo Bermúdez. I almost flipped out when I saw a small ink drawing by Salvador Dalí and timidly asked, "Is this an original?"

"Everything in this house is an original," Emilia answered curtly. "My husband bought it when Dalí was still alive. We met him in Spain. Some other time I'll show you the photographs we took with the maestro."

There was no doubting that Lourdes's aunt had a bank account full of horror and mystery.

The dining room was simple but expensive. An enormous mahogany table stood in the middle of the room surrounded by ten Spanish-style chairs of wood and embossed leather. An art nouveau fixture hanging from the ceiling must have cost a fortune. The tour continued on to the Florida room, the library (full of books in English, French, and Spanish), the large kitchen (replete with Spanish tile all over the place), the bathrooms, the back patio area (with its fruit trees), the pool, the jacuzzi, the sauna, and finally the bedrooms. Emilia showed Lourdes the one reserved for her and at the opposite end of the hall she showed me mine.

"You each have your own room," she declared. "That's the way it should be since you're not married. By the way, are you Catholic?"

"I'm not," I answered and received a look like daggers from Lourdes.

"In reality, he was, what I mean is, he still is," Lourdes stammered. "He stopped going to church a little while ago, but he's Catholic. I'm hoping he'll start going back to church here."

"And you?" Emilia asked Lourdes point-blank.

"I never stopped going to Mass, including the day before we went to sea," Lourdes lied, bald-faced.

"That's good, my child, because the world is a mess, a real mess."

She interrupted herself abruptly and went in search of a portable telephone lying on the kitchen counter.

"I'm going to order Chinese food," she announced. "It's delicious. Do you like Chinese?"

"I eat anything," I said.

"Whatever you want, Aunt Emilia, it's all new to us."

"You don't know Chinese food?" Emilia asked surprised.

"There are no Chinese restaurants in Cuba."

But I clarified. "There is one, but you can only eat there with dollars—that is, it's only for tourists."

"And what happened to Havana's Chinatown?"

"The Chinese that could, got out, Aunt Emilia," Lourdes replied. "They already knew all about communism because it had attacked their own country."

They answered the phone at that moment and Emilia concentrated on ordering a series of dishes that Lourdes and I were unfamiliar with.

"I'll be right back," Emilia said when she hung up. "I'm going to take a shower. Here's money for you to pay the bill if the order comes while I'll in the bathroom. Don't expect change because that's their tip."

The employee from the restaurant arrived while Emilia was in the bathroom. Of course, the delivery boy was not Chinese, but Salvadoran.

He opened his eyes really wide at the tip Emilia left for him. He said thanks two or three times and left with the velocity typical of this high-speed society.

Emilia came out of the bathroom in a housecoat that must have cost a fortune.

"Help me set the table, Lourdes," she said and then asked me, "Would you like something to drink?"

I hesitated and Emilia added, "There are several kinds of beer in the refrigerator. The German ones are the best, because the American ones give you a headache the next day. The bar also has anything you want, from whiskey to Bacardi rum and vodka."

I chose an aged Bacardi on the rocks and sipped it slowly, waiting for Lourdes and Emilia to set the table. When everything was ready, Emilia clapped her hands and announced, "Sit down, my dears, because good health is measured by a good table."

We sat down before an overflowing quantity of Chinese food that filled the table, from fried rice to chicken wings in honey. Everything was delicious and the flavors were all new to me and to Lourdes also.

In the middle of the meal Emilia surprised us with something unexpected. "It really works out well for me that you came because I'm off to Paris for a month. That way, Tuti will have company and you can take care of the house for me."

"We're to stay here alone?" Lourdes and I almost asked at the same time, alarmed.

"Of course. What difference does it make? I'll tell you everything you have to do and give you some emergency phone numbers. Besides, sweetheart, I didn't realize you were going to show up just now on a raft. If you had let me know, things would be different. I can't cancel this trip. I'm dying to return to Paris, which is delightful this time of year. Don't worry that something will happen. I'll also leave you the phone number of my best friend, Carmen, in case you need anything . . ."

"When do you leave, Aunt Emilia?" Lourdes asked.

"Tomorrow morning at ten for the airport."

"Tomorrow?"

"Yes, dear, after breakfast, which I'll have ready for you at eight-thirty. You know about American breakfasts?"

"Well, yes, from American murder mysteries."

"It's the best thing the Americans ever invented, more important than Apollo 11. You'll see, the best part of the United States is breakfast."

That sounded like an exaggeration, but I kept quiet. Lourdes threw me a worried look. The next day we would be on our own in a country where we didn't even know how to use a Touch-Tone phone. Emilia, who ate with relish, paused again between bites to ask, "Were you communists?"

I was the first to answer. "No, ma'am, quite the contrary. I was in prison in Cuba for political reasons."

"And what about you, sweetheart?"

"No way. I always wanted to come here."

"So much the better, children, so much the better. I don't want to be impertinent, but the devil is in the details and I want to be certain: Are you communists now?"

I burst out laughing and Lourdes answered for the two of us, "Good God, Aunt Emilia, we are not communists, not now and not ever."

"Great. You like the food?"

There was no need to say it was excellent. We ended with a good cup of Cuban coffee, the very best, with a deep brown foam on the surface. Truth is, there was not the slightest thing to complain about.

After we ate, Emilia went off to visit some friends and told us she would be back late that night. They were going to watch a movie, a video, with a group of classical film fanatics. The movies that night were *Casablanca* and *Gone with the Wind*. They never got tired of seeing them, and I could see why.

During the night, Lourdes and I were afraid to change bedrooms. We were afraid that Emilia would show up any moment and decide to check which bed we were each in. So we went to bed under the draft of the central air conditioning to await the famous American breakfast the next day.

Lourdes's aunt woke us up in the morning with some light rapping on our doors. I didn't need Emilia's call for me to wake up. I was already out of bed and had used the bathroom sometime before, including giving myself a shave (Emilia had seen to everything and I found a razor on the sink along with foam and lotion). I could hardly sleep during the night. I didn't know how to close the air conditioning vent, nor did I even know if it could be closed. I had evidently gotten a chill and I could feel it in my throat, in addition to that sensation Cubans call "watered body" and the discomfort of chills throughout my entire frame.

We met in the kitchen, as large as the dining room itself, where Emilia was preparing breakfast. Lourdes was wrapped in a terry-cloth bathrobe and was wide awake. Apparently, the air conditioning hadn't bothered her a bit. Aunt Emilia was wearing a pair of shorts, not very appropriate for her years. But she showed off a pair of perfect legs, also not typical for her age, the envy of many younger women. A loose pullover (I found out later it was called a T-shirt) suggested from time to time and according to her position a pair of firm breasts that had also been through the hands of a surgeon. "I hope you didn't switch bedrooms during the night" was how Emilia greeted us when she saw us coming.

"Aunt Emilia, what a way to talk this early in the morning!" Lourdes protested.

"Love is fiery when young people are around . . . and you two are young," Emilia replied without taking her eyes off the frying pan on the electric burner.

It was as much a discovery for me as it was for Lourdes to see that you could cook in air conditioning. It was, from the point of view of a country like Cuba, absurd to have a source of heat within a space in which the opposite was sought. It would appear that, as Ray Bradbury says, science fiction had arrived, and it was up to Lourdes and me to begin to understand it.

"I've almost got breakfast ready," Emilia said. "You're going to lick your chops."

"Do you need any help?" Lourdes offered.

"No, dear, thanks." Emilia refused her offer and added, "I never do a thing in the kitchen. I eat breakfast and my other meals out. Lunch and dinner always with some friends. This is a real exception just for you so you'll know that I know how to cook."

"You shouldn't have gone to the trouble, Aunt Emilia," Lourdes said.

I looked at Emilia's long and perfect fingernails and discovered that she was not lying. Emilia went on about her business while she turned the dial of the radio sitting on the kitchen counter. "Now, while I'm finishing breakfast, I need silence. My favorite political commentary is on now. Listen because I'm certain you'll like it. This commentator is fabulous, one of the best we've got."

Emilia turned up the volume on the radio and some classical music poured forth as background prior to the beginning of the commentary. The commentator had a clear voice and from his accent I didn't have to ask if he was Cuban.

"Esteemed audience, my commentary for today is 'We love this country, but we're Cubans.' I hope you like it:

"Perhaps you might find the spectacle I am about to describe for you incredible: a wheelchair made from a Cuban armchair, those so-called 'maiden ladies,' which have a cane and wicker weave, with wheels on the side. And more: for a windshield, instead of the sort of a clear guard like police motorcycles, a piece of stained glass with the colors of the colonial palaces of Old Havana. And on the sides wooden shutters added to protect against the sun. Of course, a device on the back for carrying a thermos filled with Cuban coffee—hot, bitter, strong, and exquisite. Some clay pots with malanguita flowers complete the ensemble and hang from the wooden arms in a cascade of green, along with an ashtray fitted into one of the arms for hand-rolled cigarettes.

"Of course I'm kidding. This is a caricature, but it could well be a humorous way of describing the attachment—I would call it love—of the Cuban for his customs. And I almost said roots instead of customs, but I don't like the term, as it sounds too agricultural to me.

"When I arrived in this country ten years ago, I was pleased to hear my language spoken on every street corner, along with the smells of onions, garlic, and fried pork that emanate from cafeterias and restaurants, which is very different from the smells that impregnate a city, for example, like Washington, which is sunk in a permanent cloud of boiled broccoli and American coffee. I have nothing against the traditions of the United States. Quite the contrary. The organizational capacity and industriousness of this country is a monument to rationality. But it is comforting to come here fleeing your own country and discover waves of former fugitives who say to you, 'Don't worry, what you have here is a city like your homeland but without the dictatorship.'

"It's enough to get out of bed in this city, the capital of Cuban exile, and turn on the radio to various stations telling you the time, describing traffic conditions, and reporting the news all with an accent that is part of your affective memory. Small newspapers are everywhere, with their political focus, their ads, and their classifieds. The complex mechanism of filling out any application is simplified by a smiling employee who explains to you in Spanish what 'relative' or 'income' means. A fellow Cuban can tell you how to get to Immigration without your ending up where you don't want to be because of the signs saying 'turn left' or 'keep right,' so complex for those uninitiated in the language of the country that has given us refuge in such a friendly way.

"When we examine other minorities, we discover they have been absorbed by the country that has received them and they work hard every day to belong at any price to the system. Cubans in the United States constitute a preserve that refuses to give up its national patrimony and its memory and, dug in in their homes on the Sagüesera, a corruption of S.W. 8th Street, they hang on to their customs religiously. We can find an enormous life-size St. Lazarus or a Caridad del Cobre Virgin, the patron saint of Cuba, in any backyard, perhaps the fulfillment of promises made to saints on the high seas when their owner thought he would lose his life because the raft he was on was sinking relentlessly.

"I also understand the Americans. Let's put ourselves in their place. Imagine, dear listener, that you live in Havana and go on a visit to Mariano, a suburb much like Hialeah. Wherever you go there, you are greeted always in Russian, because a community of 200,000 Soviet refugees took over the area during a thirty-year period. Instead of our coffee, you find samovars of tea, and instead of Cuban toast, black bread and greasy sausage await you. At least the idea is unappealing. Thank God, that's not the way it is.

"In any event, from the perspective of all the years I've spent here speaking a little bit of English, enough to understand Bogart and Bergman in *Casablanca* or, what's more difficult, Peter Lorre, I feel relieved when I hear Celia Cruz or Gloria Estefan on the radio and my wife telling me, although it's not necessary because the aroma invades the house like a secure trail, that the Cuban coffee is ready and a new day in liberty is dawning."

Emilia let go the handle of the frying pan and applauded. "What a great commentary! Didn't I tell you that reporter is a gem? And it's good for you. You can see how everything is just fine, just like I told you. And now for our American breakfast! Lourdes, help me put the food on the table and get the napkins."

If the American breakfast is not the best thing the United States has to offer, at least it's one of its great accomplishments. Scrambled eggs, ham, orange juice, toast with butter and different kinds of jam (orange and strawberry among others), fried potatoes, Cuban bread, and coffee. A whole meal. Emilia even offered me a beer. In a gesture of good sense, I passed.

"What do you think?" Emilia asked and opened her arms to take in the table as though she were some sort of kitchen Houdini.

"It's all exquisite," Lourdes said.

"There's enough food here to last a week," I said.

Emilia burst out laughing and asked me what I thought about the radio commentary.

"Very fine," I hastened to answer. "It must be great to feel like you're in your own country when you are in another one."

"You're right, but it was hard. Just having to learn English well to get by was a true odyssey."

"We have to learn the language," Lourdes put in.

"Of course you do, but without losing Spanish and our culture," Emilia clarified. "There's an example for you," she said, now pointing to the radio. "Here in Miami, we have a lot of stations that broadcast only in Spanish. During the week almost all the programs deal with problems in Cuba. Here we know everything going on over there. In the morning and on the weekend, almost all the programming is music, music from over there; I mean music from before the misfortune."

I imagined the songs and dances intoned by the artists banned in Cuba for having left the country. Celia Cruz and Gloria Estefan have never been heard on official radio in Cuba, that is, never on the one radio station on the island. Unless Emilia was lying, and I found out later she was telling the truth, Miami was a Cuban time capsule planted in south Florida.

When breakfast was over, we discovered the dishwasher. Emilia showed Lourdes, who paid as close attention as she could, how to work this blessing of the modern world dedicated to housewives. Finally, Emilia poured another cup of coffee and asked me if I smoked. I answered that I did, but I wasn't hooked. I could go without a cigarette and had no need to go buy any.

"So much the better." Emilia breathed a sigh of relief. "Because you can't smoke in the house. With the central air conditioning, it gets trapped inside and everything takes on a bad smell. Besides, secondhand smoke, as it's called here, is fatal for those who don't smoke. When you need to light up, go outside," she pointed toward the windows that separated us from the yard.

That made me begin to understand something about a novel I had read in Cuba, one of the ones that enter the country illegally and get passed around among a long waiting list of avid readers. It was a work of science fiction by Arthur C. Clarke, *The Ghost from the Grand Banks*. At a point in the future (Clarke's literary future was set in the year 2007), movies from the twentieth century were subjected to a computerized process whereby scenes in which the actors appeared smoking were cut out. In the version of *Casablanca* of that future, Humphrey Bogart didn't smoke a single cigarette. Of course, Ingrid Bergman didn't, either.

The technicians do it so as not to wound the sensibilities of the inhabitants of the planet in 2007, which is now just around the corner. Clarke says at one point, "Millions of spectators change channels with disgust because people smoking appear on the screen." Farther on in the same chapter, the technicians are "cleansing" a scene from the movie *A Night to Remember*. One of the ascetic technicians says, "There's no way to save this sequence! Not only are they smoking, but the cabin boys doing the smoking couldn't be older than sixteen or seventeen. Fortunately, it's not an important scene."

The other technician answers, "OK, fine. We'll dump it."

I wonder if, according to Clarke, it would be necessary to eliminate scenes in which one person kills another, or scenes of war, or of people drinking in a bar. And, who knows, also the scenes recreating the lives of writers because, in the future, perhaps computers will have managed to do away with the noble profession of writing literature, although I doubt the modern world will win that fight. I also ask myself if scenes of the slaves building the pyramids, sowing cotton, or cutting sugarcane will also be cut. And what about the church burning at the stake those who did not think as it did? Is that the future that awaits us? Thank God that's just the writer Clarke's version, a version that can be completely wrong.

If smoking can hurt the sensibilities of future earth dwellers, I suppose the same would be true on the screen of any banker who takes in between eighteen and twenty-percent interest on credit cards, a most interesting detail that Aunt Emilia explained to us when Lourdes asked her about the famous "plastic money." The highway robbery of the banking system is such that at times it leaves its clients without even enough money to buy cigarettes. Maybe that would be the quickest and most efficient way to eliminate smoking: depriving smokers of money via loans and a progressive tax (another concept new to Lourdes and me) imposed by politicians who, of course, smoke and have the money to do so.

If everyone guilty of something is forbidden to enter a restaurant or fly on an airplane, both sectors go bankrupt. On any given night you can be in an elegant restaurant and overhear the person at the next table complain about the smoke from your cigarette. It's clear that you cannot complain about the eating habits of the person complaining about you, who could be a bank robber, a child molester, or a distinguished maker of chemicals that contaminate the drinking water. The future at times is frightening, and Aunt Emilia's innocent warning about smoking inside the house left me with a slight foretaste of what to expect from the end of one epoch and the beginning of a very different one quite far removed from the one in which we have seen Bogart lighting up a cigarette so many times on the big screen (it's enough to refer to the unforgettable film *Casablanca* with Ingrid Bergman, Sam, and his piano) or giving a light from his silver-plated lighter to the always languid Lauren Bacall in so many other films. How can you forget Edward G. Robinson chewing the end of his cigar while uttering something brutish, straight from the hip, in the best style of American tough-guy films? And make no mistake about it, these were certainly all favorites of Aunt Emilia's because they were from her youth. On the other hand, no one can separate the image of Winston Churchill, the famous British prime minister, from a cigar in the form of a firecracker or a submarine. It's impossible to forget lyrics like "I'm sitting here smoking and waiting for the man I love, looking out through cheerful windows . . . ," which is obviously a call to experience the company afforded by a cigarette to someone who is waiting anxiously. And, of course, the stylized Greta Garbo with her long mouthpiece and clouds of smoke slowly rising, with all the class that the star knew how to give smoke dancing in the air, slow and dense or thin and volatile, according to the breeze that was behind it. The legendary private detective Sherlock Holmes, by the British writer Sir Arthur Conan Doyle, never abandoned his curved pipe. The image of Basil Rathbone, one of the actors who played the part of the detective and who is considered the classic Holmes, meditating on the solution to a difficult crime accompanied by his pipe smoke, on occasion mixing the tobacco with some opium, is familiar to anyone who has seen television in the last fifty years. The famous investigator also sifted through the ashes left by murderers at the scene of the crime, a theme on which Holmes was a specialist, to the extent of having to his credit a monograph on the subject, "Concerning the Differences in the Ashes of Different Brands of Tobacco" (London, private printing, 1879), in which he enumerates 149 brands of cigarette, cigar, and pipe tobacco, including color plates with different kinds of ashes. These ashes provided him with certain evidence on the identity of the murderer. The famous George Sand said that "tobacco dulls pain and people's solitude with a thousand delightful images." So tobacco and its many forms are linked to celebrities and history. Films did much to spread the use of cigarettes and cigars, and the habit of stars of smoking on screen and in their private lives popularized smoking to incalculable lengths. There are millions of arguments in favor of the glamour of tobacco, and in an earlier day, that of Aunt Emilia, it was elegant to smoke, even if today in her old age she considers contaminating smoke to be an inconvenience. It's strange, especially for someone like her, born in Cuba, which is unquestionably the cradle of the cigar. Cigars were born on my island and they are enormously complex and, on many occasions, were used as a weapon, just as the Cuban Fernando Ortiz explains in his work *Cuban Counterpoint of Tobacco and Sugar*, "The cigarette has been and is a subtle and very agile arm in amorous fencing, just as the fan, the lorgnette, the parasol, and the handkerchief used to be." Being elegant on any occasion called for offering a lady your cigarette case and helping her with a light, to see her draw in the first amorous feint with her lips. Of course, the woman also attracts the man with the pretext of smoking, waving her unlighted cigarette in the hope that the person whose attention she wishes to command will come immediately to offer her a light. With this in mind, I asked Aunt Emilia if she had ever smoked and, since her answer was affirmative, I understood how she could well have gotten her husband's attention with an unlighted cigarette in the hope that the suitor would come to her aid—who knows? After the first draw, you move into action, and your "thanks a lot" is whispered in an appropriate, suggestive tone that inspires the man who has fallen into the trap to move in for the kill. Surely Aunt Emilia smoked fashionable brands of the day, like Chesterfield, one of the most popular cigarettes in her youth.

"My God!" Emilia exclaimed, grabbing her head in her hands.

"The taxi will be here in fifteen minutes!"

"Can I help you with your luggage?" I asked politely.

"It's all in the entrance hall," Emilia said as she ran to her room. "Set the bags outside while I dress . . . If the taxi shows up, chat with the cabby until I get there."

There were five suitcases of real leather that, like all of Emilia's things, must have cost a fortune. Lourdes and I placed the luggage in a row outside the house along the fence, and a few minutes later we saw a yellow cab arrive driven by a Haitian who was also likely a refugee from his own dictatorship and his own terrors.

Lourdes went back in the house and shouted to Emilia, who emerged wearing a first-class ensemble. Tuti was barking and jumping up and down around her. After saying her good-byes to the animal, her "pet," as they call it here, Emilia kissed us both and got into the taxi. She immediately rolled down the window and said, "I made a list of instructions last night. It's under the vase in the kitchen. Nothing's missing, from how to turn the Jacuzzi on to how to set the air conditioner. And something important: I left you money in the top left-hand drawer of the cupboard in the kitchen. It's in a yellow envelope. Don't worry about spending it . . . Two blocks from here, you can walk it, there's a movie theater. It's in English, but at least you can enjoy the images and the music. Besides, there are six projection rooms."

When the taxi pulled away for the airport, Lourdes and I were left alone in the mansion. We were like two blind persons drowned in light. We had to begin to familiarize ourselves with Miami's daytime map, and then the nighttime one, to learn new references, new steps, like a child who is learning to walk, feeling out the dangers of the city, its breathing, its risks, and its bounties. It was all new and we were alone—really alone—especially after Emilia's departure for Paris, in the middle of a new continent that had already been discovered long ago by many Cubans who had their own experiences, their own suffering, and who had their dreams dashed only to rebuild them. We had a new city so we wouldn't miss our own, although it remained to be seen if that would be the case.

When the taxi turned the corner and we closed the door behind us, I was tempted to say, "Alone at last," just as in all the movies and comedies from the beginning of movies and comedies. But I didn't say it because Lourdes wouldn't let me. She quite simply threw herself on top of me, kissing me on the mouth in desperation. Then she grabbed me by the arm and literally dragged me to her bedroom where, as soon as we got there, she ripped her clothes off in a matter of seconds. Tuti had followed us and begun to bark and wag his tail, and he finally stood up on his hind legs and tried to embrace us. I almost had to drag him out of Lourdes's room and quickly close the door. At that moment we were truly alone. Tuti barked a little bit more outside the door, trying to get our attention until he got tired.

Even though I didn't feel very well, everything went off great. The air conditioning was still bothering me, especially naked, but I ignored the inconvenience. Lourdes was happy and she repeated to me on various occasions that we finally had a city without the danger of always having to be thinking about fleeing, regretting what we didn't have, looking always toward the hope of something beyond our grasp. I agreed and kissed her. Everything was going swimmingly and after a long kiss I had to follow Lourdes, who went outdoors naked and ran toward the pool. I realized what she was doing when I heard the sound of her body hitting the water. I followed her, naked also, and began to swim toward her. Another splash exploded behind me. It was Tuti, who had followed us without being invited.

VIII

Lourdes and I had left a whole world behind, with a sea in between, but we had another before us. For the moment, when we returned from the pool, we found an enormous round bathtub in one of the bathrooms of the house. Lourdes turned the faucets on and, while it was filling up, I went to the bar in the dining room looking for a bottle I had seen and had my eye on: Bacardi rum. I found some glasses on the shelves in the kitchen and ice cubes in the refrigerator. Tuti shadowed all of my movements without missing a beat. When I got to the bathroom, armed with the glasses, Lourdes was already in the water, which was hot and covered with bubbles.

"Where did you find the bubble bath?" I asked.

Lourdes pointed to a jar on the edge of the bathtub.

"Since when do you know English? How can you be sure that it's not detergent for washing clothes, for example?" I asked suspiciously.

All Lourdes had to do was to point to the label of the bottle which showed an antique bathtub overflowing with bubbles that filled the entire label. A pretty girl with her breasts covered with foam in the middle of a mountain of bubbles smiled as she smoothed her hair.

"Graphics," I murmured. "A universal language."

I handed her one of the glasses of ice and Bacardi and entered the hot water and the pleasing contact of the bubbles. It wasn't long before we were kissing.

Going out on the street was quite an adventure, but we wanted to go to the movies. We were only a few blocks away, according to Aunt Emilia, and we could walk there. The blocks, of course, were not like those in Old Havana. Two or three of those in my neighborhood made up a single one of Miami's. The movie theater was in the middle of an enormous commercial complex, which I later found out was called a "mall," filled with stores of all kinds. Just as Emilia had said, the movie theater had various rooms showing different movies. In Cuba all the movie houses have a single projection room and none of them has a snack bar, at least not since Castro's triumph. The ticket seller understood us perfectly when we asked for two for *Batman II*. She spoke to us in strange, mechanical Spanish characteristic of many Cuban Americans. With a Spanish similar to that of the ticket seller, a girl took our order for popcorn and Coca-Cola. We were really in the United States and our point of entry was the big screen.

We didn't understand a word of the movie, but we had a great time. The smells of the movie theater, the people, the enormous screen, and the excellent sound represented a totally new experience for us. When the film was over, we went to the restaurant a few steps away and ordered two Cuban sandwiches. All the employees spoke Spanish. Then we went straight home. We were unsure of ourselves. We were mildly tempted to enter a pool hall where young people were drinking beer, but we decided not to. We still didn't know a thing about the world. Better to proceed with caution and crawl rather than run.

But the setting of the movie house, the people, and the film itself made me think a lot about the many stones on the road back home, and I told myself if I could speak alone with Comandante Fidel Castro, I would tell him that I had seen *Batman*, Part II, had eaten popcorn, a memory from my lost childhood before he arrived, and that both the movie and the popcorn were a part of a past that he had destroyed. I would tell him that he couldn't possibly have any idea of the irreverence that characterized the young people in attendance. They had none of the reserve that is so characteristic of Cuban youths. It was astonishing, and it looked as if they were not afraid of anything. Despite the number of spectators—and I knew that was something that the comandante would never believe—there wasn't a policeman in sight. Can you imagine, Comandante, I would ask him, an unruly crowd, in search of entertainment that resists Marxist, Leninist, or Castrist parameters, or what have you? There were girls who showed their legs without shame to a point you never allowed and which you repressed with street roundups by the police of which I was a victim. The boys had strange haircuts, earrings, and a shameless behavior that, I'm sure, would be absolutely unacceptable to you. I thought a lot about you, Comandante, and I felt sorry for you. So much effort on your part to control everything and it turns out that only ninety miles from your bunker there are crowds of people who live more differently than you can imagine.

At the movie's snack bar, Comandante, you could eat what you wanted to without rationing, with the sort of excess appropriate to imperialism, as you would say. And I recalled those movie houses from when I was a child, pleasant memories although you assure us that the past was oppressive. Before the movie started there were some commercials—commercials, my God!—and I was sad to see that none referred to your leadership. The piano from *Casablanca*, the greatest movie of all time, brought in spectacular sums, but nothing about your sugarcane harvests or your cows or your plans appeared on the screen, not even a passing reference to your revolution or your struggles in Africa directed by remote control from the safety of your bunker in Havana. You have no idea, Comandante, of how much I thought about you. I recalled your speeches about the sacrifices of current generations to guarantee a better future, the death of the fatherland, and the international proletariat. It is impressive that your extraordinary stature is no more than a vague and bitter recollection here in the memory of someone like me, who has been living beyond your reach only for a few days. I got up the courage to question some young people here, and I asked if they knew anything about your work, about your heroic biography. They answered, after an extraordinary effort, "Oh, you mean that dictator . . ." I was left petrified, Comandante.

Of course, I know you would reply that such a display of excess is at the expense of the underdeveloped third world, exploited by the imperialist monster. But when I saw Batman's armored vehicle in the movie, I remembered your Mercedes Benz, which is also armored. And your Batcave with the latest in equipment to make life pleasant—I'm referring specifically to your bunker, your houses, your heated swimming pool, your private hunting preserves. Don't worry, Comandante, it never occurred to me that you made use of those privileges—did I say "privileges"?—as the consequence of your exploitation of the people. No way, you deserve the life you lead because of your sacrifices for the homeland and even more for history.

At the end of the movie, everyone left in their cars in a spectacular outburst of individualism. They drove as the owners of their own lives and owners of the routes they chose in the Miami night. I went to have something to eat with Lourdes. The special Cuban sandwich I ordered was an insult to national identity, with nothing to do with "special" and everything to do with the clear proof of cultural penetration of the empire, the collapse of traditions, and all that stuff you know about. But it was huge, with a monstrous serving of ham and chicken between two pieces of warm bread. Before you came to power, Comandante, that's what they were like in Havana. But, of course, that republic was in trouble and deserved to be changed.

Comandante, if I could talk with you, I would tell you all this with the hope that you would understand me, although it's hard, because, to summarize, I can assure you that what you exterminated in your just struggle is available here in unlimited supply. There is no better place than Miami for you to pursue your instincts. There's a lot to ban here, and you have no idea what you are missing. But I confess, with all due respect, that if you come, I'll return to Cuba. I don't know what's happening to me. It would appear that I have been contaminated by perverse ideology—and what is most surprising is that it is happening only a few days since I departed from your beneficent shadow—and I feel so happy that I cannot give up the possibility of choosing my own life second by second. I might seem egotistical, but I confess to it and beg your pardon. Finally, let me add, for your satisfaction, that I am still not completely happy. And the proof is that I have the need to establish an imaginary conversation with you. When your person no longer exists in my memory, I will be fully happy. The confirmation of your failure is that life has gone on despite you, Comandante—although I thought, when I was unable to think or even discover freely under your power, that the world trembled before your might. And the entertaining films and the couples driving at night in Miami, or in any other city in the world, will exist forever, even when this page is no more than a yellowed piece of paper overcome by time.

All we had to do was insert the key in the lock and Tuti began to whine his welcome to us. After receiving our greetings, he stretched out in front of the couch in the living room. I set about getting a Bacardi on the rocks for the two of us, while Lourdes scanned an enormous bookcase filled with CDs that ranged from the classics to popular Cuban music, passing through rock, tangos, and even Mexican country music.

"Look what I found!" I heard Lourdes say from where I was at the refrigerator busying myself with the ice.

"I can't believe Aunt Emilia listens to this type of music," Lourdes went on, as she approached me where I was standing with a glass of rum on the rocks in each hand.

"What is it?"

"Look at this," she said and stuck a CD case under my eyes, *Imagine*.

"Hey, good ol' John Lennon. You're right—I don't think this sort of music is what your aunt likes. How did it end up here?"

"I have no idea, but I'm going to put it on right now," Lourdes said. "Where is the piece of paper with Aunt Emilia's instructions?"

I pointed toward the vase of flowers in the middle of the kitchen counter. Beneath it, carefully folded, there was a piece of paper with meticulous instructions from Emilia so we could deal with the modern world of buttons and digital screens.

When Lourdes managed to turn the music console on, the first piano chords of "Imagine" flowed out of the speakers and filled the room with music we had listened to over there on the other side. Melancholy took the universe by surprise, which in our case, was the room where the console was located.

Before the song was over, Lourdes begin to cry uncontrollably. "It reminds me of Johnny and Raúl."

A quick tap of Lourdes's finger on the remote control on the stop button was enough to close the curtain. No one applauded in this theater filled with sadness. Two dead men were at issue.

We went to bed together silently in Lourdes's room. Tuti found a way to get in and stretched out at the foot of the bed. The lights were out.

"Did you like the movie?" I asked, trying to distance Johnny and Raúl from our night watch.

Lourdes didn't answer and I had to repeat the question. Finally, she answered in a choked voice:

"Yes, but it's not like over there."

And she was right.

Two of the things I most miss about Havana are its streets and movie houses, with those small, comfortable projection rooms (there are large ones too), that are always so inviting. It's enough to recall the Payret or the América to know what I mean. The movie houses here are overwhelming, with all the comforts of modern life, with various projection rooms, different movies, and snack selections, but I haven't seen muses inlaid in the walls of a single one of them (as in the Payret), ready to take flight over the spectators. Maybe it's because I'm getting old, but no one can deny that Galiano Street, leading to the América, whether from the direction of Reina or the Malecón, is a beautiful artery full of history and mystery, dotted with arches that cover the pedestrian with a protective shadow against our persistent sun.

Besides, the streets have their own identity and are not reduced to a number or a cold and impersonal letter that annihilates any attempt at a legitimate identity. The names of our streets are beautiful: Hope (can there be a more beautiful name for a street?), Light, Bell Tower, Wall (a historical invocation), Closed Door (almost a mystery story), Cobblestone, Saint Raphael, Angels, Eagle, Corrals, Gloria, Count (a distinguished lineage), Bitterness (feeling), Ladies (to send the imagination after graceful bodies of beautiful Havana ladies swaying along the flagstones), Wounds, Tobacco Mart, Mission—all of them suggestive of something beyond merely a name, all the beginnings of a lovely literature, an excellent exercise of the imagination, or song lyrics. I don't know what would become of Havana without the names of its streets and movie houses.

In the Payret, situated squarely in the Paseo del Prado opposite the beautiful capitol building, a white hulk that survives as a proof that the republic did exist, the lights go down slowly at the beginning of a show. The faces of the spectators next to you slowly yield to the blackness that invades the theater, leaving us all in the dark and then, suddenly, as if through a miraculous bolt of lightning, the screen comes alive and we all return to life in the rows of soft red-upholstered seats. During the show, we see that other miracle that is movie making and when it is over, when the square window of images disappears, we go forth into the city that awaits us filled with columns, palm trees, streetlamps, arches, the tremendous ceiba tree in the Park of Brotherhood, balcony grillwork, half-point designs, wrought-iron fences, and what is most important, the breathing of the city, the rhythm of the capital, the breath and murmur of the waves coming from the nearby beach, and an impressive dance of stars if you get the chance to see the sky.

Havana has been engaged in a romance with the sea from the time it was born. There is no more obstinate pair of lovers than the waves and the very edge of the city, always together, each with its own space, each entering the other in an exchange of caresses. The universe, both liquid and solid, is made up of two elements that complement each other as a happy and optimistic couple.

Havana has never stopped dreaming. This is the point attained by its hallucinations. Or is it not a stubborn dream to remain standing no matter what? Is it not madness to continue to be a city after so many hurricanes of all sorts? Is it not sheer suicide to stand up to so much insanity? Havana dreams because she knows we dream her. If someone were to awaken her, we would cease to exist.

Now, in this comfortable house in this other city, under another night watch and next to Lourdes, the only thing left for me to do is to turn on the projector of my personal movie, my memory, my labyrinth of streets, which always took me along the same route and which someday I will follow again, because dreams belong to the class of eternal categories. I am certain that some movie house awaits me over there on some corner of the labyrinth, and that's because cities never betray their children.

There's a southern wind—I can feel it against the window of the room. A sound tells me that it has begun to rain. And I have no doubt about it and I hope Lourdes doesn't either: some of those raindrops are coming from Havana.

IX

I opened my eyes at exactly two o'clock. I already knew the symptoms: I was irremediably wide awake. Lourdes was dead to the world, with the blanket up over her head. I had no choice but to get up and begin to learn the office of watchman in the Miami night, something like revalidating a degree in a university over here.

I went straight to the kitchen to make coffee. The coffeepot was just like the one I had in Cuba, made in Italy, and it had been in service in my house since 1959, a miracle of care and conservation. I stood waiting in front of the burners for the infusion to drip. Its smell filled the kitchen. I poured it and the dark brown foam covered the surface of the liquid. It was a first-rate cup of coffee.

Cup in hand, I toured the living room, observing the pictures, the decorations, the evidence of someone else's intimacy that chance had given me. There was a whole universe of life behind each painting, each photograph, carefully framed, or each piece of ceramic or crystal placed in some corner.

In that fashion, strolling throughout the nooks and crannies of the mansion that had now taken me in in a city that was not my own, I saw the package that Lourdes and I had carefully brought from Key West. It was all that had been saved from our crossing by raft. A sad photograph in black and white of Lourdes, Johnny, and Raúl was the worst of the mementos for those who had survived. There was also a book, apparently one of Lourdes's favorites because it was the only one she had brought from Cuba: Raymond Radiguet's *Count d'Orgel's Ball*. I had always preferred this one to his *Devil in the Flesh*. It was yellowing and dirty, with water spots from the Straits of Florida. It was a Cuban edition. I had only had time to grab my unpublished novel, the one that Lourdes thought would be a success, to bring across the sea, but only a few pages were left intact, as various chapters drowned, carried off to God knows where by the sea.

But it was extraordinary that Lourdes had been able to salvage her book—or at least one of her favorites. This copy of *Count d'Orgel's Ball* had her handwritten notes. It was magnificent that it had been saved because we all have our favorite books. And exiles, ones like me who had to leave in a hurry, unfortunately left behind our libraries with their paper ingenuities, no matter how much they are very personal possessions valued by no one else. In the sudden flight we had to get rid of everything: expensive books, collectors' items, and cheap editions with bad bindings and worse paper, but still loved as though they were unique treasures.

And I was familiar with that because a friend of mine who lived in New York for several years told me about it in the letters he sent to Havana. Each time he discovered one of the books he had had in Cuba in a bookstore, he would buy it on the spot, even though he knew that his new acquisition would never be read because the charm of the copy he had left behind could never be replaced. That's what would happen to me when I could do the same, and I would see my bookcases fill up little by little with bound phantoms, the doubles of the ones I'd lost forever. My friend, according to what he told me in his letters, at times had the good fortune to find a title in the exact same edition as the one he had had in Cuba. A rare privilege. That was the case, as he wrote me enthusiastically, with an excellent anthology of science-fiction stories compiled by Óscar Hurtado, a now deceased Cuban author, which included the best authors of the genre at the time it was compiled. The edition was part of the Biblioteca del Pueblo, Havana, Cuba, 1969. Among the assembled authors were Arthur C. Clarke, Isaac Asimov, the tremendous Ray Bradbury and the eternal H.G. Wells, Stanislaw Lem, Howard P. Lovecraft, H. Beam Piper, and others, including Cubans and other Latin Americans. I also owned that edition in Havana and enjoyed reading it very much. Back in 1969 there were still enough cracks in the Castrista publishing labyrinth to allow Óscar Hurtado to combine, along with large doses of culture and information, reality and dream in a prologue that was quite far removed from Marxism and which, by all measures, was "suspect" for its implicit recognition of the possibility of realities beyond the control of the Communist Party. It would have been impossible for the Cuban police apparatus to persecute Martians, intelligent ants, or diplomats who flee to another dimension and who only appear on the map of a European history distorted by an imaginative author.

Sadly, with Lourdes's book still in my hands, I recalled the books I had left behind. My well-worn copy of *The New Class*, underlined in a thousand places by several previous owners, came to mind. I was also suddenly overtaken by the memory of *Treasure Island* and *20,000 Leagues under the Sea*, books that filled my childhood with fantasy and agreeable periods of reading. I didn't have the time, as others had, to divide my books among my friends before leaving Cuba. The suddenness of events excluded even the most minimal attempt at planning. The members of the security police who most assuredly searched my house and confiscated my library are the ones to decide the fate of my books. Who knows where they might be now, as I drink this cup of hot coffee in the Miami night? What happened to my books? Are they in good hands? Perhaps they were lost forever beneath the seal of confiscation that the political police place on the houses of those who depart from hell.

But there is always the hope that someone will inherit them, even if they are members of the regime. And a book, because it is the product of intelligence, is always subversive and dangerous for dictatorships. Anyone who reads and is able to grasp only a small part of the fantasy that an author employs in creating a book is already contaminated by freedom. Fantasy and dictatorships are mutually exclusive categories. I recognize it without question and with sadness: Cuba, besides being a country of family members and friends I have left behind, is also a country of books abandoned to their own fate.

What was left of my novel was sufficient to permit its reconstruction. All I had to do was keep my eyes open to prevent contamination from the new society in which I was living and to get busy and complete it. Memory always creates fatal traps and false recollections on the basis of our most recent experiences. The novel could end up definitively damaged if it became contaminated by my experiences beneath the sky of this city.

Besides, my novel belonged to the genre of those written in hiding out of fear of imminent invasion at any moment by the political police. Here in Miami, that problem had disappeared, and so my creative act was no longer burdened by a threat capable of contaminating the blank page.

Lamentably, Cuban literature is divided into two great currents: the literature produced within Cuba under Castro and the literature that sees the light of day outside the island in conditions of freedom. To this you have to add the literature produced within Cuba under conditions of internal exile, which bears almost the same characteristics as production outside the island. There is no way you can divide the writers into two well-defined groups: those who sold out to the cultural apparatus of the dictatorship and those who left the country. Inside Cuba, without enlisting in the Stalinist ranks, many writers produced their works under conditions of silence, writing "for the desk drawer," a shopworn phrase that the exiles knew very well, in the hope that someday with a good bit of luck, one that would keep them from landing in jail, their grandchildren would be allowed to read their yellowing manuscripts. It is very possible that a great part of this literature will be lost forever.

But the course of the "revolution" forced the borders to shift quickly and official writers became disenchanted and went over to the ranks of those who had been excluded, almost always ending up in exile. On the other hand, some of those who wrote in silence were able to escape hell and reach exile burdened down with books. Little by little, as the reigning system of the publishing market made possible, their works appeared and confirmed a period of rich creativity that will one day be studied.

Except for some already established names, recognized before they left the regime, the community of exiled Cuban writers has been unsuccessful in attaining a prominent position. The arid labyrinth of the publishing houses and the ever-present aura of a "good man" that Castro still carries with him throw up obstacles to a writer with "Cuban exile" stamped on his forehead in making his way through the nostalgia of bleary-eyed leftists. Reinaldo Arenas asserts in the movie *Havana* that because he is opposed to the church and communism and because he is a homosexual, he ensured that he would always be persecuted in any part of the world. Arenas was not very far off the mark when he said that.

But since the true writer always writes, even if he doesn't have the remotest chance of seeing his work in the hands of the public, books continue to reproduce themselves. The surprise will come when the dictatorship falls once and for all in Cuba. The reader, avid to know those who were banned, will consume huge printings of what up to that point had been published abroad, and publishing houses, now free of police censorship, will dust off and bring forth the unpublished manuscripts. One can predict, with no fear of being mistaken, that a literary renewal will take place in Cuba. The avalanche of unknown themes, stifled for almost forty years, will emerge on the street, and fulsome voices will fill the island.

For now, exiled writers have only one recourse: to continue writing what they want. For each book by one of Castro's official writers that sees the light of day thanks to the doings of the dictatorship, various legitimate books, created by those who are banned, await their moment. That moment will come, and only then will the competition be legitimate. For now, the only thing left to do for those of us who cannot see ourselves in the mirror as writers is to guard our manuscripts zealously and to keep an eye on the desk drawer. Perhaps we don't know it with certainty, but I believe we have a treasure that needs to be preserved because one day someone in our country will make use of it.

Now with the coffee cup in one hand (already empty) and *Count d'Orgel's Ball* in the other, I went directly to the library that had belonged to Aunt Emilia's husband to look for an author I had had to read in Cuba in secret: the brilliant George Orwell, who left humanity two excellent books, *Animal Farm* and *1984*, in which he gives perfect portraits of Fidel Castro, decades ahead of his time. I confess that when I read *Animal Farm* I couldn't contain my tears over the fate of Boxer the horse who, deceived by the pigs that head the novel's dictatorship, works his whole life with the promise of a retirement that would be a real paradise on earth: green meadows in which to graze and rest until his death. When he was unable to work any longer, the pigs turned the poor horse over to the butcher shop to be made into jerky. The pigs' famous phrase, at the beginning of their rebellion on the farm, that "all animals are equal" was modified in the course of time to include the phrase "but some are more equal than others."

Castro, the head pig or "Big Brother" of Cuba, is at this very moment turning his supposed paradise on earth over to the Cuban Boxers: he is making jerky out of them through poverty and repression. The pigs around him have been more equal than their fellow citizens for thirty years. They live in the best residential areas, the so-called frozen houses, which are houses stolen from their legitimate owners, and they enjoy a privileged diet. They can travel abroad and wear Western clothes denied the rest of the population while assuring everyone that wearing them is an ideological weakness. In any case, they violate the rights of their "equals" in favor of privilege. Lourdes, Johnny, and Raúl all knew that, just as I did, but the escape cost two of them their lives. *Animal Farm* was in a prominent place in Aunt

Emilia's dead husband's library. I was delighted that I could reread it now under a different sky.

Something else upset me. The Castro dictatorship will fall like all dictatorships in history. And when that happens, what will the minor pigs do? Specifically, those in the area of culture. Where will these pigs go? When I'm back in Havana eating at a restaurant, will they be seated at a table next to mine? Will they avail themselves of the laws the new state will apply to the rights of everyone? Will I have to put up with the stench of these examples of such a destructive species? A sad ending awaits me if that's so. Fortunately, when my lungs fill with the odor of so much shit, all I will have to do is take the first flight to Miami, which, whether I like it or not, is now my second homeland or, better yet, my second city.

Someday someone will write a novel about the pigs Cuba has had to put up with, but it won't be me. I can envision many of the characters of those painful pages. But in contrast to Orwell's work, which couldn't foresee its outcome, the latter novel will be able to contemplate the end that shook all of eastern Europe. We already know the end of the script and the fate of the Berlin Wall. We know it's possible. The pigs will return to their sties and we will all be equal without humiliating tails. The best homage that any writer can pay Orwell is to construct the epilogue which he could not conceive.

I took *Animal Farm* and *Count d'Orgel's Ball* and went back to the kitchen for more coffee. I saw the pack of cigarettes on the dining room table, but I remembered the ban on smoking in the house. I opened the sliding door to the pool and went out into the night of the city. I sat down in a comfortable chair under a lantern and began to reread *Count d'Orgel*. *Animal Farm* dreamed its dream of a prophetic book on the table next to my cigarettes and coffee cup.

Tuti showed up from who knows where and stretched out at my side after carefully sniffing me. It would be my first dawn in this city beneath the same sky that covered my own.

Lourdes found me in the morning asleep in one of the enormous striped chaise lounges that surrounded the pool, with Tuti at my feet and *Count d'Orgel's Ball* on the ground, face up and open to the page I had been reading when sleep overcame me.

When I opened my eyes, in addition to the brilliant and blinding sun, I saw her standing opposite me with a cup of freshly made coffee. Its fragrance revived me.

"I'm very sorry, but I don't know how to make an American breakfast like Aunt Emilia," she said smiling and pointed to the cup of coffee. "You'll have to make do with this."

I sat up and kissed her on the cheek and took the cup. Tuti stretched and yawned several times. Then he trotted off to the grass to find a place to urinate.

"I see you were reading my book," Lourdes said, pointing to Radiguet.

"I read it once in Cuba and liked it a lot, but I couldn't resist the temptation to look at it again. I always liked it more than *Devil in the Flesh*. This book, just like us in our crossing, is a survivor."

"Yes, I know that. But not only that. It is also an address book, perhaps the most literary address book in the world."

"How's that?"

"On page forty-two you'll find the telephone numbers of two friends who have lived in Havana for years. They left Cuba from Mariel on a boat in 1980. They sent me their phone numbers by mail to Cuba a long time ago. I only heard from them once, a few weeks after they reached Miami. They've probably got a lot of things to tell . . . and they probably know a lot."

"Friends of yours from Cuba?"

"Since we were little kids."

"And how come you didn't leave the country with them at that time?"

Lourdes laughed and took her time in answering me. "I think I was in love at the time . . ."

"Come on, give me a break. There's always time to find out about the people around us."

"I guess so."

"Was one of them your boyfriend?"

"Jealous?"

"Just curious."

"Neither of them was my boyfriend, if it's any of your business," Lourdes said smiling, but meaning business.

"And who was the love that tied you to Cuba, keeping you from leaving on a raft with them?"

"Maybe I didn't know him at the time . . ."

"What does that mean?"

"That perhaps I didn't go with them because I knew that a great love awaited me in the future."

"You don't say . . . perhaps Johnny?"

Lourdes laughed out loud.

"I know: it can't be anyone other than Raúl."

"You're cold."

"I give up."

Lourdes took on a puckish look. "Maybe you're that love."

"Come on, Lourdes! You're pulling my hair!" (I was later to learn that in English it's "pulling my leg.")

That reminded me that I have always thought that someone is pulling my hair insistently. Over and over again I sense it in everything I do. Even in my most trivial activities I think someone is making fun of me. Everything I do is eventually marked by the masterful touch of an omnipresent mocker. I know I can't do anything to protect myself from it. The meager recourse of sitting down at a typewriter will also be frustrated by invisible tentacles that will suck up my time and feed the amorphous and putrid organism of mockery. I'm old enough to face Lourdes and evaluate the matter, and it's a simple miracle that I preserve my scalp, given the amount of time that this someone has been pulling my hair. I've got to admit that I do everything possible to ignore the mocker, but without much success. But in the end my naturally happy character helps me make it through, assisted by periodic grooming and good brushes. So I'm really surprised this particular day when, alongside a Miami pool, a girl I hardly know is informing me that she has known for years I would be her true love and that that kept her from leaving Havana before on a dangerous journey across the Straits of Florida. Great. Almost everyone I have known has assured me that I am always wrong, crazy, or that my brain is rotting. I don't know. But I agree with John Steinbeck when he said that "No one or nothing is always wrong. Even a stopped clock is right at least twice a day." I don't know if Steinbeck had someone "pulling his hair" and if he wrote as a way of saving himself from mutilation, but I like that member of what a woman in Paris identified as the "lost generation," which its readers have now found.

Moreover, I think that I am excessively sane, which is an even more dangerous form of madness. So I come to the conclusion that it's time I began to pull the hair of my equals, even though I lose mine in the undertaking, which is always risky. And don't think I'm exaggerating. Of course, if you look for evidence among the barbers of the world, the survey will give a large, rotund negative to the possibility of losing your hair by pulling other people's. The players know, thanks to daily proof, that there is enough hair in the world for them to survive by cutting it and that, as a consequence, this business of "pulling someone's hair," is no more than a metaphor, a figurative sense, a commonplace intellectual diarrhea, like this night I have spent next to Aunt Emilia's swimming pool under the Miami sky, that other night watch I do not know about yet. The barbers are certain that they are right. But they are not taking into account that pulling someone's hair is something a lot deeper, more philosophic, more deeply rooted in the depths of the brain, which has very delicate antennae tuned to the exterior world whose totality is what is vulgarly known as a "head of hair." And so I make the decision to pull the hair of my own kind, and I begin to look at Lourdes with other eyes, although I doubt that I will succeed because everyone is born for some reason, and I am not now nor will I ever be able to pull on anything other than a cup of coffee or a shot of rum.

Tuti came back from urinating, wagging his tail and licking Lourdes's bare feet. We went inside and Lourdes served me more coffee.

"What are their names?" I asked.

"Who?"

"Those guys."

"My friends here?"

Her question made me think about all of the events that surrounded us. Lourdes must have meant her friends from "over there," yet she said "her friends over here." That reminded me of the joke about the best explanation of Albert Einstein's theory of relativity: if a woman seventy-five years old sits on the lap of a fifty-year old man for a minute, he will think an eternity has gone by. But if the woman who sits on his lap for a minute is a twenty-year old, the older man will think a fraction of a second has gone by. I attempted to make sense of the geographic order of her friends by telling her, "Yes, Lourdes, your friends from over there who are now over here."

"Tony and Tomás. They're both real nice. I've known them since we were in grade school together. Both of them dreamed of being musicians. You know, the Beatles and such."

"What do they do here?"

"I have no idea. I should call them. They'll faint when they know I'm here. Let's see." Lourdes looked on page forty-two of *Count d'Orgel's Ball*. There were their phone numbers, written in blue ink on the inside edge of the page in small letters very close to the letters that Raymond Radiguet conceived with no idea what a copy of his work would be good for.

"Very good. I'm in luck. The water didn't erase them. Let's see."

And she went over to the small table where the telephone was, next to an enormous leather sofa, and picked up the cordless phone and punched the number in with her finger, accompanied by the slight electronic sound that the apparatus gave off every time she pushed a button.

"Which one are you calling?"

"Tony ... but ... "

Lourdes motioned for me to be quiet. She was listening carefully and then suddenly began to speak.

"Tony, it's me, Lourdes. I came over on a raft. I'm in Miami, in the home of an aunt, at 928-0090. Give me a call."

Then she hung up.

"What happened?"

"Something new for us. I got one of those famous 'answering machines.'"

"Really? I've never heard one. What's it like?"

Lourdes proceeded to tell me that a voice comes on, which she recognized as Tony's, and says something in English and then in Spanish:

"This is the residence of Antonio Manzano. Leave your message after the beep."

"Does it say 'residence'?" I asked.

"Yes, that's what the voice says."

"Does that mean the same thing it does in Cuba?"

"That he has a house? That he's rich?"

"Yes."

"I don't know, but I don't believe so. He hasn't been in the United States long enough to get rich."

Lourdes read the other number off and dialed it on the handset. She listened carefully. Another recording was talking, but this time only in English and presided over by some electronic sounds. It was a single incomprehensible sentence. Lourdes redialed several times and finally managed to half-understand a word that sounded something like "disconnecting."

"That sounds like it's disconnected," I ventured to say.

"Maybe."

"In Cuba, people would say they disconnected his phone because he hadn't paid."

Lourdes gave me a withering look.

"What makes you think my friend doesn't pay the phone bill?"

"Oh, nothing. I was only looking for an explanation. Maybe he's moved and that's no longer his telephone number."

Maybe Lourdes didn't have any idea of what I had learned while still in Cuba. There was nothing surprising about their cutting off the service of a new arrival. The beginning is always the worst part, involving settling in, above all if there is no relative to give you a hand, and English is something that is strange and remote. I found out about a lot of friends that left Cuba with the Mariel. They had been lucky in different ways and ended up in the most dissimilar corners of the United States. If you didn't have something for sure in Miami, "the exile capital," they were relocated by some humanitarian organization, almost always religious, in another state. The luckiest stayed in Miami, where an enormous Spanish-speaking community absorbed them in one way or another. I heard from a friend who wrote me that there are four or five Spanish-only television channels, without counting the fifteen or twenty radio stations that only broadcast in that language. Various newspapers and an endless number of tabloids are printed every day in the language of Miguel Cervantes. There are a lot of magazines designed exclusively for those who speak

Spanish, from the traditional *Reader's Digest* down to a Spanish version of *Newsweek*.

But in the middle of this Latin trove, there were all those who couldn't "hold their heads up." Many of my friends were bad off, according to their melancholic letters, perhaps because they expected a lot more from Miami than the city could really offer them.

"Maybe you're right, because if Tony hears my message, he'll certainly call me. It's only a matter of time. I hope I can see him, he's the best . . ."

At that moment the phone rang. Lourdes rushed to it and said "hello" full of hope. Then she turned to me, her hand over the mouthpiece, and said, "It's him."

XI

Lourdes had an animated conversation with her friend Tony, although I couldn't hear because she took the cordless phone to the pool area. It was clear that I should respect her privacy and that her past did not belong to me, just as mine did not belong to her (it remained to be seen how much the future of each of us belonged to the other). I saw her through the glass walking, talking, and gesticulating with the phone glued to her ear. Sometimes she would burst out laughing. At other times, given her face and her stopping suddenly in the middle of a sentence, I could see that she was listening to something disagreeable. The conversation, so it seemed, would go on for a while, so I set about making more coffee with Tuti as my constant companion.

When the coffee had finished dripping, Lourdes came into the house. She was radiant and invigorated, which made me happy. The two corpses we had left behind in our crossing had to be replaced as quickly as possible. A new life awaited both of us and we had to take it on with all the energy at our disposal.

"Tony's on his way over!" she announced at the top of her voice.

"Great. Our first guest in Miami."

"I'm thrilled. It's been so long since I've seen him! The last time we were together was in the San Juan de Dios Park in Old Havana. Do you know it?"

"Of course I know it. There's a marble Miguel de Cervantes in the middle of the park."

"That's where he gave me his books to take care of until he could claim them."

"Books?"

"Yes, Tony writes novels, just like you. Ever since we were in high school."

101

"How nice," I sighed. "So this is a real colleague."

"Don't make fun of him!"

"I'm not making fun of him. But it's simply that if we are both writers, we are colleagues. If you don't believe me, go to the most basic dictionary and check it out. So what happened to his novels?"

"I burned them in my house over there in Cuba one day when I suspected my father had discovered them."

"Typical end for a book in a country like ours. Didn't he ask you about them?"

"Yes."

"You told him the truth?"

"I had no choice."

"What did he say?"

"He burst out laughing."

"So much the better. I don't know if my friends here would react the same way in a similar situation."

"Do you know the address or the telephone of any of them?"

"You know I only brought my novel."

"Maybe you can find them in the book."

"What book?"

"The phone book, silly. It's over there," she said pointing toward the small table where the phone was. "I found it yesterday."

"That's not a bad idea. Later I'll check it out. What time did Tony say he'd come by?"

"At twelve o'clock. He's invited us to lunch."

"Perfect, because I don't know how to cook. Do you?"

"I don't either. It's a good thing Aunt Emilia has the shelves in the kitchen full of canned goods."

Lourdes, without my having to ask her to, brought me the two volumes of the phone book and placed them on the kitchen counter.

"Here you are. Maybe you can find some of your acquaintances, if they're around here."

And she went off to her room to change into a swimsuit for the pool. Tuti followed her and I was left alone with the two enormous volumes full of telephone numbers for which just a couple of the names had once been those of daily, close friends who meant something. It was difficult to understand the sudden change, which left me breathless. There, on the other side of the street, a few miles away and with a wall of sea in the middle, is an island that perhaps at some time was your homeland. Here a foreign city that if you really took it on would come to belong to you. When my friends, those from my generation, those who had studied with me, my first friends and my first girlfriends, the accomplices in my first fantasies, began to leave Cuba, the loss was slow and lasted years. People in the neighborhood moved out little by little, like the falling sand in an hourglass, to install themselves over here in the United States, principally in Miami. I knew everything from Cuba thanks to a steady correspondence subject, of course, to censorship of the mail. My friends were scattered all over the city. It wasn't difficult for them to be surprised at seeing a familiar face, one they hadn't seen for a long time, in an art gallery, at the movies, or in a restaurant. First they were startled, then came the affectionate greeting, and finally the inevitable questions asked of the last one to arrive: How are things over there? How is so-and-so doing? The answers are always the same: "very bad" and "trying to get out." I was one of the ones that was doing badly in my Old Havana and trying to get out, at least literarily, until Lourdes showed up in my life.

Those from over there arrive disoriented, as lost as when I arrived with Lourdes. The letters from Miami invaded me in my house on Curazao Street to tell me that their senders were gripped with despair over what to do about the complicated form written in English or the uncertainty of not knowing if their university degrees would be recognized. Another of my friends' dreams, at least of those devoted to literature, was to get the addresses of publishers to whom they could send their books and how to tap into the world of friends in print. They explained things to me over and over, but I didn't understand. Things are not simple, and you have to start at the bottom. This confirmed what my father always used to say: "The only profession in which you start at the top is gravedigger."

In this world, by which I mean the one of the letters from Miami, the one which I now inhabited with Lourdes, they immediately take stock of your clothes and your car, whether or not it has air conditioning, what make it is, and in what year it was made. You run into someone and he says, "You haven't done badly,"—scoping out your clothes, if you're doing OK—which is a phrase uttered somewhat accusingly. Those who come first understand those who come after. For those who have yet to come, it will take them a lot more time. Each day spent in Cuba is a day less of life. Over here they discover how much they've been deceived, what the true dimension of the lie is, and everything they have lost. There is no searching, no matter what Marcel Proust says, that will help them recover the years spent in a life in which even the smallest individual activity is regulated.

Some letters reached me filled with bitterness. I was often witness to the same process. The first reaction of some was to hate Miami, and they insisted that it was an uncultured city, a hick town with freeways and air conditioning, that mediocrity abounded more than the sun and that they'd get out as soon as they could as though fleeing the plague. They didn't realize—the way I could from Cuba—that no matter what they said, they were also part of the mediocrity, if indeed its existence is for real. And so they committed a major crime, because if they knew where the problem was and it bothered them, it was up to them to do something about it. But they did not, choosing to seek refuge in constant complaining and professional bitterness. The first question that leaped out at me from my ignorance in Old Havana was why they didn't leave Miami. When I asked I received a lot of answers, some twisted and embedded in long letters in which they babbled arguments that contradicted each other. Others told me a truth I was not aware of: what was going on was that they knew hostility awaited them anyplace else. It's not easy to get a work permit, for example, in Spain or Mexico. And any other country that is not Spanish-speaking diplomatically closes the door in your face with incomprehensible words in another language. Those who defended Miami would make accusations against its detractors. The first would say that after a few years they would meet up with those who wanted to leave the city, but now with comfortable automobiles and in the process of buying a house. Ironically, my friends who defended Miami would say—you could have asked them—" But why didn't you go to Paris or Berlin or Rome? You would have had everything there much more rapidly." But they preferred not to mention the subject in order not to ruin the encounter.

Some, from what you could make out in their letters, had managed not to be affected by anything. They were convinced that Cuba was over there in time, but more close than distant and that someday the situation would change and they could have a couple of drinks in its bars. They also understood that in Miami they found the republic they had never known and they had learned to love it. They were something like people of two cities, with two distinct nights in their hearts.

Lourdes crossed the living room in a pair of shorts and T-shirt, wearing no bra, on her way to the pool.

"Are you coming in?"

"No, thanks. Maybe later I'll join you."

"Did you find something?" she asked, pointing to the book.

"I haven't looked yet."

"Good luck."

She threw me a kiss and disappeared through the sliding door.

XII

When the doorbell rang, Lourdes was in the pool. So I was the one to answer the door to find a handsome young man, about Lourdes's age, maybe a bit older, wearing an elegant suit, very elegant at least in terms of what I was used to in Cuba, and expensive-looking shoes of the sort you would see on the feet of European film actors when they visited Cuba. His smile was broad and he had a perfectly shaved face. He looked me up and down with a rapid glance, and held out to me a hand on whose ring finger there was a huge, flashy stone.

"Antonio Manzano, at your service."

"Alberto," I said, shaking his hand.

"You're the one who came over on the raft with Lourdes?"

"The very same."

"Well, welcome to Miami. And please call me Tony. Where's Lourdes?"

"She's in the pool. We were expecting you later. But please come in, Antonio."

"Don't stand on formality with me. Just call me Tony."

"Come in, Tony." I gestured toward the hallway. "Let me go get her."

"I pointed to a large easy chair in the living room and went to the sliding door. I didn't even have to call Lourdes, because she walked over, drying herself with a towel. When she saw me, I gave her the high sign that someone had arrived. She seemed to understand what I was trying to say and started to run, entering the house like a comet. "Is Tony here?"

I just pointed toward the living room.

Lourdes called out to Tony at the top of her voice. They met in the hall to the living room and hugged each other with enthusiasm.

They both started to cry, barely able to get a word out, and then they hugged again.

Under the circumstances I decided the best thing was to help myself to a Bacardi on the rocks. And that's what I did. When I returned to the scene of their reencounter, they had calmed down a bit. Tony took a few steps back from Lourdes and studied her carefully before saying, "You look divine!"

That sort of thing was characteristic of homosexuals in Cuba, and it's what they always said about Alicia Alonso on their way out from seeing her at the ballet, although I couldn't decide at that moment exactly what it meant in Tony's mouth—after all, language is not exclusive to a specific sexual group in society.

"Alberto, could you get us something to drink?" Lourdes asked me and then turned to Tony. "We've got lots and lots to talk about. Let's go outside so you can smoke. You still smoke, don't you?"

"Yes, my dear, unfortunately. Despite all my efforts, I've never been able to quit the vice."

That's when I chimed in. "What may I . . . What would you like, Tony?"

"Give me a scotch on the rocks."

Since I didn't really know what he meant, I added, "What kind?"

"Pinch. It's a bowed bottle, three-sided," he explained to me.

"Lourdes?"

"What you're having."

"Bacardi on the rocks?"

"Perfect."

She led Tony off toward the area surrounding the pool and they stretched out on the chaise lounges. I went about my business without giving much thought to the arrival of Tony, apparently an old and intimate friend of Lourdes, in my life, or perhaps in both our lives.

When I approached with the drinks, I realized they had changed the conversation. I handed them the glasses and they invited me to sit down with them.

"No, it's better I don't. I think you two have a lot to talk about; you've been separated for so many years . . . The stories add up and you're going to need several months to get caught up . . ."

"Don't be silly, Alberto," Tony said. "Join us; we don't have any secrets. Besides, Lourdes told me that you are quite a novelist, including the fact that you were imprisoned in Cuba for writing."

I shrugged my shoulders.

"Is it true?" Tony insisted.

"More or less," I answered.

"What is more and what is less?"

"Yes, I was in prison in Cuba for writing . . . Whether I'm a writer or not is another story. That remains to be seen."

"And you're not gay?"

"What do you mean?" I asked, stumped.

"Of course, you two have just arrived. Over there,"—Tony meant Cuba when he said "over there,"—that word isn't used to refer to homosexuals."

"Ah, now I understand. No, I'm not homosexual."

"Well, I am," Tony said with self-confidence.

"Tony, you never change!" Lourdes exclaimed.

"Well, that's fine," was I all I could think to say under the circumstances.

"I also write—or better, I used to write. Over here, with work and the fast pace of life, I gave all that up, although I always say that and I never correct myself. But let me tell you that it's almost impossible for a writer to be a writer, a real writer, without being gay."

"Oh," I said timidly. "I've never heard anything like that before in my life."

"Well, now you know," he said firmly. "Literary history is full of examples."

And while he sipped his scotch and inhaled his cigarette, he explained that the sensitivity of homosexuals is superior to that of heterosexuals when it comes to being creative. I am not one of those who believe that sexual orientation has to do with the specific field in which a person develops himself, but Tony was someone who defended the opposite point of view and I preferred not to contradict him but simply to listen to him politely. I believe that in all branches of knowledge and human activity, there are persons of diverse sexual conduct who choose freely and go about their lives without their particular sexual inclination orienting them in certain directions. The fact that you see more homosexuals in one profession than in another is due to the fact that that profession is more public. Any singer or dancer is a public person, and therefore his private life is known. An engineer or a veterinarian, whose professional life is anonymous even if he is a homosexual, does not belong to the public domain.

In any event, there is a lot of talk about the subject; opinions vary and Tony's, given the way he was talking, was that of someone who defended gays vociferously.

He explained to me, or better, to us, because Lourdes was just as lost as I was with regard to these subjects, that movements in favor of minorities were developing in the modern world, whether those minorities were ethnic, religious, political, or sexual. And the "gay" and lesbian movements are examples of how their members wish to occupy a place in society that affords them equality without being the object of any type of discrimination. Heterosexuals do not find themselves obliged to orchestrate a movement in favor of their rights because they are not limited in any sense. Modern society is heterosexual, according to Tony, whom by this time I had already served three Pinches on the rocks.

But such reflections made me think of the case of Cuba, where homosexuals become de facto political opponents or, in the best cases, are alienated from the dictatorship and looked down upon. There have been many purges against homosexuals carried out by Castro in the universities, as well as police roundups in the streets in the best fascist tradition and beatings at the police station just for being homosexuals. In secondary and middle schools, even in humble work centers, homosexuals have to hide their identity or suffer the consequences of fierce persecution. The Communist Party of Cuba, the political machinery of the tyranny, does not allow homosexuals in its ranks. Under these conditions, a homosexual in Cuba is seen as a social entity with all the characteristics of an opponent, even though the person in question claims to be in support of the regime. Only the homosexuals who receive the blessing of the dictator—high-up members of its dictatorial machinery; childhood friends of the dictator or high-profile personages of the regime; or writers or singers who travel throughout the world certifying that human rights are not violated in Cuba—can enjoy the luxury of flaunting their sexual orientation without suffering repression because of it. The cause is not just that Cuban society is a conglomerate essentially machista by tradition, but that the conduct of the homosexual carries implicitly with it a rejection of the establishment, order, or any type of dictatorship, ideological or physical, that can contaminate the rest of the population. And I'm not referring to contaminating them in the sense of sexual affiliation, but in terms of what the dictatorship really fears: the contamination of irreverence, rebellion, and rejection of the established.

Tony spoke to us of an extraordinary documentary film that proved my opinion without imagining the existence of Miami. It was a documentary by Néstor Almendros, who won an Oscar, and Orlando

Jiménez Leal, made in exile and titled *Conducta impropia* (*Improper Conduct*). The shadowy UMAP, Unidades Militares de Ayuda a la Producción (Military Units to Promote Production), hid concentration camps beneath this name where malcontents, including homosexuals, ended up. There are testimonies in this film concerning the horrors that arose from Castro's imagination.

I could not avoid their coming to mind while Tony spoke of three notable Cuban cases: José Lezama Lima, Virgilio Piñera, and Reinaldo Arenas. These three, to one degree or another, experienced directly the hunt for homosexuals unleashed by Castro. In Piñera's and Arenas's case, this meant prison. But the three were outstanding men of letters in Cuban culture with international dimensions. Arenas was an excellent novelist. Piñera was an outstanding fiction writer and dramatist to whom Latin American literature owes its true place in fantastic literature. Lezama Lima is an overwhelming cultural monster that the dictatorship has attempted to appropriate since his death, which is also the case with Piñera. Of course, neither of them can protest now.

But Tony did not stop with his defense of gays and literary production, and he went on from there to all fields of human activity with an impressive list of famous names. He fired off the names at me as he sipped his Pinch, and there filed before me luminaries of all sorts like E.M. Forster, Virginia Woolf, Gertrude Stein (from whom Hemingway said he had learned to write dialogue in a book called *A Moveable Feast*, the woman who came up with the term "lost generation" and who had the honor of being painted by Pablo Picasso), Tennessee Williams, Verlaine, Rimbaud, Oscar Wilde (the unforgettable *Picture of Dorian Gray*), Walt Whitman, Allen Ginsberg, Marcel Proust, Franz Schubert, James Dean, Langston Hughes, Fritz Krupp, Marlon Brando, Charles Baudelaire, Sir John Geilgud, Henry James, James Buchanan, Edward II, Tyrone Power, Rudolph Valentino, Cole Porter, Marilyn Monroe, Greta Garbo, Errol Flynn, George Sand, Jean Cocteau, Marcel Proust, Julius Caesar, Robert Graves, Mick Jagger, Leo Tolstoy, Yves St. Laurent, Napoleon Bonaparte, Coco Chanel, Maurice Chevalier, T.S. Eliot, Truman Capote, Eleanor Roosevelt, Montgomery Clift, Richard Burton, Winston Churchill. . . . The last name left me with my mouth open, and when Tony saw that, he looked at me seriously and said, "I know you don't believe half of what I'm saying, especially when you hear a name like Churchill, but it's all as true as the fact that my name is Tony, hers is Lourdes, and we are in Miami.

And as far as Churchill is concerned," he added, "he was in Cuba at the end of the last century as a photographer during the war of 1898. I am certain he had some kind of romance there on our warm-blooded island and maybe beneath some palm tree."

I couldn't help but burst out laughing, but in reality the mixture of fields of human endeavor reflected by the names Tony had cited demonstrated to a certain degree that sexual affiliation neither limits nor benefits the individual with regard to making achievements in a specific field. In fact, I think there is no walk of life in which homosexuals can't become important figures. Of course, the same happens with heterosexuals. In any case, on many occasions we have enjoyed literary works without knowing about the life of the author, which only serves to indicate once again that human beings have something in common that binds them beyond anything that differentiates them. Works of literature or art, once they leave the hands of the author, take on a life of their own, rarely to look back. All you have to do is refer to Kafka to know that the universe of art has its own life and destiny—including going against its own progenitor, who never wanted his works published—and only quality determines its death.

"Did you write when you were in Cuba?" I asked.

"Yes, but you know how it is over there," Tony answered. My books are, or were, gay in nature, something banned for people like me, although legal among 'insider' homosexuals. So forget it: I never published a thing."

"Why do you say 'were'?"

"You'll understand after you've lived here for a while." He stretched his arm out to take Lourdes's hand. "You'll understand too. You have to work hard because you've got to have money. You can't live here like in Cuba, doing nothing and eating any old thing and hanging your hat at the home of some friend or relative. And when you become involved in a healthy economic life, like mine, thank God, there's no time for literature. That business of devoting your whole life to literature is for marginal types over there, who do nothing and are persecuted and are always on the verge of going to jail, or for official writers—the famous literary sergeants."

Tony was right about that. Marginal types in Cuba have all the time in the world to write, but they also have to devote a large amount of that time to escaping persecution and protecting themselves from the jail cell that always awaits them in any one of the many prisons on the island. And as for official writers—sellouts to the political police, like the prominent novelist Alejo Carpentier, they attain a level of livelihood in which they too have all the time in the world to create their works because the cultural police apparatus supports them. In Carpentier's case, the great novelist was sponsored by the Castro dictatorship while he was still alive, until he won the Cervantes Literary Prize from the Spanish government while he was a cultural attaché in Paris (like every good communist, he did not live the hardships of communism) and he was for a time the paradigm of bureaucratic cynicism, serving no less as president of the National Assembly of Popular Power for the municipality of Old Havana. And that's no joke. It simply demonstrates the clever immorality of the dictatorship, the perfect sinecure and the height of institutionalized banditry. I should point out that this type of featherbedding is very different from what existed in republican Cuba, which couldn't hold a candle to what Castro provides for his adulators.

Many will probably think that the Frenchified Cuban, or the Cubanized Frenchman—there are those who claim that Alejo, the son of a Russian woman and a Frenchman, was not born in Cuba but rather in Europe—carried out from France his government duties in what was for him the distant and alien Old Havana, thanks to a medium or a santera. But no. Quite simply, he had no duties, period. Or do you think the communists, in addition to holding positions, have to carry them out? No. That would really be a blow for their psyches overwhelmed by the hunger that exists in the world! Moreover, this business about having a position and having to do something only happens in terrible capitalism where everybody, even millionaires, have to work.

But it was a macabre jest to appoint Carpentier to such a position, and it didn't take long to show up in the jokes that circulate in Havana: humor, the characteristic escape valve of Cubans in the face of adversity. And it was said—the anecdote making the rounds from mouth to mouth from the very first day of his appointment—that when he took possession of his brand-new job in Popular Power, he asked his closest advisor what the most urgent problem was facing the people of Old Havana. The reply was simple and brief:

"The people complain about the lack of bread, compañero Alejo."

Carpentier, rolling his French R's, with a surprised look on his face, astonished by the crude response, immediately asked him:

"And why don't you give them cake?"

That's how the adulators of the dictatorship live, dissociated from reality. Poor Alejo, more French than Cuban, more than anything else with his lifestyle, could only think to repeat the words attributed to Marie Antoinette during the terrible times of the storming of the Bastille. The difference is that they beheaded Marie Antoinette and Alejo died at home, probably with a fine cognac in his stomach just in case the trip to the great beyond was a bit cold. I know very well what Tony was referring to because in Cuba I was one of those marginal types myself who had too much time on their hands and who knew the cultural sergeants very well.

When I asked Tony if he still retained some of the books he wrote, his answer was biting:

"Lourdes burned them in Cuba out of fear of the political police."

I already knew that from Lourdes herself and the answer was what I expected. It was the same old fire, the one that annihilates while at the same time being a savior because it destroys proof of the crime: the book, the poem, or the song written without the consent of the regime. Lourdes put in, "It appears I only know writers who no longer write."

"Tomás still does," Tony pointed out.

"But he always wrote poetry, Alberto," Lourdes clarified for my benefit. "Very fine poems, according to everyone."

That everyone, of course, did not include the official world, but rather the other one, the world of those who gathered in the restaurant El Patio or any other place suitable for speaking in whispers, to discuss literature and speak ill of the government. But Tony quickly pointed out to me, "You can begin to write all over again here, in freedom, if you have the time and enough will to do so. Did you bring anything from Cuba?"

"I brought an already finished novel, but only a handful of pages survived the crossing on the raft," I answered.

"Can you reconstruct it?"

"I think so, but I don't know if it's worth it."

Lourdes went on to explain my desire to stay in Cuba and publish abroad, repeating the Padilla case.

"Well, that's not how it's going to be . . . ," Tony said sadly. "But if you don't allow yourself to be swallowed up by the system, you can also do whatever you want here. I don't need to tell you that I'm ready to help you in any way I can."

I decided to change the topic of discussion and turned to Tomás.

"Tomás, your poet friend, has he published anything?"

"Yes—"

Lourdes interrupted him. "I can't believe it! Fantastic! What's the title of his book?"

"*The Marked Trail and Other Poems*," Tony answered. "I think it's a great book, but it hasn't received much attention. On the other hand..."

Tony fell silent and gazed down at the bottom of his empty glass.

"Would you like another scotch?" I asked.

"No, that's fine. Remember, I'm driving."

"What was it you were going to say about Tomás before you cut yourself short?" Lourdes asked with the tone she always used when she wanted something, a tone that came close to an order.

"I've had to detox him three times already."

"Detox him from what?" Lourdes asked innocently, while Tony burst out laughing.

"Lourdes, when I say detox, I'm looking for a nice way, which is the form that is used, of saying that I've had to commit Tomás three times to cleanse his body of all kinds of drugs."

"Drugs?"

"Yes, drugs."

"Pills?" Lourdes asked in a whisper.

"That was in Cuba..."

"Marihuana?"

"I wish it was marihuana! Marihuana is the least dangerous of the drugs Tomás takes..."

"Takes?"

"Unfortunately, I can't conjugate the verb in the past. Despite all my efforts, he's no better off. It's as though he wants to kill himself. At times I think it would be better to let him do whatever he wants, not to try to stop him and leave him to his fate. But you know we've known each other for many years. I can't look the other way and pretend it's all over."

Tony went on to tell us about his journeys through hell, as he called them, trying to get Tomás committed when he had reached his limit. One of those journeys, the first, had begun on Flagler Street, when he was just about to drive away and saw a young man with John Lennon-style sunglasses tapping on the right-hand side window. When he rolled down the window, he could tell from the smell he was a beggar.

"The visual inspection I made of him confirmed what my nose had already told me: worn and tattered clothes, dirty skin, and hair matted by grime and life without hygiene," Tony continued. "I suddenly remembered our Cuban national beggar, the Gentleman from Paris, and the last time I saw him on the corner of Infanta and Belascoaín in Havana, when he responded to my timid greeting by offering me some pizza leftovers he carried in a nylon bag. It was a masterful lesson in sharing the last remains of your misery with a stranger."

What Tony never imagined was that behind the spectacles were the eyes of a lifelong friend, Tomás, who'd come to the United States on the Mariel boat lift, just as he had, and whom he had not seen in several years. The beggar, before Tony was able to recognize in him his friend, asked him if he was going that way, adding a vague gesture with his hands that didn't help much in determining what he meant by "that way." It was at that moment that the beggar took his glasses off.

"I couldn't believe it," Tony said. "It was Tomás—can you believe it—reduced to a beggar."

Tomás was high, but not completely gone. When Tony told him who he was, Tomás began to cry and sat on the ground. Tony turned the ignition off and sat down next to him and put his arm around him, saying, 'I'm Tony, your lifelong friend."

When Tomás got into the car the first "journey through hell" began. Tomás lived on the street in that area, and he assured Tony he didn't want to trouble him. All he wanted was a cup of coffee. Tony gave him the breakfast he had bought for himself and observed how he sat there in the car and wolfed it down in a matter of seconds.

Tomás admitted when he finished the breakfast, "I smoked crack two days ago, but I want to stop all this, and I need a place to stay."

Tony turned the car toward Camillus House to find some fifty black beggars along with their fetid bundles, their helplessness and their sadness, lined up outside the office where the social workers were. He used his English to elbow his way through, observed by that troop that took note of the difference in their skin color and their smell, between themselves and the two recent arrivals. Using more English, Tony reached the door that led him into the bureaucracy of questions. Tony almost fell over when they asked him for Tomás's social security number. Everything seemed to be going fine until they got to the basic answer: no, they had no place to put Tomás up, but they could get him into a clinic specializing in drugs four days hence. No, no blood test, either—the nurse had already left. The only solution and the best advice was the Salvation Army, which offered the best hope because they would let him stay there for those few days.

But when Tony got to the Salvation Army with Tomás, a North American who worked there told him she knew that face. He had already been there before and was always a serious troublemaker. No, absolutely not, he couldn't stay there for four days. Tony received a list of possible places, while Tomás repeated that he wanted to spend a couple of nights under a roof because the cold was biting that time of year.

Tony's next stop on his journey through hell was to the northwest, where after consulting with three employees of an institution, he reached the right window. The North American indicated to Tony that he should remain seated and pointed to a group of chairs where various men, all black North Americans, were under the effects of drugs. One of them suddenly began to clap. Another, gazing up at the roof, was smiling with a frightening passivity. A third one was constantly wiping the sweat from his brow with a dirty cap, all the time crying silently. Finally they got to Tomás and called him in for a checkup. Tony waited patiently until Tomás returned and said, "Let's go. They don't want me here, either." When Tony demanded an explanation, they told him that the patient had to be under a heavy drug dose and that Tomás only required superficial attention, which is why they couldn't take him in. In other words, he could still be saved and therefore there was no urgency.

The trip, Tony's journey through hell, ended up where he had begun, alongside Tomás, seated before a succulent meal accompanied by soft drinks. And Tony asked us, his eyes clouded and on the verge of tears, How had Tomás reached that state? Was it a mistake on his part? Had he broken some law and become a "fugitive" as in Paul Muni's movie? Had he gone crazy? At what point had his descent begun? Maybe if he were with his family and in his own country this wouldn't have happened. Perhaps it would have been worse, who knows? Now he's better, thanks to my care, but at the moment his file went more or less like this: name: Victim; origin: Mariel; address: unknown; occupation: beggar; past: Cuba; present: hopelessness; illness: national tragedy; future: uncertain; guilty party: Castro.

Lourdes was overwhelmed. When Tony finished his story, her body was racked with deep sobbing. It was an emotion-filled morning. Tony got up and asked me to show him where the Pinch was. I accompanied him to the bar and served him a generous portion. I decided to join him. Lourdes preferred to remain alone with her memories and tears in the pool area. We didn't insist that she join us.

"They loved each other a lot," Tony revealed when we were back in the house and out of Lourdes's earshot. "I don't think either has loved anyone as much as they loved each other."

That was quite a bit of news to me. Lourdes's past was quickly emerging before my eyes. Her past had a lot to do with my future, or at least with the outlines of my future. I was sufficiently decent not to ask any questions. But I didn't have to, because Tony went on. "I don't know what will happen when Tomás sees her."

"He remembers her?"

"He speaks of nothing else since I found him in the street," Tony answered. "He even attempted to return to Cuba just to find her. Life is complicated and no one has any idea of how complicated it is. I'm worried and I don't even know if Tomás will be presentable when we get to his place."

"Where does he live?"

"I rent a room for him in Little Havana. I pay his expenses, that's all. I don't give him any money because he only spends it on drugs. All I give him is food. And I pay the rent myself and the phone bill directly, without him seeing a cent."

"And how did you manage to survive that first 'journey through hell'?"

"I know a lot of people. I've done well in Miami. I can't complain. And my list of intimate friends includes a lot of Cuban doctors who are already practicing. It wasn't difficult to arrange specialized treatment without it costing me a cent."

"But he hasn't been able to cure himself completely?"

"In Tomás's case it hasn't been possible. And I've lost hope. Maybe with Lourdes the situation will be different . . ."

At that moment Lourdes came up to us from the pool and said a single sentence: "I've got to see him right now."

XIII

Of course Tony's car was an expensive one. According to him and in line with his tastes, the Jaguar was the most elegant of all those his money could buy. Black with leather seats, a real wood dashboard, all of the electronic gadgets, including a CD player and sunroof: I had to acknowledge its elegance. When I asked Tony about North American automobiles, he replied that they were of good quality, but that status, the symbol of abundance provided by an imported car like the Jaguar or the Mercedes-Benz (which he didn't like) was not possible with a Lincoln or a Cadillac. I didn't understand his explanation very well, but I attributed it to my ignorance as someone recently arrived in the world of neon and velocity. Lourdes sat in front next to Tony and occupied herself by playing with all the buttons on the flashy dashboard. I sat in back and admired the view of the expressway and the speed of the automobiles that whizzed by us or those we left behind, which were the majority because Tony had a heavy foot. But I was particularly astonished by the number of automobiles of all kinds and names, something I had not seen since I was a child before Castro's triumph in 1959.

Owing to Lourdes's determination, we had changed our plans. The lunch we were going to have in a famous restaurant in the city was postponed to go see Tomás in Little Havana, thanks to Lourdes's urgency. Tony explained to us that Little Havana did not match its name anymore. At the beginning of the Cuban exile, people arriving from the island took over this area next to downtown, but in time and with economic betterment, they started to move into new and more expensive houses in more exclusive neighborhoods, and little by little the area was occupied by non-Cuban Latino immigrants who came fleeing their own respective hells. These new waves of immigrants, when they too achieve economic well-being, move somewhere else, to be replaced by others who arrive anxious and desirous of making it, and so on into infinity. In this way, Little Havana wasn't so little nor so very much like Havana. You could find any nationality among its fewer and fewer Cuban residents. But what did remain in the hands of the Cubans was the great majority of the businesses in the area, although the employees were Latinos from elsewhere.

Tony explained to us on the way that Tomás and he had reached Miami in different boats during the 1980 Mariel exodus. Tony was in jail in Havana as a known homosexual sentenced to two years in prison and the authorities put him onto one of the boats, named *The Palm Grove*, and he went directly from the port of Mariel to Miami. He left behind eighteen months of his sentence. As for Tomás, he managed to get aboard another boat by pretending he belonged to the Jehovah's Witnesses, a religion much persecuted in Cuba because its followers refuse to wear uniforms, bear arms, salute the national flag, or hold political opinions. The police also rapidly shoved him aboard another boat and sent him off to Florida; Castro washed his hands of what he called the "scum" of revolutionary society. Once in Florida, those who had family or friends in the United States who claimed them at the refugee camps were allowed to leave and become a part of the life of the city. Those who had no one to claim them were relocated to other states in the country through humanitarian, basically religious organizations. This was the case with Tomás, who ended up in Oklahoma, where he began to work for a company that packed frozen chickens; he couldn't speak a word of English and didn't know a soul. It didn't take him long to earn enough money to return to Miami to try his luck among his own people. The same compass was followed by thousands of Cubans who were placed in other states of the nation. As soon as they managed to scrape some money together, they would return to Miami, a city where they could communicate in Spanish on any street corner with people ready to lend them a hand. In time, any Cuban could run into his old childhood or school friends from the same neighborhood in Cuba. It was the reproduction of his previous environment under other conditions, the duplicate of a dream.

Tony was more fortunate, if you can put it that way, and an aunt and uncle of his whom he hadn't seen since childhood went to get him at the camps full of tents set up in the open air, and they took him to live with them. They were well off. When his aunt and uncle discovered he was a homosexual and, what was worse, that he didn't hide it, they immediately threw him out onto the street.

"They weren't all that bad," Tony explained. "I understand their point of view. I know I'm a very aggressive homosexual, or I was, because I've learned the lesson that you're better off not bothering others with your own sexual orientation."

Tony's aunt and uncle gave him enough money to rent himself a small room somewhere and gave him an old 1978 Chevrolet—quite a bit different from his current Jaguar—that was a gas-guzzler with its eight-cylinder engine and its spectacular size. They wanted to get rid of him without looking like ogres.

"It was hard at first, until I found work in a restaurant as a kitchen assistant. You can't imagine the number of plates I broke and the stir-fries I ruined. But the owner liked me; he was gay. I didn't earn a lot, but it was enough and I ate at the restaurant and learned how to get by in English, "the difficult part," as the new arrivals say. So I went on that way, counting my pennies, until I met Alejandro.

Tony's life changed when he went to live with Alejandro, a Cuban who had arrived in 1959, in a Mediterranean-style mansion in Coral Gables filled with expensive and tasteful art. According to Tony, Alejandro was a complete gentleman. Pushing seventy, Alejandro kept himself in good shape thanks to a strict diet and systematic exercise. He didn't smoke and he didn't drink either alcohol or coffee, and forget about drugs. He swam twenty laps every day with an excessive agility for his age. But according to Tony, the key to his health and the presence of his heartfelt companion was the amount of money he had.

"There is nothing like money, especially having it," Tony said. "If you study people with money, you'll see it gives them a different aura. You can see right away that they are never in a hurry or worried, as though everything were a long, long way off. And it really is; don't think it isn't."

Alejandro's fortune came from a chain of hair salons. He owned twelve establishments in good locations in different areas of the city and made enough money from them to acquire that aura of peace that Tony observed in well-heeled people.

"In reality," Tony confessed, "although I liked Alejandro and he was very good to me, I couldn't help looking at other boys, especially young ones. I cheated on him sometimes. But he wasn't a saint. We had our bitter moments, like any couple on this planet."

Alejandro's sudden death surprised Tony with an inheritance: he left everything to him. The first thing Tony did was to sell ten of the twelve salons so he wouldn't have to take care of them. With that money, he bought three rental apartment buildings with eight apartments apiece. He put a manager into each building and left the two salons he didn't sell in the hands of an administrator.

"The business takes care of itself," Tony said proudly. "I don't have to work. Of course," he said, turning to Lourdes, "you need a good cut in one of my salons. Your hair looks like a discarded broom."

Some fifteen minutes later, Tony's Jaguar left the expressway and came out on Flagler Street which, after a few blocks, divided in two. We continued along First Street, looking for Avenue 20 in order to reach Second Street, where the room Tony had rented on a monthly basis for Tomás was located.

When Tony parked the car, we got out and followed him toward a house that had once been an elegant two-story mansion. It had been converted into an apartment building with a large apartment upstairs and two smaller ones on the ground floor. One of them belonged to Tomás. Tony took his keys out and showed us one.

"I have a duplicate because you never know with Tomás," he said.

Lourdes was really nervous. You could tell right away that she was desperate to see Tomás again. For me, as an actor who did not belong in Lourdes's movie, everything seemed very promising. After all, every step Lourdes took was new to me, like the direction my life had taken since that terrible night watch in Old Havana when I became involved, without consciously wanting to, in the greatest of dangers: being attracted to Lourdes and her world so strange and different from mine.

When Tony opened the door, we were in quite a large room with a wood floor, almost without varnish through use and lack of upkeep. This room held everything. There was an unmade bed in one corner and a nightstand filled with books and two ashtrays overflowing with cigarette butts. At the far end of the room there was a small table with a single chair making up a dining area. You could tell that from a cardboard plate with a piece of old dried chicken on it. Halfway into the room, next to a window, there was a chest with books scattered aimlessly on it, another ashtray filled with butts, and an electric typewriter.

"Maybe he's not here," Tony said, and went toward a curtain that led to another section of the room.

When Tony drew it aside we could see a kitchen with a counter full of dirty plastic glasses and plates and another door that led to the bathroom. The refrigerator door was open and the freezer compartment was dripping water as a sign of the extreme degree of abandon in which Tomás lived. Lourdes and I heard Tony exclaim, "What a mess!"

Tony then went and opened the bathroom door and we heard him exclaim for a second time, "What a mess!"

We followed him into the small bathroom.

There was a naked man in the bathtub full of water. It was apparently the sleeping Tomás. His hair was a dirty tangle and his head rested on one edge of the bathtub, fortunately above the water level.

"In the bathtub again," Tony exclaimed. "I'm about to move him into an apartment with only a shower."

Tony slapped him lightly on the face to awaken him, but the only response were some grunts and vague gestures with his hands, after which Tomás fell back into the same position and in the same state of unconsciousness.

Lourdes pushed Tony to one side and knelt down next to the bathtub. She was crying. I sat down on the toilet seat to observe the scene. Lourdes grabbed Tomás's head between her hands and kissed him on the mouth, and caressing his hair, she began to whisper to him. But Tomás failed to react in the least.

"Lourdes," Tony intervened, "it's useless. We've got to call 911."

"What's that?" Lourdes asked.

"Emergency. The ambulance service."

"Maybe a cold shower might . . ."

"Lourdes," Tony interrupted her, "it's not a like a hangover from rum or pills like in Havana. Only Tomás knows what kind and what quantity of drugs he took. He has what amounts to a chem lab in his brain. We can't do a thing. We've no choice but to call 911."

"Will he have any problems with the police?" Lourdes asked.

"I doubt it, but I've got a lawyer in any event, and I don't have to pay a cent, so don't worry," Tony replied, calming her down.

Tony took a cellular phone out from the inside pocket of his jacket and dialed three numbers. Lourdes, still crying, asked me to help her get Tomás out of the bathtub. It was difficult to maneuver him because of his weight and the water in the bathtub. I stuck my arm in the water and managed to find the plug. When I pulled it the water began to go down slowly. Between Lourdes and me, while Tony spoke on the phone, we managed to drag Tomás by his arms out of the tub and leave him lying on the bathroom floor, right on top of the tiles. The man was totally unconscious and a thin stream of foam began to run from his mouth.

"Let's carry him over to the bed," Lourdes said.

"You and I can't do it alone. We'll have to drag him."

Lourdes, beside herself, yelled to Tony to put the phone down and come and help us. Tony didn't bat an eyelash. "Forget it, Lourdes, I've been through this a dozen times with Tomás. It's an old movie I've seen over and over again. The rescue team knows how to deal with these cases. Leave him where he is. That's the best thing for all of us, including Tomás."

Tony went over to the bed and returned with a pillow, which he gave to Lourdes, indicating that she should place it under his head. A few minutes later we heard the sirens of the approaching ambulance.

They carried him out of the room on a stretcher and put him in the ambulance. Tony decided to follow him to the hospital and asked us to wait for him in the room. He would call and return for us when he could. The ambulance departed in a spectacle of lights, with Tomás in his own spectacle of drugs and followed by Tony's elegant Jaguar.

Lourdes and I went back into Tomás's room. The display of misery could be seen everywhere. Lourdes stood in the middle of the disaster and took it all in with her studied gaze. Finally, showing a feminine side I hadn't seen up to that point, she declared, "This place needs a good cleaning. Before Tony gets back with Tomás, it's got to be spick-and-span."

I don't know where Lourdes found a plastic bucket, a broom, and a torn cloth. I don't know how, but I was transformed into her cleaning assistant as she pointed where to clean, what to pick up, and what to discard in an enormous plastic bag for that purpose. The worst parts were the kitchen and the bathroom. The food in the refrigerator without exception was spoiled, not to mention that we found a wicker basket filled with Tomás's dirty clothes covered with green mold because of the humidity. After cleaning the bathtub, Lourdes filled it with hot water and dumped all the dirty clothes in it, adding detergent she found on a kitchen shelf, and she set about washing the clothes by hand, sitting on the toilet seat. Outside the far end of the room, through a door in the kitchen, there were some wire clotheslines strung between two trees. That's where the back garden of the old residence was in better days.

NIGHT WATCH

After three hours of work everything was clean. The books were in their place and the refrigerator was empty but sparkling, holding only cold water, and the clothes were hung out to dry. Lourdes washed her face and splashed water on her neck. She dried herself with her own blouse, with her breasts uncovered because she wore no bra. I followed her lead and dried myself with her blouse. When I sat down exhausted on one of the chairs, Lourdes went to the kitchen and came back with a glass container with a plastic top.

"I found some coffee."

"Well, that's good news," I said, adding, "I hope it's not spoiled."

Lourdes smelled it carefully and declared seriously that it was OK. Then she went to the kitchen and a little bit later I could smell the coffee brewing. The bad news was that there was no sugar. Actually, there was, but the sugar bowl also contained a dead cockroach. So we drank it completely bitter and proceeded to light our respective cigarettes. It seemed that the time had come to set some things straight.

"So Tomás is the man you love," I began without looking at her, lost in the smoke of my own cigarette.

"It goes way back," she said from the side of the bed where she sat, looking at me directly with her eyes and her breasts.

This kind of conversation always bothered me. I usually prefer not to speak, keeping a distance and leaving words implicit in my actions. But the situation in which Lourdes and I found ourselves was quite special: we were in another country, which moreover was completely unknown to us. And in my case, the kicker was that I didn't have an Aunt Emilia with a lot of money. Things needed to be called by their proper names, with no beating around the bush.

"Lourdes," I began, but without much hope, "you don't have to lie. Neither of us gets anywhere by lying. The question is a simple one: What is my role in your life?"

"Tomás means a lot to me, Alberto."

"I didn't ask you what role Tomás plays in your life. I asked you what role I play."

"He means a lot to me, but you're something else, something different I can't do without."

"And you can do without him?"

She took her time, but said clearly.

"I can't do without him, either."

I got up, took some short steps around the room and stopped in front of her. I held her chin so she would look me straight in the eye and then I began to squeeze her nipples with both hands. They pointed straight like two missiles. While I touched her breasts she undid the button of my pants, lowered the zipper and withdrew my already erect member with her mouth. She began to suck, holding it with both hands, as though it were the first time she had had it in her mouth. I saw stars. She stood up, embraced and kissed me, laid me down on the bed, and removed all my clothes. She did all the work. Undoubtedly she was making use of her favorite weapon, or at least the one she believed to be most effective. I decided to take a shower and she followed me. She entered the water with her body like a well-played samba, full of rhythm and unfathomable flourishes. She pushed me with her buttocks against the tile wall until she got what she wanted. Since there were no towels we had to dry off with her blouse. She made more coffee and we lay down on the bed to smoke. Neither of us said a word for a long time. I broke the ice. "You still haven't answered me."

The telephone rang at that moment. Lourdes answered and it was Tony telling us that Tomás was out of danger, but he would not leave the hospital until the next day. Tony also said he was coming to get us in about ten minutes.

"We've got to get dressed," Lourdes said.

The answer was left floating in the air like Lourdes's breasts while she got dressed.

XIV

Tony arrived in his elegant Jaguar, screeching his tires and honking the horn. We were already ready, and when we went outside, Tony shouted to us to hurry, to make sure we locked the room and to get in the car. Tony couldn't take us to lunch anywhere because he had some urgent errands to take care of that he couldn't put off. It had something to do with his lawyer, his accountant, and some tax statements he had to get down in black and white. So, after all and despite his money, Tony also had a busy life, although not quite as busy as those who had no money or lawyers or tax statements.

Once in the Jaguar he explained to us that he was taking us directly to Aunt Emilia's house and that we should be patient and wait for him. He would come for us later after he took care of his problems and take us somewhere to eat, a good place, with good Cuban food like over there. Then he added, "Don't worry about Tomás. He's in good hands, with people who know a lot about detoxing drug addicts and who know Tomás's case. So don't feel bad. Everything's just fine—leave it all to me."

Tony zoomed onto the expressway like a NASA capsule. We put our seat belts on, an action he suggested, and I crossed myself and prayed to God, if he exists, to help me reach Emilia's house safe and sound. Lourdes kept silent during a good part of the trip until she asked, "How bad off is Tomás?"

"I already told you not to worry. The trick is to keep him off drugs and alcohol. I know it's difficult; it's a tough addiction, but maybe you two can help. You represent the reencounter with Cuba, with his past. You're from there and you distance him from his present, to which he unfortunately has never become adapted. It'll do him good. In reality, I think the whole problem with Tomás boils down to a single thing:

sadness, a permanent sadness that leads him to self-destruction. I hope with you here things'll be better. Let's be positive and not worry. Leave the medical part in my hands and those of the specialists. You've just gotten here and need to rest and understand what's going on around you, to begin to think about yourselves and how to solve your own problems and not take on other people's like Tomás's. I'll take care of this, which is why I'm his friend. Besides, I'm used to it. I've spent years carrying him."

But Lourdes was not satisfied and pressed the point. "Will he die?"

"Good God, of course not. It's only an overdose. This happens every day here and in every city of this country. It happens to the rich and famous and those who are starving to death."

"If you're lying to me, I'll never look you in the face again," Lourdes warned.

"Well, you'll have to go on looking at me for years to come: Tomás is not going to die."

No further word was spoken on the way back. When we reached Emilia's house, Tony didn't even get out of the car. He left, screeching his tires and at the same speed at which he arrived.

He yelled at us from the Jaguar, "Wait for my call and be ready to go eat!"

Tuti greeted us by jumping up and barking as if he had known us his whole life.

Lourdes beat me to the punch and went straight to the bar: Bacardi on the rocks—little ice, and a lot of Bacardi. Maybe that's how Tomás had begun to solve his problems: with ice and Bacardi, which is hardly an advisable way to solve any dilemma.

At that moment, while she was pouring out the Bacardi, I realized she had brought a bundle of letters from Tomás's tied with a black ribbon. She set it on the counter to serve herself.

I watched her from the chair I had sat down in and asked her to make me a drink.

"The same?"

"The same."

Lourdes took another glass without saying a word and made my drink, setting the pack of letters on the counter again. At no time did she try to hide a thing. So it was plain that she wanted me to ask about him. But I didn't right away, if only because I like to drag the game out a bit to enjoy the tactics and the subtle movements.

We sat down opposite each other, she with the pack of letters on her lap, sipping her drink, a little absent. I decided to remain silent and wait for her to begin. Finally she decided to speak. "What do you think about all this?"

"We had a long morning. What part are you referring to?"

"Tomás."

"I've never seen anyone in conditions like those before," I replied. "I saw what was for me the worst in prison in Cuba. Knifings, suicides, rapes . . . but nothing like an overdose."

"I don't know if Tony is telling the truth. Perhaps at times like this Tomás is dying or he's already dead. I didn't expect to find him like this."

Then I fired my first shot. "So you did hope to find him."

"I knew that Tomás was in the United States, but I didn't expect to find him so soon. In reality I found him quicker than I thought."

"That's why you brought Tony's and Tomás's phone numbers written down in *Count d'Orgel's Ball*. In reality what you brought on your body was not the count or the devil, but Tomás."

"Don't scold me," Lourdes protested, but without much conviction. "Don't ruin the really lovely relationship we've got."

"Now I see, from Old Havana to Miami, love across the Straits of Florida. Not bad."

"You're being unfair. I've known Tomás for years, ever since we were children."

I gave in at that point. "That's fine with me. Everybody's got a past, no matter how young. And those letters?" I asked, pointing to the packet to humor her.

"I found them in Tomás's nightstand."

"Why did you take them?"

"They're addressed to me, sealed and with stamps. He never mailed them."

"Judging by the quantity, it's a whole epistolary."

"Don't make fun of him."

"I'm not exaggerating. Although it's out of fashion, with that quantity of letters Tomás could put together a whole volume and publish it."

"I couldn't find his book of poems."

"Did you look for it?"

"I couldn't find it anywhere."

"We'll have to ask Tony."

Lourdes had finished her Bacardi by then and went to get a refill. At this pace, Aunt Emilia would probably have to restock the bar when she got back. But this time Lourdes didn't sit down facing me. She went right to her room without looking at me.

"Are you going to read them alone?" I asked her when she walked past me.

"Maybe I'll never read them."

"I doubt that. You'd have to take too much Bacardi on the rocks."

She didn't bother to answer. A moment later I heard the door of her room slam shut.

XV

Tony showed up about two hours later. He didn't call ahead as he had promised, so he found me dozing on the sofa in the living room and Lourdes in her room, locked in, perhaps reading the letters Tomás never sent. After a brief greeting, Tony went on to explain to me that he was dying of hunger—the truth was that it was already after 5 P.M.—and that, between Tomás, his lawyer, and his accountant, the day had slipped through his fingers, especially with Tomás's inconvenient overdose. I rapped lightly on Lourdes's door and told her that Tony was here. A few minutes later Lourdes emerged, dressed and wide awake, smiling.

We ended up at a typically Cuban restaurant, The Versailles, located on the famous Eighth Street. The majority of the clients were Cuban, as you could tell when they spoke, although a lot of North Americans, familiar with Cuban food, occupied tables with their sonorous English as if to remind us that Miami, when all was said and done and despite the multiple waves of immigrants, continued to be part of the Union.

We dug right in. I ordered Basque-style cod. Lourdes asked for tasajo with sweet potato, and Tony, to "keep his figure," restricted himself to a succulent salad and a filet of grilled porgy. Lourdes and I had a beer with our meal, and Tony white wine.

After coffee, Tony explained to us that he would drop us off at Emilia's house and go on to his place, where he formally invited us to spend a couple of days when he had closed some matters that were keeping him very busy. Not a word was said about Tomás. Not even Lourdes asked when he would leave the hospital. Lourdes certainly must have found something in the letters, something that forced her to keep her own counsel and not to show the slightest trace of emotion.

The famous expressway was waiting for us when we left the restaurant, and it took us in a matter of five minutes to Emilia's house. Tony said good-bye from the car and waited for us to go in and shut the door before pulling away. Tuti, as always, rolled on the floor with happiness to see us.

Lourdes, without saying a word, again shut herself in her room. I didn't even attempt to talk to her, because in reality I didn't know what was going on. So I went to my room and began to reread the pages of my novel that had been saved from the crossing of the Straits of Florida. There were, all told, some eighty pages of different chapters. After assessing what had been saved, I understood that it wouldn't be difficult for me to reconstruct it. The thread of the plot was perfectly clear in my head, and I only needed a typewriter and a ream of paper. I had seen a computer in one of the rooms, an artifact completely unknown to me and, according to what Tony had told me, I would have to check out the antique stores to find a simple typewriter like the one I had used in Cuba. So I would have to consult with Tony about what to do to continue to write. Meanwhile, I went to the room where the computer was and found a pad of lined yellow paper and a ballpoint. I returned to my room and began to take notes. But I quickly understood that the fact that I was no longer in Havana completely changed my point of view. Geographic position, especially political influence, made me see things in a different light. Now I understood that the premises of my novels, written in Havana, represented a suicidal challenge to the dictatorship. But over here, within the security of Miami, they made no sense, since they dealt with a different context, and the courage of something said over there shrank when said over here. That was a problem, a serious problem. Lourdes, by involving me in this change of country, had changed my entire life. Now I grasped it, perhaps too late. I should never have gotten on that raft and I should never have allowed a change in my plan to write from Cuba. If I looked back, all I saw was a broken bridge in the middle of the Straits of Florida, a communicating vessel that was no such thing and went nowhere except into the turbulent waters full of sharks where Johnny and Raúl rested. The solution was not an easy one. Should I throw all those pages away? Throw them in the garbage and start all over? Write my tragedy, even if it wasn't really a tragedy? Or Lourdes's tragedy caught among letters that were never sent to her in Cuba and that perhaps she should never read? Or Tony's? Or Tomás's with his drugs? Should I speak of Emilia and her love for the island in spite of everything that happened? Maybe write about Johnny and Raúl, absent protagonists with the worst of roles, that of being the dead of history?

The dictatorship had distorted national literary values by reducing writers to the mere status of wage-earners of political thought. And the opponents, those who wrote as I did, had also been destroyed because we were obliged, in rejecting totalitarian control, to write with the tips of our pencils directed against power. For things to take their natural place under the sun, something grand would have to happen, something so grand that, like a mighty cataclysm, it would slap the face of an entire country and jerk it out of its lethargy. I would never be the same again, enmeshed as I was in the tangle of my own life and in that of Lourdes and her two dead men (my two dead men?), Johnny and Raúl. So it was that I decided to do what I wanted to do at that moment, with no concern for the consequences. I crumpled up the remaining pages from the shipwreck of the Straits of Florida, went to the kitchen, and threw them in the trash. I fixed myself a Pinch, what Tony had drunk, with a cube of ice. I drank it rapidly in a few gulps and went to the door of Lourdes's room. I turned the knob and it didn't give. It was locked from the inside. I walked away from the door to give myself momentum and threw myself against it. On the third attempt I ripped it from the frame in a loud noise of bursting wood and hinges. Lourdes looked at me in surprise from her bed without understanding what was going on. I restricted myself to a single eleven-word sentence:

"I'm going to rape you as many times as I want."

XVI

I left Lourdes in her room and went to mine to sleep. Everything happened as I had wanted it to and as many times as I wanted it to. There was no resistance, no tears, no recriminations—not a single word. I was already in bed with the light out and to my surprise the door to the room opened. It was Lourdes. She was naked and came to stand at the foot of the bed and said to me, "Now it's my turn to rape you."

We went to sleep in each other's arms, without saying a word, until Tuti's barking awoke me. Someone was ringing the doorbell over and over again. Lourdes covered her face with the pillow and continued to sleep. I went to open the door.

Tony, accompanied by Tomás, who was dressed, bathed, shaved, wearing clean clothes, and to all appearances in his right mind, greeted me with a smile. "We're back from hell."

Tomás put his hand out and shook mine firmly. "My pleasure," he said to me. "Tony told me you left Cuba with Lourdes on the same raft, that you're a writer, and that you sleep with her. I hope we can be friends."

I told him that it wasn't a problem for me and I offered them a cup of coffee. They both said yes and I enjoyed the nervousness that kept Tomás from asking for Lourdes. Finally, I took pity on him and told him he should go see her in the bedroom while I prepared the coffee. "Second door to the left. It's not locked."

Tomás disappeared down the hallway and Tony and I were left alone in the kitchen. You could sense the tension in both of us. When the coffee was ready, so Tony would understand that I didn't want to get in the way, I only poured two cups, one for him and one for myself, and I sat down on the sofa in the living room. Tony accompanied me and asked about Havana, how run-down it was, whether it continued to be as nocturnal and fun as it had always been. I said yes and told him, according to what I had read in a dictionary of Indo-Antillean words, Havana means "the most beautiful basket."

Havana was, and still is, the center of Cuba's entire historical process. It has the honor of being the city that gave Cubans an internationalism by converting the Havanan into a privileged cosmopolitan, a person whose pupils were filled with cityscapes with their own stamp, with no reason to compete or manias of greatness or inferiority complexes because it has its own cobblestones and bell towers, columns and fountains, breathing and dreams as a city, colonnades, monuments, castles, and fortresses.

"Make no doubt about it, Tony, Havana is still what it was in spite of the dictatorship: a beautiful woman with a graceful smile and a body with a rhythmic walk synchronized to the waves."

I went on with my speech in favor of my native city, a metropolitan capital from sunup to sundown, including the night. The same rooftops, stone frontispieces, and Baroque grillwork that get warm and shine under the light of the sun during the day, become covered in dew, and produce a light mist at night— invisible to the uninitiated and omnipresent for the professional of the Havana night—that covers the city like a veil concealing whatever takes place beneath its excessively tolerant sky, always despite the dictatorship. The erratic layout of its streets and avenues, far from an inconvenience, is a mystery made into urbanism, a labyrinth for the outsider, a trap for anyone who comes with bad intentions seeking to avenge with hatred the love he cannot conquer, while at the same time it is a secure guide to the deepest secrets for the native. Havana has its own curse for anyone who attempts to hurt it and that is the sad destiny reserved for anyone who loves a woman in vain. Those who are unlucky in love will always drift through the city pining for what they have never had and always wanted even if they end up buried in the Columbus Cemetery. And those who have left Havana will always be cursed to remember it.

"I'd give my life to go back to Havana," Tony said bitterly. "You can't imagine how I miss my city."

"Aren't you doing well here?"

"I'd say very well. I can't complain. But when time goes by memory comes back with its traps, nostalgia . . . This is the curse of the exile."

"Have you gotten used to living here?"

"I can tolerate American coffee, I speak English, I own property, and I can no longer live without central air conditioning, but I haven't gotten used to living here." And he added, "In fact, I don't know anyone, no matter how long he's lived here or in any state, who feels completely at home in the United States. I don't know what's wrong with us Cubans who live here. Maybe it's because we're not 'full-time' exiles. We came here hoping to return soon to Cuba, as though exile were only an accident in our lives. And it looks like that's not the case and that exile is going to be our whole lives."

"And the children of Cubans born here?"

"That's another thing. Since they study here from the time they're children and English is basically their first language, they follow a path different from that of their parents. They end up being professionals with their own interests, their own families, and their own memories. They are not exiles, but simply children of exiles."

"And Tomás?"

"He hasn't gotten used to a thing, and that was the case in Cuba and it's the case here. He's a lost cause. His problem is with life."

"He was never right? Never worked?"

"Nothing, he never did a thing. From the very first he rejected everything and devoted himself completely to drugs. I think if it weren't for me he'd be dead."

"And Lourdes?"

"I don't understand. She's just gotten here."

I lit a cigarette and explained, "What I want to know is if back there in Cuba she was a case like Tomás."

"They were a perfect couple," Tony replied. "Nothing but sex and drugs. Over there it was pills and alcohol. But here Tomás has been through everything and through the worst. I hope nothing happens to Lourdes, that she doesn't get sucked in and that she helps Tomás to get out of the hole he's in."

He went to the kitchen and brought more coffee for both of us. Tony gave me a piece of advice, almost in a whisper. "I think Lourdes doesn't belong to anyone, and if she does, it's Tomás. Forget her."

Lourdes and Tomás came out of the bedroom after a period of time that was just enough to have made love. And by the shine in Lourdes's eyes and the relaxed look on Tomás's face, I could have bet that they had made love, quickly, intensely, and memorably, and unquestionably they had been left with the desire to do it again. Moreover, you could feel the tension. Tony tried to dispel it by chatting about a variety of topics, often without making much sense, until he proposed doing a barbecue for lunch.

That system of preparing beef or chicken on open-air grills was new to Lourdes and me. In fact, having enough beef or chicken to eat was new to us. And when Tony said we had to buy meat for the grill, Tomás offered to go to the store. Lourdes joined him immediately, claiming they still had a lot to talk about. Tony gave Tomás fifty dollars along with the keys to the Jaguar. The store was about four blocks away. When they were about to leave, Tony told them not to forget to buy charcoal.

When they had left, Tony proposed we go for a swim in the pool.

"It's a magnificent day," he said.

And it was. The sun burst forth on the surface with an unheard-of force. When I dove into the water I began to swim with such fury that I forgot everything. Tony watched me from the edge of the pool with a drink in his hand. I don't know if I was hallucinating, but I got the idea that Tony was the saddest man in town. As for me, I would have to make an effort not to end up in second place.

XVII

We began to get worried when they had not come back after three hours. The truth was that it shouldn't have taken more than thirty minutes to go to the store, select the groceries, pay the cashier, and return, according to what Tony told me. But he tried to downplay the importance of the matter. I thought, and Tony must have also, that the newly reunited couple had taken advantage of the pretext of the groceries to run off to some nearby motel.

After three and a half hours, Tony's nervousness was obvious and he couldn't stop looking at his watch.

"Do you think something's happened to them?"

"It's not like Tomás. He's crazy, but very responsible given his craziness. If there'd been a change of plans, he'd have called me on the cell phone because he knows the number."

"Maybe he didn't want to call," I suggested.

"I know what you're thinking, but I don't believe it. Even if that were the case, Tomás would've called to tell me not to worry. We've had a lot of arguments about that and he's been reliable for a long time, I mean, at least in that sense."

Tony decided that the best thing was to go to the store, which was close enough to go on foot, and ask around among the cashiers.

But at that very moment, Tony's cell phone beeped. "There he is!" Tony exclaimed and ran for the phone.

I could only hear this side of the dialogue, in which Tony confirmed that he, Antonio Manzano, was the owner of the black Jaguar with such-and-such license plate, until the phone dropped from his hands and he burst into tears.

I later found out what happened in detail thanks to the reconstruction of events undertaken by the city police department. Tomás and Lourdes had, in fact, done the first part. They were in the store, which was determined by the groceries in the trunk of the car and the cash register receipt, and they had bought meat and charcoal for a barbecue. Then they stopped by a liquor store and bought a bottle of Gordon vodka and a pack of Marlboro filter cigarettes. They drank half the bottle on their way to Key West. The autopsy showed that they were both full of cocaine. It was impossible to determine whether Tomás had it on him or if they stopped somewhere to buy it. The forensic physicians also determined that they had had sex inside the car. The accident occurred a little before reaching Key Largo, the key where the film of the same name was made, and death was instantaneous despite the air bags. According to police experts, Tomás lost control of the Jaguar—the level of cocaine and alcohol in his body made it impossible for him to drive—when he reached a speed of seventy to seventy-five miles per hour. An enormous laurel tree stopped cold the flight of the two and turned the fleet Jaguar, which did not burst into flames, into a mass of twisted metal. They were both completely disfigured and the Jaguar was a total loss.

Tony took charge of the two costly funerals and paid for identical headstones with their names. Only Tony and I were at the burial, four days later, each with a bouquet of flowers. They were two solitary deaths, or perhaps not; perhaps in life they were solitary and now in death they were together forever.

I decided to continue to live in Lourdes's aunt's house, whom I had not informed in Paris of what had happened, until she returned. Then I would go to Tony's house, as he had offered me a place until I could stand on my own two feet. But the day before Emilia arrived, I changed my mind. I packed up my few things and wrote her a note explaining everything that had happened and left it taped to the door of the refrigerator. I put out enough food and water for Tuti and asked Tony to come for me, which he did.

When I finally got to Tony's house, I shut myself up in the room he assigned me with a shot of whiskey. I had the copy of *Count d'Orgel's Ball* before me, the only memento I had of Lourdes besides one of the bracelets she wore, and behind me some thirty days of what could be called the very worst of my life. The journey that had begun in the night watch of Havana had ended in two identical headstones in a foreign cemetery with two deaths that meant nothing to a Miami that went about its headlong way through the tangle of high-speed expressways. A little before that, two bodies had been added to my memory:

Raúl and Johnny, buried beneath the Straits of Florida. So the fateful encounter in the restaurant El Patio in Old Havana had left me with four deaths for which I was not responsible, but I would have to bear them with me for the rest of my life.

I continued buried in my room when night fell over Havana. Tony had the good taste not to bother me: he also had his dead, which coincided with my own. Outside, in the darkness broken in several places by the streetlights of the public thoroughfares, the night was as black as it was in Havana, and it connected me to the sleepless of "over there," on the other side of the Straits of Florida. I thought about Emilia, Lourdes's aunt, and I felt sorry. She could only enjoy her niece for barely twenty-four hours. In the note I left her I explained in detail how she could find her grave.

Dawn caught me awake and I heard Tony roaming about the house. Maybe he couldn't sleep that night, either, or he simply had arisen early. I didn't leave the room until I heard the departing sound of the motor of his new Jaguar. When I felt the coast was clear—what was I afraid of?—I left the room and went directly to the yard behind the residence. The sun danced on the decorative plants that waved in the wind, but it was all foreign to me. My night watches would, from now on, be observed by other eyes, and the days only served to await the dawn that would be my lot in this neighboring city of my own, surrounded by the sea, death, and watchfulness.